南懷瑾文化

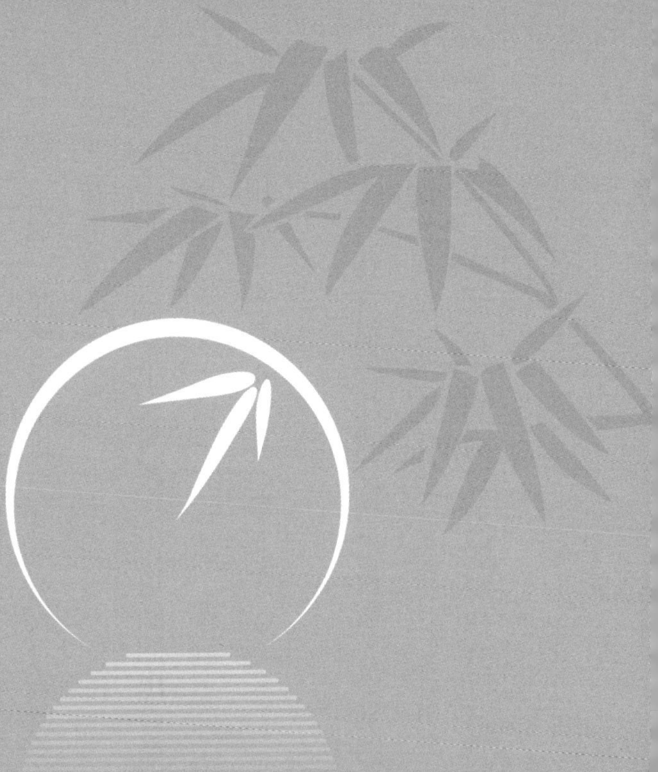

洞山指月

南懷瑾 ◎ 講述

出版說明

（一）

二〇〇六年二月初，春節過後不久，位於江西宜豐的禪宗祖庭，傳說有整修為觀光旅遊之地的計劃。南師懷瑾先生聞訊後，當即囑古道師前往探訪了解，並修書兩封，致當地政府領導，盼能保持祖庭原貌，以維護禪文化的歷史遺跡。

三月三十一日起，古道師即出發前往江西，在十七天的時間裡，探訪了馬祖、百丈、黃檗、臨濟、曹洞、仰山等祖庭，向南師所作報告，集結成冊出版，名為《禪之旅》。

（二）

在古道師江西探訪之行後，南師即不斷與有關各方聯繫溝通，對一切情況作更進一步的了解。迨至二〇〇九年，才決定對洞山祖庭進行復建。

南師首先囑咐登琨艷製作設計規劃圖，隨即宣佈洞山祖庭的復建，需籌募資金。那天晚餐時，同學們聽到消息，即踴躍贊助，當晚李慈雄、呂松濤、陳金霞各捐兩千萬元，另有一人捐一千萬元。數日後李慈雄再加增兩千萬元，在施工的末期，陳萍也捐助一千萬元。其餘小額捐款也不少。

（三）

諸事已定，南師開始帶領同學們再讀《指月錄》，並對有關曹洞宗的特點、學術，以及修持和傳承等重點，加以較深入地研究討論。所以自二〇〇九年下半年開始，每日晚餐後，大眾共同唸誦《指月錄》的篇章，先由古道師用白話講說一遍，再由同學們自由發言，或提問，或表達看法。而南師則隨時或加解說，或導正，或糾錯，偶而亦有禪機靈光一現，只不過大家多半接不住罷了。

由於同學們事先多有用功準備，故而討論熱烈，此起彼落，一時之間，室內氣氛儼然古之書院再現，激發思維，引人入勝。

這本書就是當時討論的記錄。

（四）

在本書中，除了南師對禪宗的發展、演變講得極為詳盡外，更罕見的是，南師對修持和悟道，表達了特別看法。

舉例來說，南師認為：

1. 有關禪宗所謂的大徹大悟，有些修行人的境界，並非大徹大悟，依照唯識的學理，「這不過是第六意識的分別不起，還不是究竟。」（第廿三講　P.447）
2. 「曹洞宗以〈參同契〉配合《易經》來講修持、工夫與見地，抽出離卦來講，我認為沒有必要，而且把佛法的修持反而搞亂了……五宗宗派都有問題，把佛法搞亂了，也搞亂了修定。」（第廿六講　P.484）
3. 禪宗本是不立文字的，各宗派越想說明修持的方法，反而越來越遠。所以，「臨濟宗也好，曹洞宗也好，五宗宗派必然會衰落。」（第廿五講　P.468）

4.看到達摩以來，禪宗的演變，對於圓明清淨自性的佛法，禪宗所用單刀直入的法門，已被破壞了。南師認為「現代要真修行，連禪宗這些都沒有用，還是要靠《楞伽經》《楞嚴經》《解深密經》《勝鬘夫人經》《華嚴經》《中論》，再配合修禪定的十六特勝，甚至六妙門，走佛法復古的路線。」（第廿四講　P.456）

禪宗祖師們的努力和成就，使禪的精華融入並豐富了我們的文化，燦爛了我們的歷史，現在祖庭修復了，但是修法之路，南師認為必須要走復古修持的方法，才會成功。

（五）

經過劇變的社會，精神上求解脫者甚眾，學佛打禪七之類的活動，風起雲湧，芸芸大師們，各領風騷，歎為觀止。但南師暮鼓晨鐘的警語，諄諄告誡的言辭，對真心修行的人，實金玉之珍貴，肺腑之良言。

本書的出版，首先要感謝恆南書院的王濤學友，因為書中的錄音記錄，除小部分為張振熔所作外，其餘大部分及文字整理，包括書名和小標題等，皆為其獨自擔綱完成，十分辛勞。宏忍師則校對全文，重聽不清晰的部分錄音。另文中有關《易經》部分，彭敬特別核對《易經雜說》，加以修正。

現值南師百年誕辰之際，竭力完成本書出版，公諸於世，與讀者共饗。

劉雨虹 記

二〇一七年丁酉　冬月

目錄

第一講 藥山惟儼禪師 一

《指月錄》卷九

二〇〇九年十二月二日

內容提要

緣起

奇言妙語

參禪

石頭希遷

澧州藥山

侍奉三年

師乃辭祖

石頭垂語

禪宗語錄以前講過多次，每次都有新的觀點。這次我們從頭講禪宗，一是因為有人為上海的朋友發起七天的禪宗課程，還沒有正式開始；二是因為古道師發心，要復興江西洞山的曹洞宗祖庭；第三，正式要講禪宗，中國文化的中心是禪，尤其是唐宋以來，一千多年下來，差不多要斷根了，不絕如縷啊！中國文化的中心，禪宗就像一條絲線一樣，還沒有完全斷，可是幾乎要斷根了，我們現在需要重新檢討一下。

佛教進入中國以後，從南北朝開始，跟中國的諸子百家結合，產生了禪宗，到現在好像只剩下口頭禪了，因為大家都被禪宗祖師的語錄矇住了，誤在奇言妙語上。禪宗的教育方式影響了中國人的思想與文學，可是對於奇言妙語的內涵，如果不去深入檢討，很容易變成口頭禪。現在我們開始研究禪宗祖師的公案語錄，這些奇言妙語記錄了他們悟道的經過，非但要注重他們如何明心見性，如何了生死，特別要注意他的出生同死亡，為什麼？這是生命科學的問題，認知科學的求證。禪宗離不開禪定，奇言妙語是文字般若、方便般若，明心見性是實相般若，求證必須配合禪定，離不開境界般若，所以禪宗也可以稱為般若宗，是佛法的中心。過去儒家、道家所暗晦的，不大清楚的意義，因佛法東來，像扎針一樣，一針下去挑明了，所以佛法進入中國以後，對於中國文化精髓起的作用，有這樣重要。

這樣一個成仙成佛的發明，到中國變成奇妙的文學，要研究這條路線，必須要有古文的基礎，剝掉一切宗教的外衣，直指人心，見性成佛。說起來容易，但是要像科學研究一樣，要真求證，要做實驗，必須通過禪定。一般人研究禪學，根本沒有證得禪定，幾十年前我在臺灣公開講《如何修證佛法》，以我幾十年的經驗，接觸在家出家的方外人，能夠初步證到心一境性、離生喜樂的人，幾乎沒有，這是很悲哀的事。所以求證方面缺失了，禪宗就漸漸變成口頭禪了。

我今天吩咐謝錦烊，抽出來傅大士的〈心王銘〉、三祖僧璨大師的〈信心銘〉，第三篇就是六祖以下石頭希遷禪師的〈參同契〉，第四篇是曹洞宗的中心，洞山良价禪師的〈寶鏡三昧〉，配合禪修的研究，這是非常重要的一個路線。至於曹洞宗與臨濟宗的比較，教育後輩如何明心見性，如何達到身心解脫、了生脫死，五家的教育方式不同，可以說與他們每一代祖師的個性，與地方環境、語言等等都有關係。另外，還要懂得中國文化的歷史演變，配合歷代經濟、文化、藝術等等的演變，摸清文化大系的轉變。這幾篇都是重在見地與工夫的配合，重要的只有幾個要點，自己要真正體會。

希遷禪師寫〈參同契〉，他一定反對門派的觀念，道只有一個，沒有什麼南宗北派，這就是佛法的真正精神。所以禪宗不只是釋迦牟尼拈花微笑，釋迦以前有七佛，乃至過去劫的十方三世諸佛，只有一個中心，這個道從來就沒有斷絕過，一條線連續下來，即使無佛出世的時候，也有辟支佛出來，所以並不是這個道斷了，這個傳承仍有。

了解了這些，希望你們修行親證，不要被這些奇言妙語騙住了，大家回去先要自己研究〈參同契〉與〈寶鏡三昧〉，不要光在這裡聽聽，好像懂了，回去書本一合又是茫然，那就很可惜了。不是可惜我個人浪費精神，是替大家可惜，浪費了自己的生命。這也是希遷禪師的吩咐，「奉勸參學人，光陰莫虛度」，不要浪費生命，回去要好好參究。

禪宗講一個參，包括了戒定慧，八萬四千法門有百千三昧，「門門一切境，回互不回互」，乃至修羅道、外道，也有他的境界。外道不是唯心的嗎？也是唯心的，都有關聯。參包括了門門一切境，包括了止觀，智慧的觀，觀裡自然有定，有境界，又脫開了境界，一切境界，一切現象都是客位，那個主位是本性，心性的本體，明心見性的那個。這些都要切實研究，這是參。

聽禪宗的課也是參，你看《指月錄》上的祖師，不要輕易看過去，先看他這個人，最好找來《高僧傳》一起研究。像石頭希遷禪師，母親自懷孕時就吃素了，他生下來也是吃素，這是一個很特別的人，天生力氣很大，氣派很足，像個俠義道中人，因為當地崇拜迷信，殺牛拜神，他沒有出家以前就不同意，公然把人家要砍的牛拉下來，不准殺，把那些神廟都毀掉。一個人怎麼做得到？他到哪裡人家都怕他，可能他武功很高，或者他天生有一種尊嚴威望，人們服他怕他，他說不准就不准了，這個氣派很難。那他為什麼要去出家？他出家是去跟著六祖，直到六祖去世，時間很短，其實他已經很有心得了。你注意他的修持，每天打坐，已經沒有身體感覺了，身心皆空了，「晏坐忘身」這四個字，要特別注意。

我們打坐修持了幾十年，能夠忘身嗎？做不到吧？身體氣脈的感覺不是痠就是痛，都是難受，為什麼？他怎麼那麼快成就？語錄上也沒有說他修什麼六妙門啊，或者十六特勝啊，那他的禪定走的哪一路？八萬四千法門，他的法門就是無門為門，這就要懂《楞伽經》了。如果拿《楞嚴經》的二十五圓通來講，他走得很高，他下手沒有走這些法門，就是念頭一空到底，這裡你就要注意了。

六祖要走了，他也曉得師父快要走了，「師父啊，你百年以後，我修行跟誰啊？」六祖說：「尋思去。」因此，他後來又受首座的指點去找青原行思，這個對話你就要注意，都是工夫與見地。

希遷禪師後來遭遇到唐武宗滅佛，開始逼令和尚都還俗，因此他躲到石頭這個地方，你研究希遷禪師，要了解這一段歷史。希遷禪師寫〈參同契〉，講他的用功法門，「當明中有暗，勿以暗相遇；當暗中有明，勿以明相覩。」這就是見地與工夫合一的修法，不走小乘的四禪八定，也不走十六特勝，完全靠自己的智慧直接透進去。《楞嚴經》中提到佛引導阿難，當你開眼見明，閉眼見暗，明暗有代謝，暗來明去，明來暗去，明暗是現象境界，你那個見明見暗的不在明暗上面，是不是這樣？大家聽了要用心用功，這不是普通的禪定了。換句話說，當我們打坐時，身體有障礙，有痛有痠有麻，麻痛中有一個不麻痛的，當你完全清淨的時候，還有一個不清淨的，這就是禪宗心法，佛法的中心。所以大家聽了不要白聽，不要空過了日子。

我常常講研究中國文化要經史合參，同歷史文化的發展經驗配合起來，研究一個時代演變中的文化中心。藥山禪師的時候，已經到了中唐，唐代文化歷史到了中期，期間唐朝政府經歷了很多演變，毀滅佛教的武宗時代也過去了，藥山禪師是在這個時候出來的。下面請古道師講講藥山禪師的出家悟道經過。

澧州藥山惟儼禪師，絳州韓氏子，年十七出家，納戒衡嶽，博通經論，嚴持戒律。一日歎曰：大丈夫當離法自淨，誰能屑屑事細行於布巾耶？

古道師：絳州就是現在的山西新絳縣。禪師十七歲出家，在南嶽衡山受戒，出家以後博通經論，可見學問非常好，守戒非常嚴格清淨，用功非常刻苦。有一天感嘆道：「大丈夫當離法自淨」，他說這些經論都是知識，應該離開這些，去找到真正的中心，解脫，明心見性，怎麼能在這些經教文字上浪費時間呢？

首造石頭之室，便問：三乘十二分教，某甲粗知，嘗聞南方直指人心，見性成佛，實未明了，伏望和尚慈悲指示。頭曰：恁麼也不得，不恁麼也不得，恁麼不恁麼總不得，子作麼生？師罔措。頭曰：子因緣不在此，且往馬大師處去。師稟命恭禮馬祖，仍伸前問。祖曰：我有時教伊揚眉瞬目，有時不教伊揚眉瞬目；有時揚眉瞬目者是，有時揚眉瞬目者不是。子作麼生？師於言下契悟，便禮拜。祖曰：你見甚麼道理便禮拜？師曰：某甲在石頭處，如蚊子上鐵牛。祖曰：汝既如是，善自護持。

古道師：因此他去參訪石頭希遷和尚，他見到石頭就問：「三乘十二分教」，我粗略知道一點，他很謙虛，但是曾聽說南方有直指人心、明心見性的法門，這個我實在是不明白，能不能賜教？請和尚慈悲指示。石頭就說：這樣也不行，那樣也不行，這樣那樣都不行的時候，你該怎麼辦？「師罔措」，他沒有辦法回答。石頭就說：看來你的緣法不在我這裡，悟道的因緣不在這裡，你還是到江西去找馬大師吧。這樣他告別了石頭希遷禪師，就到馬祖道一禪師那裡去。

去了以後，他把問石頭希遷的話重說了一遍，結果馬祖說的也很有意思，他說我有時候教你注意從瞬目揚眉間去體會，也就是在日常生活中，開眼閉眼的細微動作中去體會；有的時候不讓你這樣體會。有的時候在瞬目揚眉中體會是對的，有時候在瞬目揚眉間體會是不對的。這個時候你該怎麼辦？這跟石頭希遷禪師說的話實際上是一個意思，這樣也不行，那樣也不行，這樣那樣都不行的時候，你該怎麼辦？實際上說的是一個道理，但是前面石頭希遷說的時候他可沒有明白，現在馬祖這樣一說，他卻明白了，「於言下契悟」，當下就明白了，非常感謝，頂禮磕頭。

馬祖就問：你明白了什麼？就隨便在這裡磕頭了？藥山說：我在石頭希遷那裡是蚊子叮鐵牛，永遠咬不進去。馬祖說：如果真是這樣的話，你自己好好保養護持。他究竟在馬祖這裡明白了什麼呢？契入了什麼？下面沒有說，這就需要好好參了。

南師：這要參。讀禪宗語錄，不只是了解文字，這段看完了，丟開文字要回轉來看自己。這樣也不對，那樣也不對，不對的也不對，你說怎麼辦？空也不是，有也不是，佛經教理提都不要提了，你不要跟藥山談教理，藥山都通透，換句話說，佛經都放下，你懂的都不對，不懂的也不對，如何用心呢？這個時候究竟是個什麼？就在這裡參究了。石頭和馬祖講的差不多是一樣的話，兩個人也沒有電話溝通過，兩位大師怎麼講得一樣，他們怎麼那麼心心相印？可是藥山在石頭那裡聽了不懂，從石頭那裡又去參馬祖，走路要很多天！走了很久，這麼辛苦來見馬祖，心裡一直懷疑這個問題，結果見到馬祖，同樣的話，他為什麼在這個時候忽然開悟了？明白了個什麼？還是什麼境界？這就是禪宗。下面沒有注解，要你自己去體會，假設你是他，他是你，在那個環境中，你自己去參究體會。

這一段下面應該有些小字注解，這些注解我暫時叫你不要看，看了你們更迷惑。那是其他參通了的祖師們，與自己的門人道友的對話，精彩的記錄，這些語錄瞿汝稷平時看得很熟了，編《指月錄》時把精要的記錄放在下面，幫助你參究。不是作思想研究，是回轉來觀心，同他一樣放下所有的道理，放下所有的工夫，身心都丟開，那是個什麼？這是我用現代話給你們作一個注解，幫助大家如何去體會，也不講觀心，一講觀心，你們又上當了，又去觀心了，當然你這樣參究已經在觀心了。

侍奉三年。一日祖問：子近日見處作麼生？師曰：皮膚脫落盡，惟有一真實。祖曰：子之所得，可謂協於心體，布於四肢。既然如是，將三條篾，束取肚皮，隨處住山去。師曰：某甲又是何人，敢言住山。祖曰：不然，未有常行而不住，未有常住而不行。欲益無所益，欲為無所為，宜作舟航，無久住此。

古道師：「侍奉三年」，藥山領悟了，跟在馬祖身邊作侍者，倒茶倒水，服務做一切事，三年不容易的。有一天，馬祖問他：「子近日見處作麼生？」

南師：近來你的心得怎麼樣？就是考問見地，跟了他三年都不怎麼管，當然馬祖了解他的一切，有一天馬祖突然問他近來的心得。我也問過你們，最近怎麼樣？可是你們答得都牛頭不對馬嘴。

古道師：藥山祖師說，「皮膚脫落盡，惟有一真實。」

南師：「皮膚脫落盡」，等於抽筋扒皮，身體都沒有了，只有一樣真的，形容自己修持的情況。

古道師：馬祖說：「子之所得，可謂協於心體，布於四肢，既然如是，將三條篾束取肚皮，隨處住山去。」

南師：馬祖說既然這樣，好啊，和尚很窮，你就拿三條篾綑住肚皮，到山裡找個茅蓬。住山幹什麼？好好打坐去。沒有吃的啊，不是說你帶一斗米啊，帶一點菜去住山。不像我們叫古道師去洞山蓋茅蓬，還有人護法出錢給你蓋好。什麼是貧僧？出家人窮得很，有沒有飯吃都不管，住山去，好好用功去。

古道師：藥山說：「某甲是何人，敢言住山？」

南師：師父啊，我算老幾啊？可以一個人出去住山修行了嗎？他跟在師父旁邊，很謙虛。

古道師：「祖曰：不然，未有常行而不住，未有常住而不行。欲益無所益，欲為無所為，宜作舟航，無久住此。」

南師：師父，憑我現在這個見地，可以修定用功去了嗎？馬祖一聽，說：「不然。」反對他的意見，「未有常行而不住，未有常住而不行」啊。你跟在我旁邊，做事有功德，但沒有讓你好好專修，一定不行的啊，要求證啊。你將來好好修成了，出來度人啊，救一切眾生的苦難，作苦海慈航，大慈大悲去度眾生，你不要再跟在我身邊了，自己去求證，打發他自修去。這是他們的教育方法。你們看密勒日巴的師父，給他種種折磨，禪宗對於這種大智慧人，不用折磨，只叫他好好求證去。

師乃辭祖返石頭。一日在石上坐次，石頭問曰：汝在這裏作麼？曰：一物不為。頭曰：恁麼即閒坐也。曰：若閒坐即為也。頭曰：汝道不為，不為個甚麼？曰：千聖亦不識。頭以偈讚曰：

從來共住不知名　任運相將秖麼行
自古上賢猶不識　造次凡流豈可明

古道師：藥山就告別了馬祖，回到石頭希遷禪師那裡。有一天，藥山在石頭上打坐，石頭希遷禪師問：你在這裡做什麼？藥山說：「一物不為。」什麼都不做。「頭曰：恁麼即閒坐也。」

南師：如果是這樣，你就是空坐了？「閒坐」，沒有事無聊坐著，這是講工夫境界了。

古道師：藥山曰：「若閒坐即為也。」

南師：他說如果我心裡有個清閒境界在，就是有為法了。就不是空，不是般若了，如果心裡還有個閒坐的境界，那就是有為法了。

古道師：石頭又問：「汝道不為，不為個什麼？」

南師：你說什麼都沒有，怎麼叫什麼都沒有？

古道師：藥山回答：「千聖亦不識。」

南師：他說這個境界，過去佛現在佛一切聖賢都看不到的。

古道師：「頭以偈讚曰：從來共住不知名，任運相將秪麼行。自古上賢猶不識，造次凡流豈可明。」

南師：這四句你們文學程度夠的人當然看得懂了，有一個東西從你媽媽生下你來，就跟你在一起的，你就看不見，兩個相將作伴的，「秖麼行」，就是這個樣子啊！你從生下來以後，有個東西帶來，跟你在一起的，你活到現在自己也看不見，兩個永遠在一起的。從古到今，一切神也好，佛也好，他們也不知道，也認識不到這個，這些馬馬虎虎的凡夫，普通人哪裡知道。石頭很認可他，所以藥山最後是接石頭的法統，馬祖與石頭兩個人培養出來這樣一位高明的大禪師，他本來學問很好，兩個師父對他又那麼千錘百煉。

石頭垂語曰：言語動用沒交涉。師曰：非言語動用亦沒交涉。頭曰：我這裏針劄不入。師曰：我這裏如石上栽花。頭然之。

南師：「言語動用」，我們這樣講話，一切的動作，或者打坐做工夫，一切一切都同那個沒關係。「非言語動用亦沒交涉」，離開一切作為，不用功打坐同那個也沒關係。

古道師：「頭曰：我這裏針劄不入。師曰：我這裏如石上栽花。頭然之。」

南師：石頭上栽花，栽不栽得起來？石頭希遷禪師說好啊，對了。這是禪宗用功，你們自己去體會。所有工夫都用不上，都不是，可是你不用工夫，不念佛，不打坐又不行，看你怎麼辦？這是禪宗的法門，《楞伽經》告訴你無門為法門，要你們自己當下懸崖撒手，自肯承當，絕後再甦，欺君不得。自己回去打坐，要自性自肯，這就是禪宗。

第二講　藥山惟儼禪師　二

二〇〇九年十二月三日

內容提要

住藥山後
坐次
院主報
謂雲巖曰
園頭栽菜
平田淺草
看經次
師看經次
師與道吾
師晚參云
師問龐居士
師因僧問
問飯頭
問僧
朗州刺史
李初嚮師
李又問
師一夜
韓文公
文公又一日

住藥山後，海眾四集。遵布衲浴佛，師曰：這個從汝浴，還浴得那個麼？遵曰：把將那個來。師乃休。

古道師：藥山禪師離開石頭希遷禪師，到藥山去住，開堂說法了，「海眾四集」，很多僧眾從四海來到這裡，向他求道。有一天，遵布衲浴佛，遵布衲是一位老前輩，藥山禪師曰：「這個從汝浴，還浴得那個麼？」浴佛是四月初八，佛誕那一天給佛洗澡。

南師：四月初八浴佛節，一尊銅的佛像放在中間，大家一邊供養，一邊唸咒，用淨水給佛洗澡。藥山問：你現在給這個洗澡，那個你洗得了嗎？那個即心即佛，真的心佛不是這個佛像。

古道師：「遵曰：把將那個來。」

南師：遵布衲是悟道的老前輩，嗨！你拿那個來，我給你洗。

古道師：「師乃休。」

南師：他就回去了，碰到一個對手。那個無形無象，心即是佛，心佛眾生三無差別，你向哪裡去洗啊？

坐次，道吾雲巖侍立，師指案山上枯榮二樹，問道吾曰：枯者是？榮者是？吾曰：榮者是。師曰：灼然一切處，光明燦爛去。又問雲巖：枯者是？榮者是？巖曰：枯者是。師曰：灼然一切處，放教枯澹去。高沙彌忽至。師曰：枯者是？榮者是？彌曰：枯者從他枯，榮者從他榮。師顧道吾雲巖曰：不是不是。

古道師：藥山坐在那裡，道吾、雲巖站在旁邊。藥山指著前面山上的一棵枯木，和一棵長得茂盛的樹。

南師：你說那個死掉的是，還是茂盛的是？道吾答覆他，那個茂盛的是。

古道師：「師曰：灼然一切處，光明燦爛去。」

南師：你不要以為他們在閒談，其實隨時在追問工夫與見地。藥山看到前面兩棵樹，一棵死掉，一棵活著，你說哪個是？道吾說活的是。藥山就給他印證了，以他的見地工夫，測驗他的前途。這是突然無心而問，無心而答。「灼然一切處，光明燦爛去。」你將來很了不起，前途很好啊。

古道師：藥山又問雲巖：「枯者是？榮者是？」還是那句話，「巖曰：枯者是。師曰：灼然一切處，放教枯澹去。」

南師：好啊，你將來的前途，永遠一個人住在山上，好好修道。在對話中間，他已經指示兩個弟子將來弘法的前途，事業成就完全不同，也證明他們兩個見地工夫，一個是大乘道的開放路線，一個是比較枯寂的專修路線。

古道師：「高沙彌忽至。」

南師：當時有一位姓高的沙彌，在家修行，可是很有名了，工夫見地也不錯。

古道師：藥山就問他：枯者是？榮者是？「彌曰：枯者從他枯，榮者從他榮。師顧道吾雲巖曰：不是不是。」

南師：他聽了高沙彌這樣答話，看看兩個徒弟，不對不對。他並沒有否定高沙彌，這就是禪宗的轉語。

古道師：高沙彌的回答更灑脫。

南師：更徹底，所以高沙彌成就很大，他也不受戒，後來成為沙彌祖師。

院主報：打鐘也，請和尚上堂。師曰：汝與我擎鉢盂去。曰：和尚無手來多少時？師曰：汝秖是枉披袈裟。曰：某甲秖恁麼，和尚如何？師曰：我無這個眷屬。

南師：院主就是當家的和尚，請師父上堂說法。

古道師：「師曰：汝與我擎鉢盂去。曰：和尚無手來多少時？」大和尚沒有手多少時間了？為什麼叫我去拿？「師曰：汝秖是枉披袈裟。」院主說：「某甲秖恁麼，和尚如何？」

南師：我只是這樣，你說怎麼辦？

古道師：「師曰：我無這個眷屬。」

南師：這是院主故意與大和尚開個玩笑，等於遊戲三昧一樣。

謂雲巖曰：與我喚沙彌來。巖曰：喚他來作甚麼？師曰：我有個折腳鐺子，要他提上挈下。巖曰：恁麼則與和尚出一隻手去也。師便休。

古道師：藥山謂雲巖曰：「與我喚沙彌來。」去把那個高沙彌給我叫來。雲巖問：喚他來作什麼？「師曰：我有個折腳鐺子，要他提上挈下。」這個鐺子是三腳的鍋，一隻腳斷了，讓他來提住。「巖曰：恁麼則與和尚出一隻手去也。」那麼和尚你還要去搭上一隻手。

園頭栽菜次。師曰：栽即不障汝栽，莫教根生。曰：既不教根生，大眾喫甚麼？師曰：汝還有口麼？頭無對。

南師：叢林裡專門管菜園的那個領班和尚叫園頭師。

古道師：就跟我們現在講的生產隊長差不多。「栽即不障汝栽，莫教根生。」也不礙你栽菜，但是栽下去不要讓它長根了。園頭說：「既不叫根生，大眾喫甚麼？」菜栽下去就是讓它活的，你不讓它長根，那大家吃什麼？然後藥山說：「汝還有口麼？」你還有嘴嗎？「頭無對。」園頭師就回答不上了。

南師：這要參一參了。他說你栽菜不要生根，任何眾生只要做了事，心裡就栽了根，挖不掉了。能夠種了不落根，是什麼人啊？無心道人，空了得道了。園頭不懂這個，他問沒有根怎麼吃啊？藥山就說你還有嘴啊？

古道師：這個機鋒他沒有接到。這一段是藥山平常接引教育的方法風格。

問：平田淺草麈鹿成群，如何射得麈中主？師曰：看箭。僧放身便倒。師曰：侍者拖出這死漢。僧便走。師曰：弄泥團漢，有甚麼限。

古道師：一位僧人問藥山禪師：「平田淺草麈鹿成群，如何射得麈中主？」在很平的田地裡，淺草中有很多這些四不像的動物，像鹿又不是鹿的一群，肯定是來禍害莊稼了。怎麼能夠把那隻頭鹿一下射倒呢？

南師：這個是講什麼？「平田淺草，麈鹿成群」，就是我們的妄念。

古道師：怎麼能把那個賊王一箭射倒？「師曰：看箭！僧放身便倒。」藥山一說看箭，那個和尚應聲就倒在地上了。「師曰：侍者拖出這死漢。」藥山就叫侍者把這個死人拉出去算了。「僧便走。」然後那個和尚爬起來就走了。

南師：藥山說看箭，他就倒下了。你以為這個念頭本來已經空了，但是你工夫還沒有到，你以為沒有身體了就不會中箭啊？

古道師：「師曰：弄泥團漢，有甚麼限。」

南師：這個傢伙玩嘴巴的，像小孩子玩泥巴一樣，還學什麼佛？「有甚麼限」，玩到幾時為止啊？專門玩這些口頭禪，不曉得玩到幾時。

看經次。僧問：和尚尋常不許人看經，為甚麼卻自看？師曰：我祇圖遮眼。曰：某甲學和尚，還得也無？師曰：你若看，牛皮也須穿。

南師：你注意藥山禪師的出身是怎麼樣的，博通經教，一切經論，佛學道理他都很通透。後來參禪，一概不看了，而且不准其他人看經書，越看工夫越不上路。可是有一天他自己拿了一本佛經在看，學禪宗的徒弟都很活潑的，師父啊，你平常都不准我們看經典，要我們好好用功，你怎麼看起經來？我看經啊，遮遮眼睛。你們看經啊，把牛皮都看穿了。太用心神，佛法永遠學不好。同樣求學問，一個有智慧的人，書讀了就懂了，開發智慧。反而靠死記硬背的人，為了考試一百分的，最後一點用處都沒有。

你看他的教育法，他本來就是學問家，結果專修以後，他不准徒弟們研究佛學經典，不准搞學問。反而我們現在的教育，每個孩子都讀成近視眼，考試都追求一百分，拚命拿到碩士博士，都是牛皮看穿了，屁用也沒有，沒有開悟智慧。教育的目的在於啟發智慧。

師看經次。柏巖云：和尚休猱人得也。師捲卻經云：日頭早晚？巖云：正當午也。師云：猶有這文彩在。巖云：某甲無亦無。師云：汝太煞聰明。巖云：某甲只恁麼，和尚尊意如何？師云：我跛跛挈挈，百醜千拙，且恁麼過。

古道師：有一天藥山禪師在看經，柏巖說和尚你不要開玩笑了。藥山就把經書捲起來了。

南師：注意為什麼用捲，唐朝還沒有發明印刷術，書是一卷一卷的竹簡。所以關公讀兵書，有些畫家畫的關公手裡拿了一本紙書，畫錯了，漢代的書是一卷拉開來看的，內行一看，這個畫錯了。就像有一個畫家，畫兩頭牛打架，畫得好極了，大家圍著看都說這是名家手筆，畫得真好。結果一個放牛童頭鑽進來，你們在看什麼？兩個牛打架，他嘻嘻一笑跑掉了。這個畫家馬上跑出去把他拉住，小朋友，你放牛的？對啊。你看我的畫笑什麼？沒有什麼啊！唉，你講老實話，你笑什麼？我笑你畫得不對啊。有什麼不對？

牛打架，兩個尾巴翹起來的？牛打架是後腿用力，尾巴夾在屁股裡，不是翹起來的！

柏巖問藥山：你平常不准我們看書，現在你自己看書，你不是開我們玩笑嗎？藥山把書捲起來，問：「日頭早晚？」那個時候沒有鐘錶，柏巖就回答：「正當午也。」等於中午十二點了。藥山說：「猶有這文彩在。」你有這麼漂亮的文彩啊！

古道師：「巖云：某甲無亦無。」我連空的概念都沒有。

南師：空都空掉了，沒有文彩在啊。

古道師：「師云：汝太煞聰明。」

南師：藥山說他：你太聰明了，口頭禪，工夫沒有到。

古道師：「巖云：某甲只恁麼，和尚尊意如何？」

南師：他說我只到這個程度。師父，你說怎麼樣？

古道師：「師云：我跛跛挈挈，百醜千拙，且恁麼過。」

南師：我每天急急忙忙，都在用功啊。

古道師：我也是這樣很平常，就這麼過。

南師：對了，悟了道，也是平常人，就這麼用功，隨時守戒。

師與道吾說：茗溪上世為節察來。吾曰：和尚上世曾為甚麼？師曰：我瘻瘻羸羸，且恁麼過時。曰：憑何如此？師曰：我不曾展他書卷。

古道師：藥山對道吾說，茗溪前世作過節察使。道吾問藥山前世是什麼？藥山說我又病又瘦，就這樣過。道吾問你為什麼這樣？

南師：「我不曾展他書卷」，前面說茗溪作官，藥山說我不讀書，意思是不作書呆子，書呆子考功名就會作官嘛。

師晚參云：我有一句子，待特牛生兒，即向汝道。時有僧便出云：特牛生兒也，祇是和尚不道。師喚侍者將燈來。其僧便抽身入眾。

南師：請A同學講這一段。

A同學：這個特牛是什麼意思？

古道師：小公牛犢。

A同學：有一天晚上小參的時候，就像現在這樣，吃過飯，老師就考考大家的工夫、見地。藥山禪師說：我有一句話想告訴你們，但是必須等那個小公牛生了兒子，才對你們說。

古道師：那就是永遠不能說了。

A同學：這個時候就有一個和尚出來了，他說這個小公牛老早就生兒子了，就是和尚不肯說。

南師：藥山馬上就問，這是誰啊，是誰講的啊？他沒有看清楚。

A同學：然後那個和尚就趕快退到大眾裡面去了。

古道師：這就像有人問如何是西來意？等你一口吸盡西江水，再向你說。實際上都是類似的教育方法。

師問龐居士：一乘中還著得這個事麼？士曰：某甲秖管日求升合，不知還著得麼。師曰：道居士不見石頭得麼？士曰：拈一放一，未為好手。師曰：老僧住持事繁。士珍重便出。師曰：拈一放一，的是好手。士曰：好個一乘問宗，今日失卻也。師曰：是是。

南師：龐蘊居士，馬祖的弟子，兩夫妻和女兒都是大徹大悟的人。

A同學：藥山禪師問龐居士，佛法是一乘法，沒有什麼大乘小乘，只有這一條路。既然是一乘法，那還有什麼心是佛啊佛是心啊，還有這個事嗎？這是我加的注解。

南師：加得好。

A同學：龐居士就說：我啊，「秖管日求升合」，這個合念葛，一升的十分之一為「合」。他說我沒有這個觀念，每天只知道吃口飯。藥山禪師就說：人家不是說龐居士你已見過石頭希遷禪師了嗎？已經悟道了，你現在怎麼這樣說呢？龐居士說：拿一個放一個，這不算是好手。藥山禪師就說：

「老僧住持事繁。」

南師：我一天到晚事情多得很啊，廟子上的事。

A同學：龐居士說了句保重，就退了出去。因為老和尚說很忙，他就告退了。然後藥山禪師就說，「拈一放一，的是好手。」讚歎他確實是一個高手啊。

南師：提得起放得下，就對了。

A同學：龐居士說，「好個一乘問宗，今日失卻也。」他說藥山禪師問他「一乘中還著得這個事麼？」他說問得好，今日我輸了。「師曰：是是。」藥山禪師說：是的是的。

南師：這就是佛經講的如是如是。

師因僧問：學人有疑，請師決。師曰：待上堂時來，與闍黎決疑。至晚上堂眾集。師曰：今日請決疑，上座在甚麼處？其僧出眾而立。師下禪牀把住曰：大眾，這僧有疑。便與一推，卻歸方丈。

A同學：有一個和尚有疑問，向藥山禪師請教。
南師：藥山禪師眼睛看他一下，就有數了，晚上上堂再說。
A同學：待上堂的時候來，幫你解決。藥山禪師也是很客氣，「闍黎」是老師的意思，他說晚上幫老師解決問題。
到了晚上上堂的時候，大眾都集中在那裡，藥山禪師說今天請問問題的是哪一位啊？這個和尚就出來了，藥山禪師本來盤腿打坐，就從座位上下來了，一把抓住他說：「大眾，你們大家看，這個和尚有疑問！」又一下把他推開了，然後自己就回方丈室了。
南師：你說他答覆了問題沒有？這是禪宗。
古道師：他這樣好像神經病。
A同學：現在要是這樣一推，可能會被告到公安局去了。
古道師：或者學生會把我送精神病院去了。
問飯頭：汝在此多少時也？曰：三年。師曰：我總不識汝。飯頭罔測，發憤而去。

A同學：藥山禪師問做飯的飯頭師：你在這裡多長時間了？飯頭師說：已經三年了。藥山禪師說：我怎麼都不認識你呢？飯頭師一下就懵了，很生氣地走了。

古道師：我給你做了三年飯，你連我都不認識！氣得就走了。D同學的批語：大和尚官僚主義。

問僧：年多少也？僧云：七十二也。師云：是年七十二那？僧云是。師便打。

古道師：藥山禪師問一位僧人：你多大歲數了？七十二了。你已經七十二歲了？那個僧人說：是啊。這樣就挨棒子了。

南師：七十二歲了，修行還沒有開悟，那活著幹什麼？

古道師：不開悟也是罪過？

南師：對啊。

B同學：在叢林接受眾生供養，幾十年沒修出成就，那是造孽。

南師：他用人就是這樣，在他那裡那麼久，公司的共勉還不會背，就趕走了。

B同學：如果是領導，那得降一級。

古道師：這也是官僚主義。

C同學：他修那麼久，生年都應該忘了，自己年齡還記那麼清？該打。

南師：對，對。

古道師：道家不問年。以前問過一位年長的道士：您老高壽啊？不知道，反正出了家就長這麼大了。

南師：山中無甲子，寒盡不知年。修行人應該忘記了時間空間。

朗州刺史李翺問：師何姓？師曰：正是時。李不委，卻問院主。某甲適來問和尚姓，和尚曰正是時，未審姓甚麼？主曰：恁麼則姓韓也。師聞乃曰：得恁麼不識好惡。若是夏時，對他便是姓熱。

A同學：李翺問藥山禪師姓什麼，藥山禪師沒有直接回答他。院主說藥山禪師姓韓，諧音姓寒，所以藥山禪師說要是夏天，他就姓熱了。

李初嚮師玄化，屢請不赴，乃躬謁師。師執經卷不顧，侍者曰：太守在此。李性褊急，乃曰：見面不如聞名。拂袖便出。師曰：太守何得貴耳賤目？李回拱謝，問曰：如何是道？師以手指上下曰：會麼？曰：不會。師曰：雲在青天水在瓶。李欣然作禮，述偈曰：

鍊得身形似鶴形　千株松下兩函經
我來問道無餘話　雲在青天水在瓶

南師：李翺非常仰慕藥山禪師，李翺是韓愈的弟子，唐代的大名士。

古道師：李翺聽到藥山的大名，請他好幾次出來說法，藥山禪師一直不肯出來。李翺就親自到山上去拜訪，藥山禪師手執經卷，理都不理。

南師：藥山拿著經書，頭都不回，旁邊的小和尚告訴他：太守來了。「李性褊急」，李翺是個急性子的人，而且有一點暴躁，像誰呢？就像C同學年輕的時候，有點急躁，有話直說。李翺看藥山是這個樣子，就講了一句：「見面不如聞名！」袖子一甩，準備走了。他覺得這個和尚太傲慢了，固然名氣很大，理都不理，一點禮節都不給。李翺說：「見面不如聞名！」平常久聞大名，如雷貫耳，今日一見，不過如此。

藥山回頭一看他要走了，就說：太守啊，你何必貴耳而賤目呢？把耳朵看得那麼貴重，而輕賤眼睛呢？難道你見一面就認識我了嗎？太守一聽有道理，馬上回頭就問：什麼是道？藥山禪師伸手天上一指，下面一指，說：你會嗎？這就是道，這就是佛法。李翺說：我不會。「雲在青天水在瓶」，這就是道，天機活潑潑的，「鳶飛戾天，魚躍於淵」，心是活潑潑的，心就是佛。會嗎？「雲在青天水在瓶」。

李翺一聽，趕快合掌頂禮，他懂了。李翺作偈讚歎師父，「鍊得身形似鶴形」，可見藥山高高瘦瘦。大家朗誦一下。（大眾唱唸）

李又問：如何是戒定慧？師曰：貧道這裏無此閒家具。李罔測玄旨。師曰：太守欲保任此事，須向高高山頂立，深深海裏行，閨閤中物捨不得，便為滲漏。

南師：李翺悟道以後又問什麼是戒定慧，佛道怎麼修啊？藥山禪師說：我這裡沒有這些閒傢俱了。什麼戒定慧啊，什麼安那般那啊，都沒有，很徹底。

李翺一聽不懂了，老師講得太徹底了。你不是悟了嗎？雲在青天水在瓶，天機活潑潑的，還問什麼是戒定慧？如何修行？藥山禪師沒有這些閒傢俱，李翺就搞不清楚了。他有沒有心得？有心得，但是還不曉得如何用功。藥山禪師說：你懂了這個，要「高高山頂立，深深海裏行」，閨閤中的那個丟不掉，永遠不會成功。戒定慧已經答覆了，先要守這個戒，「閨閣中物捨不得」，不會得定，第一要持戒，男女飲食關係，你看他多優雅，閨閣中物捨不得，終為滲漏。

A同學：下面張商英有一首偈頌。

南師：到了宋朝，宰相張商英是寒士出身，本來不信佛，他的太太信佛，是高幹子弟。張商英對太太沒有辦法，但他反對信佛，還要寫一篇〈無佛論〉。有一天他看到太太正在看一本非常精美的書，你看的什麼書啊？《維摩經》。你又看這個？太太把《維摩經》給他說：你看了這一本，才好寫〈無佛論〉。他一看，完了，自己也信佛了。後來張商英也悟道，他對李翱在藥山悟道的這一段，有一番評唱。

雲在青天水在瓶　眼光隨指落深坑
溪花不耐風霜苦　說甚深深海底行

南師：修行的工夫在文學裡都講完了。「雲在青天水在瓶」，我現在不跟你們講禪，念頭空了，身心皆空，可是一般人認為懂了這一句就是悟道了，統統錯了。

「眼光隨指落深坑」是什麼人啊？死人，人死了眼光都掉下來了。如果你認為這樣就是悟道了，那你白搞了。藥山禪師吩咐李翺以後怎麼修行，雖然明白了空，你還要「高高山頂立，深深海裏行」，諸惡莫作，眾善奉行，尤其閨閣裡的那個丟不掉，你沒有希望了。

張商英也懂，「溪花不耐風霜苦」，修行是苦行的路，這個做不到，說什麼深深海底行啊？在海底走路，那是「極高明而道中庸」，高高山頂立是極高明，起行的是深深海底行，修行作人做事是道中庸。你們啊，要深深海底行，謙虛地沉到底去，忍受一切折磨苦難，心中念念皆空，這樣可以達到功德圓滿。禪宗是這樣的講法，不是空談道理。

師一夜登山經行，忽雲開見月，大嘯一聲，應澧陽東九十里許。居民盡謂東家。明晨迭相推問，直至藥山。徒眾曰：昨夜和尚山頂大嘯。

李贈詩曰：

選得幽居愜野情　終年無送亦無迎
有時直上孤峰頂　月下披雲嘯一聲

南師：有一天，藥山禪師跑到山頂，打坐行香，忽然雲開見月，那個境界之好啊，他自己氣也動了，啊———一聲，九十里方圓都聽得見。你看他的修行成就，那個聲氣比你們厲害吧？

A同學：大家都以為是隔壁家的聲音，第二天大家都在問，是不是你叫的？

古道師：一直問到藥山，才曉得是藥山禪師。

南師：古道師很快也要到江西洞山，去復興道場了，將來他在那裡，「有時獨上孤峰頂，月下披雲嘯一聲。」

古道師：結果連廟裡的人都沒有聽見。

南師：《古文觀止》中的〈復性書〉，就是李翺寫的，把中國文化與印度文化融會在一起，以明心見性解《大學》《中庸》，心就是佛。李翺在藥山禪師這裡悟道，是中國文化的一個轉捩點。

中國文化史上有一個大問題，大家都說韓愈反對佛教，他寫〈諫迎佛骨表〉，反對把法門寺的佛骨搬到長安供養，經濟上損失太大，社會承受不起。然後連帶批駁了一些佛教和尚，因此皇上大為震怒，把他下放到廣東潮州。廣東原來沒有文化，因為韓愈的下放，開發了廣東文化；還有柳宗元被下放到廣西柳州，開發了柳州文化，所以兩廣文化發展是韓愈與柳宗元的功勞。韓愈本來是絕對的儒家，他解釋孔子講的仁，什麼是仁？韓愈講博愛之謂仁。後世解釋儒家都用這一句話，我是大加反對，這些人都搞錯了，韓愈是研究抄了墨子，世界上最早講博愛的不是外國人，是墨子。韓愈解釋仁，偷樑換柱，偷了墨子的解釋孔子，這是韓愈沒有悟道以前的事。

韓愈有個侄子就是韓湘子，八仙過海裡面那個吹笛子的神仙。韓湘子要出家，韓愈很反對。有一天在韓愈的壽宴上，韓湘子忽然回來了，給他的叔叔祝壽。韓愈看到侄子出家作了道士，現在回來也不好罵了。侄子說：叔叔啊，我給你放個烟火作禮物吧。他就在大廳裡放出烟火，烟火中顯出兩句詩：「雲橫秦嶺家何在，雪擁藍關馬不前。」烟火放得很鬧熱，韓愈當作小孩子亂玩，算了。過了幾個月，韓愈上了〈諫迎佛骨表〉，結果被下放，冬天騎馬經過秦嶺，下雪天這一條路很難走，韓愈寫了一首詩：

一封朝奏九重天　夕貶潮陽路八千
欲為聖明除弊政　肯將衰朽惜殘年
雲橫秦嶺家何在　雪擁藍關馬不前
知汝遠來應有意　好收吾骨瘴江邊

我當時上報告的時候，已經下了決心，皇帝要殺就殺吧，我也老了，死就死吧。現在下雪天騎在馬上，一路很痛苦，作了前四句詩作不下去了，忽然一望，喲，好像韓湘子在前面啊，好像在給他領路。這個孩子出家，人家說他得道了，韓愈就想起了這兩句：「雲橫秦嶺家何在，雪擁藍關馬不前」，這首詩就接下去了。好像看到韓湘子，叫他他也不回頭，就在前面走，「知汝遠來應有意，好收吾骨瘴江邊。」好啊，人家說你得道了，你果然以前已經警告我了，現在你在前面領路，恐怕到潮州我會死在那裡，將來請你收拾我的骸骨。因此，韓愈到潮州以後就參訪大顛禪師了，你們先看看《指月錄》的大顛和尚這一段。

韓文公一日相訪，問：師春秋多少？師提起數珠曰：會麼？公曰：不會。師曰：晝夜一百八。公不曉，遂回。次日再來，至門前見首座舉前話，問意旨如何。座扣齒三下。及見師理前問，師亦扣齒三下。公曰：元來佛法無兩般。師曰：是何道理？公曰：適來問首座亦如是。師乃召首座問：是汝如此對否？座曰：是。師便打趁出院。

古道師：有一天，韓愈去拜訪大顛禪師，問禪師多大年紀了，禪師把念珠拿起來給他看，問他明白沒有？韓愈說不明白。念珠剛好一百零八顆，晝夜都在轉。

南師：大顛沒有直接答覆他，隨時在念佛。

古道師：韓愈不懂就回去了。第二天又來了，走到門前看到首座和尚。

南師：他說我昨天問老和尚多大年紀，老和尚不答覆我，拿念佛珠，說晝夜一百零八，不曉得什麼意思。這個首座就把牙齒扣了三下。韓愈還是不懂，就進去看大顛和尚，就說昨天我問你多大歲數，你的回答我還是不懂啊。大顛和尚也扣齒三下，韓愈一看，真奇怪，那個首座和尚跟你一樣的動作，原來佛法沒有兩樣的啊。好像懂又好像不懂。

古道師：看來這個廟裡的和尚都一個毛病。

南師：大顛問：你為什麼這麼說呢？韓愈說：我剛才在門口問首座和尚，他也是把牙齒扣了三下；現在問你，你也把牙齒扣了三下。有這個事啊？你把那個首座找來！大顛問首座：剛才韓長官問你，你把牙齒扣三下嗎？他說：對啊。大顛就拿棒子把首座趕出去了！

古道師：兩個人都一樣，只許州官放火，不許百姓點燈。

文公又一日白師曰：弟子軍州事繁，佛法省要處，乞師一語。師良久。公罔措。時三平為侍者，乃敲禪牀三下。師曰：作麼？平曰：先以定動，後以智拔。公乃曰：和尚門風高峻，弟子於侍者邊得個入處。

南師：這個時候韓愈學佛求道還不死心，兩次吃癟，他又來了。這天見到大顛禪師，自稱弟子：我的公事很忙，佛法最簡單扼要的能不能告訴我一句？師父聽了半天都不說話，韓愈不知所措。當時大顛和尚得法悟道的弟子三平和尚，後來也是大禪師，正在作侍者。師父坐在牀上，三平在那個牀上就敲了三下，大顛就問：你作什麼？三平就講道理了：「先以定動，後以智拔」。這是講道理了，他看韓愈懂不了，告訴他先做工夫，好好打坐，定久了智慧就打開了。韓愈說：師父啊，你的門坎太高了，進不來啊，大師兄告訴我一個路。

古道師：這個三平和尚後來在福建影響非常大，人們稱他三平祖師，有人生病，他吹一下、摸一下就好了，神通廣大。直到現在三平祖師的廟裡還是香火旺盛，廈門那邊通常掛一個戴帽子的聖像，那不是地藏王，就是三平祖師像，汽車裡面都喜歡掛，祈求三平祖師保佑。

第三講　藥山惟儼禪師　三

二〇〇九年十二月四日

內容提要

師坐次　　師與雲巖

問己事未明　　上堂

師令供養主　　時有僧問

師久不陞座　　汝見律師

學人擬歸鄉　　太和八年

師坐次。僧問：兀兀地思量甚麼？師曰。思量個不思量底。曰：不思量底如何思量。師曰：非思量。

南師：這是打坐的道理，但是要自己體會，你不要以為文字懂了。

問：己事未明，乞和尚指示。師良久，曰：吾今為汝道一句亦不難，祇宜汝於言下便見去，猶較些子，若更入思量，卻成吾罪過，不如且各合口，免相累及。

古道師：有人問藥山禪師：自己修行的事沒有明白，請師父給我指示。藥山禪師緘默了良久，然後說：我今天給你講一句明白的話倒是不難，只要你在這一句中能夠當下承當去，這樣還有點意義；但如果你又去思量研究，那就成了我的罪過了，不如咱們各自閉口，都別講了，你也別問，我也不給你說，免得互相牽累。

師令供養主抄化。甘贄行者問：甚處來？曰：藥山來。甘曰：作麼？曰：教化。甘曰：將得藥來麼？曰：行者有甚麼病？甘便捨銀兩錠，意山中有人必不受此。主歸納疏。師問曰：子歸何速？主舉前話。師曰：速送還他，子著賊了也。主遂送還。甘曰：由來有人。益金以施。

古道師：供養主去化緣，碰到一個甘贄居士，問：你從哪裡來的？供養主就回答：從藥山來的。甘贄又問：來幹什麼？供養主說：我是來化緣的。甘贄問：那你帶什麼藥來沒有？供養主就反問他：你有什麼病嗎？甘贄就不講話了，拿出兩錠銀子給他，心想藥山那裡肯定不會收這個銀子。化緣的供養主回來，把錢交上去了，藥山禪師就問：你怎麼這麼快就回來了？供養主把這一段對話說了，藥山就說：你趕快拿去還給他，你著了賊了。供養主就趕快把銀子還回去了。

A同學：甘贄之前想著山上如果有人懂得，一定會把錢送回來的，果然現在供養主又送回來了，就說山上真有高人啊，就又多供養一些。

古道師：這是什麼道理呢？為什麼說他著賊了？是不是嫌錢少？

南師：藥山是何等人啊？那時候他們都是在參究見道沒有？開悟沒有？這個甘贄當然知道藥山禪師，他要看看這個化緣主有沒有見地，哪裡來的？藥山來的？那你帶什麼藥來？這個化緣主並不是沒有工夫見地，也有一套的。

D同學：甘贄是南泉普願的徒弟，還接引了雪峰義存呢。

南師：這些人都是在家參究開悟的，今天碰到對手了。

古道師：為什麼說他今天著了賊呢？

D同學：遇到對手了，碰到作家了。

南師：甘贄讚歎山上果然有高人，又加了些供養。

古道師：這個藥山和尚，嫌這二兩銀子還是少了點。

南師：不是銀子多少的問題。

古道師：供養主就是叢林裡負責化緣的和尚，化緣回來供養大眾，也叫緣頭。

D同學：他出去化緣，碰到甘贄，甘贄與他機鋒對答，他也是機鋒對答，反問甘贄：你有什麼病啊？甘贄也沒有回答，就拿了兩錠銀子給他，可見甘贄懂嘛。供養主拿了銀子回去，藥山當然責怪他了，那個居士可不是一般的施主，就還給他吧。

南師：也不是真還給他，都是機鋒，就是表示你的意思我們也知道。所以你將來住洞山，派人出去化緣碰到D同學，D同學說：哪裡來的啊？古道那裡來的。噢，古道？就給二十塊錢算了。不過你回去，恐怕山裡有人不接受。

古道師：D同學問那個人，古道還有力氣吃飯沒有？

師久不陞座。一日，院主白云：大眾久思和尚示誨。曰：打鐘著。時大眾才集定，便下座歸方丈。院主隨後問云：和尚許為大眾說話，為甚麼一言不措？師曰：經有經師，律有律師，爭怪得老僧？

古道師：藥山和尚很久沒有上堂說法了，有一天當家的和尚就跟藥山禪師說：大家都很盼望你開示。藥山說：那你去敲鐘吧。鐘一敲，大家剛剛集合到一起來，結果老和尚就下座回方丈去了。當家和尚隨後跟著去問：你為什麼一句不講就回來了呢？藥山禪師說：有專門講經的法師，也有專門講戒律的律師，你怪我作什麼？老和尚偷懶，他博通經律，裝作不懂。

南師：禪堂不是講經說法的地方，大家真修持的見地是什麼？等於我已經講過了，無言可說，那個才是佛法，戒律都在內。言語道斷，心行處滅，結果哪有那麼多文章思想？有什麼話可講？揚眉瞬目，天天都在開示啊，這就是禪宗。

古道師：與藥山禪師比起來，我們的老師是辛苦多了，一講好幾個小時。關鍵我們都不是藥山的這些徒弟，要是碰到藥山的那些徒弟，老師也是不用講了。

D同學：經師、律師都不肯上堂，所以老師就全講了。

問：學人擬歸鄉時如何？師曰：汝父母徧身紅爛，臥在荊棘林中，汝歸何所？曰：恁麼則不歸去也。師曰：汝卻須歸去。汝若歸鄉，示汝個休糧方子。曰：便請。師曰：二時上堂，不得齩破一粒米。

古道師：有個人問他，學生準備回家去。

南師：你注意，他這樣講不是要回俗家去。萬緣放下，一念不生，回這個家去。藥山禪師說：你家裡的父母徧身都爛掉了，你雜念那麼多，還能回家穩坐嗎？那個和尚說：這樣我就不回家了。

古道師：藥山禪師回答：但是你應該回去。你如果回去，我告訴你一個斷糧的方法，就是辟穀的方法。他說：請師父告訴我。藥山禪師說：早上中午二時上堂吃飯，不要咬破一粒米。

南師：你看看天天吃飯，不咬破一粒米，你做得到嗎？

D同學：就是說二六時中，都不散亂。

南師：這是禪宗，一涉思量，就統統不是了。

古道師：如果登先生就可以回答：我本來就不吃，咬破什麼米？然後轉身就回去了，老和尚一看沒有辦法。

南師：趙州和尚說：老僧二六時中，除二時粥飯，無別用心處。勉強可以解釋，講實際工夫，隨時隨地都在定慧中。

師與雲巖遊山，腰間刀響。巖問：甚麼物作聲？師抽刀驀口作斫勢。

南師：唐宋時和尚都有戒刀。我們在八九十年前，當兵身上掛一把短劍，叫軍人劍，戰場上如果真打不下去，自己抽劍自殺。為什麼有三武一宗之難？有些壞和尚拿戒刀來搶劫殺人，後來就把戒刀收了，衣服上只留個帶子。

古道師：藥山、雲巖師徒二人吃了飯遊山經行，走路時戒刀發出聲音，雲巖就問藥山禪師：什麼東西在響？

南師：他們倆個都知道是戒刀在響，明知故問：這是什麼聲音啊？

古道師：結果師父把刀抽出來，迎面做一個砍人的姿勢。

南師：兩個人好像開一個玩笑，就是要斷了妄念。

上堂。祖師衹教保護，若貪嗔起來，切須防禦，莫教振觸。是你欲知，枯木石頭，卻須擔荷，實無枝葉可得。雖然如此，更宜自看，不得絕卻言語。我今為汝說這個語，顯無語底，他那個本來，無耳目等貌。

古道師：藥山禪師上堂開示，祖師們只是讓我們好好保護自己的念頭，貪嗔癡這些念頭不是不起，但是要防護好，不要被這個貪嗔動搖了，是要防護，但是不要糾纏在一起。

南師：你想做到貪嗔癡慢都不起，心思死了，像一個枯木石頭，那是枯禪。你要做到一念不生，隨時任何善惡念都不起了，不但貪嗔癡慢，任何微細雜念都沒有，雖然如此，如果工夫做到這樣，這個裡頭還要看清楚，不要認為這個是悟道；你要會講話，會動作，此心一點都沒有亂過，定慧雙修。我現在跟你講這些話，那個無言語可說，無文字可談。

古道師：今天講這些言語，讓你明白的那個是沒有相貌的，非耳目之所到。

南師：他講到這裡，有個和尚就出來問了。

時有僧問：云何有六趣？師曰：我此要輪，雖在其中，元來不染。問：不了身中煩惱時，如何？師曰：煩惱作何相狀？我且要你考看。更有一般底，只向紙背上記持言語，多被經論惑，我不曾看經論策子。汝只為迷事走失，自家不定，所以便有生死心。未學得一言半句，一經一論，便說甚麼菩提涅槃，世攝不攝，若如是解，即是生死。若不被此得失繫縛，便無生死。

南師：六道輪迴，我雖然在這個輪迴裡滾來滾去，但不會受染污，並不是斷除六道輪迴，就在這裡面滾，要你認得這個。這一段講得多好，多重要啊。多少修持的道理，統統講透了。

D同學：身體覺受、心中的煩惱了不了，怎麼辦？空不了，斷不了。藥山禪師就說，你的煩惱什麼樣子，拿來我看。現在一般學佛修道的人，就是拿一本書，背一點奇言妙語，被經論迷惑了。你應該超越這些，不要被迷惑，我不會整天尋經摘句，考據論證，玩弄思想。你自己搞不清楚，迷惑了，所以心地不定，因此就有生死輪迴了。還沒有學得怎麼樣，就像古道師碰到一些人，剛學一兩個月，或者三五年，就開始討論菩提涅槃，沒有好好用功，基礎很淺，好高騖遠，腳不點地。如果是這樣，還是困在生死輪迴中；如果超越了這些，不被得失是非困住，那就有點希望，可以超越生死。

汝見律師，說甚麼尼薩耆突吉羅，最是生死本，雖然恁麼，窮生死且不可得。上至諸佛，下至螻蟻，盡有此長短、好惡、大小不同，若也不從外來，何處有閒漢掘地獄待你。你欲識地獄道，只今鑊湯煎煮者是。欲識餓鬼道，即今多虛少實、不令人信者是。欲識畜生道，見今不識仁義、不辨親疎者是。豈須披毛戴角，斬割倒懸。欲識人天，即今清淨威儀，持瓶挈鉢者是。保任免隨諸趣，第一不得棄這個，這個不是易得。須向高高山頂立，深深海底行，此處行不易，方有少相應。如今出頭來，盡是多事人，覓個癡鈍人不可得。莫只記策子中言語，以為自己見知，見他不解者便生輕慢，此輩盡是闡提外道。此心直不中，切須審悉，恁麼道，猶是三界邊事。莫在衲衣下空過，到這裏更微細在，莫將謂等閒，須知珍重。

南師：你看藥山禪師批評了那麼多，現在更為嚴重，古今一樣，他講得很清楚，不是隨便罵人。

A同學：一般講戒律的人，動不動就說這樣犯了重罪了，藥山禪師說這就是生死的根本。

南師：一天到晚計較人我是非善惡，就困在戒律裡了。

A同學：雖然戒律守得好，想了脫生死，像這樣下去是不可能的。

南師：雖然把是非善惡分得很清楚，規規矩矩作人，但你想要了生死，是不可能的。

A同學：從諸佛到一切蠢動含靈，有長有短，有好有不好，有善有惡，有大有小，假如我們能從一念上，明白自心的這一念不離佛性，明了佛性不是從外面得來的，不著外面的現象。那這個地獄是誰挖的呢？哪有一個人那麼無聊去挖一個地獄等著你？天堂地獄都是自己造的。你想了解地獄道是什麼樣？我們有時候一念嗔心，或是害人的心，像在燒油鍋中翻滾，這一念已經是地獄了。餓鬼道，就是作人愛吹牛，不踏實，多虛少實。畜生道，是作人不管仁義，不管自己的父母師長，像這樣的人，哪裡需要等到來生，現在這些行為就已經表現出來了。

南師：拿現在的話，起心動念，人的獸性發作，這就是現成的畜生道了。

A同學：「欲識人天」，就是外現威儀，內心清淨。「保任免隨諸趣，第一不得棄這個。」你要認得心就是佛，當下這一念心，時時清淨，能夠隨時保持這樣，「須向高高山頂立，深深海底行」。

南師：「高高山頂立」，一念不生，忘我忘人。「深深海底行」，極高明而道中庸，行為處處要小心，事無大小都是戒律。

A同學：必須這樣戒慎恐懼，如履薄冰，如臨深淵，這樣才有少許相應。現在投胎出世的人，都是多事之人，讓他閒著都閒不了，都是玩聰明，想要找一個踏踏實實、老實修行的人都很難。不要拿佛講的道理，當作自己的知見，以為自己懂了，生起傲慢心，背得一句兩句，以為自己已經做到了，看到別人不了解這些道理，就看不起人家，「此輩盡是闡提外道」，這些都是善根不具的外道中人。

直心是道場，念念在空靈中，必須要仔細省察自己，這樣還沒有跳出三界。穿著出家衣服，不要空過時光，到了這種境界，更要仔細用功。

南師：最後藥山很客氣，不要馬馬虎虎聽過去啊，大家保重。

太和八年十一月六日。臨示寂，叫曰：法堂倒，法堂倒。眾皆持柱撐之。師舉手曰：子不會我意。乃告寂。弟子奉全身，塔於院東隅。

古道師：藥山要走了，大叫：法堂倒了，法堂倒了！結果大家都拿著木頭去撐法堂，藥山說你們不明白我的意思，算了，走了。

第四講 雲巖曇晟禪師

《指月錄》卷十二

二〇〇九年十二月五日

內容提要

潭州雲巖
他日侍立次
山又問
一日山問
後到溈山
師煎茶次
師問石霜
住後僧問
上堂示眾
問僧
道吾問
掃地次
問僧甚處來
師作草鞋次
僧問
院主遊石室
裴大夫問
會昌元年

潭州雲巖曇晟禪師，鍾陵建昌王氏子，少出家於石門，參百丈海禪師，二十年。因緣不契，後造藥山。山問：甚處來？曰：百丈來。山曰：百丈有何言句示徒？師曰：尋常道，我有一句子，百味具足。山曰：鹹則鹹味，淡則淡味，不鹹不淡是常味，作麼生是百味具足底句？師無對。山曰：爭奈目前生死何？師曰：目前無生死。山曰：在百丈多少時？師曰：二十年。山曰：二十年在百丈，俗氣也不除。

古道師：潭州就是現在湖南的長沙，鍾陵建昌是在江西南昌。雲巖禪師很小的時候就在石門出家，石門是現在湖南的石門縣，後來他參訪百丈禪師，在百丈那裡住了二十年，但是因緣不契，沒有開悟，雲巖就去參訪藥山禪師。藥山問他：你從哪裡來的？雲巖回答：從百丈禪師那裡來的。藥山禪師問：百丈用什麼話開示徒眾？雲巖回答：百丈禪師平常說：我有一句話，百味具足。藥山就問：鹹的是鹹味，淡的是淡味，不鹹不淡的就是家常味，那什麼是百味具足的句子呢？雲巖回答不上來。藥山禪師就說那你怎麼解決這個生死問題啊？雲巖說目前沒有生死問題。藥山就問：你在百丈那裡待了多少年？雲巖說：待了二十年。藥山禪師說：你在百丈禪師那裡二十年，還不免俗氣。

南師：你們參禪注意這裡的問答，百丈禪師說：我有一句話，百味具足。這是一個話頭，接引人的。雲巖搞不清楚，藥山一看就知道他還沒有開悟，進一步逼問：鹹則鹹味，淡則淡味，你說說看，怎麼一句話是百味具足？你到現在還弄不懂？然後又問：你參禪那麼久，生死大事怎麼樣了？人生最大事，莫過於生死問題。雲巖說：我目前沒有這個問題。換一句話說，他還不能徹底了脫生死的問題。藥山說你在百丈那裡住了二十年，還離不開俗氣，還是一個普通人啊。這個話就很嚴重了，你看《指月錄》不要被文字騙住了，你必須要回到現場，把自己當成雲巖禪師，雲巖一到藥山，就挨了藥山禪師的批評，出家跟隨明師參禪二十年，一點影子都沒有，還脫離不了俗氣。

他日侍立次。山又問：百丈更說甚麼法？師曰：有時道三句外省去，六句內會取。山曰：三千里外，且喜沒交涉。

古道師：昨天我琢磨半天，這三句是哪三句？六句也不知道是哪六句？

南師：你搞錯了，這三句六句不是固定的話，不要拿教下的句子比照，現在他不是講教理啊，是直接講工夫見地。你要向六根內反省自己，否則三千里外，毫無關係，幾十年白學佛了。

古道師：「師曰：有時道三句外省去，六句內會取。山曰：三千里外，且喜沒交涉。」藥山是不是笑百丈禪師？

南師：他不是笑百丈禪師，是說雲巖，你一點影子都沒有。

山又問：更說甚麼法？師曰：有時上堂，大眾立定，以拄杖一時趂散，復召大眾，眾回首。丈曰：是甚麼？山曰：何不早恁麼道，今日因子得見海兄。師於言下頓省，便禮拜。

南師：藥山禪師批評完了又問：百丈禪師平常還有什麼說法？雲巖說：百丈有時候上堂，大家才一站定，他拿著拐棍，去去去，統統回去！等到大家出去了以後，唉，你們怎麼走了？大家一回頭，百丈說：這個是什麼？換一句話，現在你們和我（南師）在講話，對不對？（眾答：是。）這個是什麼？是什麼在聽？百丈告訴大家上課了，傳法了，等大家站好，他又把大家趕跑了，下去下去！他很威嚴的，大家準備走了，唉，你們怎麼走了？大家回頭，他趁大家正回頭，又問：這個是什麼？

古道師：藥山禪師說：你怎麼早不這樣說呢？因為今天你說這個話，我算是認識了百丈懷海禪師了。結果雲巖禪師言下有省。

南師：有省不是大悟，這裡你要注意，雲巖懂了一點。你看看，百丈把大家趕走，他那個威風很大的，等大家要回頭走了，百丈又說你們怎麼走了？大家一回頭，「這是什麼？」當時有沒有人悟，不知道。藥山一聽就說：哎呀，你怎麼不早說呢？因為這一句，雲巖反而有省，懂了佛法了。這是什麼道理？學密宗的人注意，這是大秘密了。

一日山問：汝除在百丈，更到甚麼處來？師曰：曾到廣南來。曰：見說廣州城東門外有一片石，被州主移去，是否？師曰：非但州主，闔國人移亦不動。山又問：聞汝解弄師子，是否？師曰：是。曰：弄得幾出？師曰：弄得六出。曰：我亦弄得。師曰：和尚弄得幾出？曰：我弄得一出。師曰：一即六，六即一。

古道師：有一天，藥山又問雲巖：你除了到過百丈禪師那裡，還去過哪裡？雲巖說：曾經到過廣州。藥山說：聽說廣東城門外有塊石頭，被州官移走了，是不是啊？雲巖說：別說州官了，就是全國的人去移都移不動啊。南師：藥山聽他這樣說，就又問了：聽說你很會玩獅子？手裡拿個球舞獅。雲巖說：是，沒有出家以前會玩。藥山問：你每次玩幾齣戲啊？雲巖說：我玩六齣戲。藥山禪師說：我也會玩。雲巖說：師父，你玩幾齣？藥山說：我玩一齣。雲巖說：一齣就是六齣，六齣就是一齣。他們兩個不是講笑話，是藉這些話測驗工夫與見地。你除了百丈那裡以外還到過哪裡？還去過廣州。藥山說，聽說廣州城外有塊石頭，被州官搬走了，當然有這個故事，藥山問這個幹什麼？那個如如不動的，誰也拿不動，這是因為雲巖自從上次有省以後，他隨時都在定中。那麼你看藥山的教育方法，就接著講別的，聽說你以前會舞獅子？他說會啊。藥山禪師曉得這個時候他的工夫有一點到了，有一點像樣了，就說我也會玩，你會六下，我會一下。雲巖說六就是一，一就是六，六識就是一念，一念就是六識，都沒有妨礙。

後到溈山。溈問：承聞長老在藥山弄師子，是否？師曰：是。曰：長弄有置時？師曰：要弄即弄，要置即置。曰：置時師子在甚麼處？師曰：置也置也。

南師：這時雲巖稍有成就了，有一天去溈山那裡參學，他與藥山的對話已經傳出去了，所以溈山就問雲巖：聽說你在藥山玩獅子，有這個事嗎？他說有這個事。溈山又問：你常常玩獅子，什麼時候放下啊？雲巖說要玩就玩，要放下就放下，提得起放得下，念念皆空就入定了。溈山又問：放下時放到哪裡？雲巖說：放下了，放下了。

師煎茶次。道吾問：煎與阿誰？師曰：有一人要。曰：何不教伊自煎？師曰：幸有某甲在。

古道師：有一天，雲巖禪師在煎茶，師兄道吾問他：你煎茶給誰喝呢？雲巖說：有人要喝。道吾接著問：那為什麼不讓他自己煎呢？雲巖說：幸好有我在。

南師：作人做事要有我，修行的時候放下是無我。

師問石霜：甚麼處來？曰：溈山來。師曰：在彼中得多少時？曰：粗經冬夏。師曰：若恁麼即成山長也。曰：雖在彼中卻不知。師曰：他家亦非知非識。石霜無對。

古道師：雲巖問石霜：從哪裡來？石霜說：從溈山來的。雲巖問：在那裡多長時間了？石霜說：大概待了一年。雲巖說：那你已經是長老了吧。石霜說：我雖然在那裡待了一年，但是還沒有明白。雲巖說：他家別處也不明白。石霜就回答不上來了。

住後。僧問：二十年在百丈巾瓶，為甚麼心燈不續？師曰：頭上寶華冠。曰：意旨如何？師曰：大唐天子及冥王。

南師：住後，等於雲巖悟道以後開始住山了，開堂說法了。

古道師：有一天，一個僧人問雲巖禪師：你在百丈禪師那裡二十年，為什麼沒有明心見性呢？雲巖說：你這是頭上安頭的話，本來具足，還續個什麼？

南師：頭上寶華冠，每個人本來就有的，戴在頭上就看不見了。

古道師：這個和尚還不明白，到底是什麼意思呢？

南師：那是大唐天子與冥王。

上堂示眾曰：有個人家兒子，問著無有道不得底。洞山出問曰：他屋裏有多少典籍？師曰：一字也無。曰：爭得恁麼多知？師曰：日夜不曾眠。山曰：問一段事還得否？師曰：道得卻不道。

古道師：雲巖禪師有一天上堂開示：有一個人家的孩子，你問他，他什麼都知道，沒有回答不上來的。洞山就問：他屋裡到底藏了多少書啊？雲巖說：一本都沒有。洞山說：那他怎麼知道那麼多知識？雲巖說：他黑夜白天都不睡覺的。洞山又問：那問他一件事可以嗎？雲巖說：可以啊，但是不能告訴你。我們的本心自性，靈明不昧，實際上從來沒有休息，二六時中，恒時如此，不論天堂地獄，永遠是那麼樣，只是認得不識得，要靠每個人自己悟透，說給你的還不是。

南師：還有一段公案，有一個人讀了很多書，無所不知，有一天他問師父：禪宗講明心見性，心就是佛，這個心具備一切戒定慧，神通具足，智慧圓滿，這個心究竟是怎麼一回事？師父說：你問得好，你讀書破萬卷了？你的心不過拳頭這麼大，萬卷書怎麼放得進來啊？這個讀書人聽了就開悟了。

問僧：甚處來？曰：添香來。師曰：還見佛否？曰：見。師曰：甚麼處見？曰：下界見。師曰：古佛古佛。

古道師：一天，雲巖問一位僧人：從哪裡來？他說：剛上完香過來。雲巖問：那你見到佛沒有？他說：見了。雲巖又問：在哪裡見到的？他說：在下面見的。雲巖就說：「古佛古佛。」佛性偏一切處，無處不在。

道吾問：大悲千手眼，那個是正眼？師曰：如人夜間背手摸枕子。吾曰：我會也。師曰：作麼生會？吾曰：徧身是手眼。師曰：道也太煞道，祇道得八成。吾曰：師兄作麼生？師曰：通身是手眼。

古道師：道吾問雲巖：大殿裡的千手千眼菩薩，每隻手上都有一個眼睛，並且眉毛中間還有一個眼睛，不知道哪個是正眼？雲巖說：就像一個人在夜裡沒有燈光，背著手摸枕頭一樣。然後道吾說：我明白了。雲巖就說：你明白了什麼？道吾說：「徧身都是手眼。」雲巖說：你雖然說得好，還只明白了八成。道吾說：那師兄你怎麼解釋？雲巖說：「通身是手眼。」

掃地次。道吾曰：太區區生。師曰：須知有不區區者。吾曰：恁麼則有第二月也。師豎起掃帚曰：是第幾月？吾便行。

古道師：有一天，師兄弟們在掃院子。道吾說：原來這個事也沒那麼複雜，也就是這個樣子。雲巖就說：你要知道有一個不一般的。道吾說：師兄這樣講的話，那就有第二個月亮了？雲巖禪師就把掃帚立起來，問：這是第幾月？道吾不理掉頭就走了。道吾也不上當，沒看到一樣，全體即是，管你第二個月不第二個月，他走了，對自己還是自肯的。不知道這麼理解對不對？

南師：對，對。

問僧：甚處來？曰：石上語話來。師曰：石還點頭也無？僧無對。

師自代曰：未語話時卻點頭。

古道師：這個比較麻煩。

南師：這一段可以跳過去，再參究參究。

師作草鞋次，洞山近前曰：乞師眼睛得麼？師曰：汝底與阿誰去也？曰：良价無。師曰：設有，汝向甚麼處著？山無語。師曰：乞眼睛底是眼否？山曰：非眼。師便喝出。

古道師：有一天，雲巖禪師正在編草鞋，洞山禪師過來跟師父說：能不能把老師的眼睛借給我？雲巖說：你的眼睛給誰了？洞山說：我沒眼睛。雲巖說：假設你有眼睛，你放在哪裡？洞山不講話了。雲巖又說：你向我要眼睛的那個是眼睛嗎？洞山說：不是眼睛。雲巖就把他喝出去了。

僧問：一念瞥起，便落魔界時如何？師曰：汝因甚麼卻從佛界來？僧無對。師曰：會麼？曰：不會。師曰：莫道體不得，設使體得，也祇是左之右之。

古道師：有一個和尚問雲巖禪師：如果一念妄想起來，就會落到魔界，該怎麼辦？雲巖說：那你為什麼從佛界下來？本來一念清淨，你來魔界作什麼？那個和尚答不出來。雲巖又問：明白了嗎？他說：不明白。雲巖禪師說：別說你沒有明白，就算明白，也是馬馬虎虎的。

院主遊石室回。師問：汝去入到石室裏許，為祇恁麼便回？主無對。洞山代曰：彼中已有人占了也。師曰：汝更去作甚麼？山曰：不可人情斷絕去也。

古道師：有一天，當家和尚去遊石室，可能離雲巖這邊不遠，那裡有石室禪師的道場。雲巖禪師就問他：你去到那邊，沒去多遠，怎麼這樣就回來了？這個院主無法回答。洞山良价禪師就出來代為回答：那邊已經有人佔了，所以回來了。雲巖就說：那你還去幹什麼？「山曰：不可人情斷絕去也。」

南師：有人也要看一看嘛，不要斷絕了人情。

裴大夫問僧：供養佛，佛還喫否？僧曰：如大夫祭家神。大夫舉似師。師曰：有幾般飯食，但一時下來。師卻問神山：一時下來後，作麼生？神山曰：合取鉢盂。師然之。

南師：裴休，唐代的名相，圭峰宗密大師的弟子，把兒子也送去出家了。

古道師：裴宰相問一個僧人：你們這樣供養佛，佛吃不吃啊？僧人說：就像你們在家裡祭灶神，也是一個道理。裴休就把這件事給雲巖禪師講了，結果雲巖禪師對裴休說：那裡有多少吃的東西啊，一下全拿來吧。然後雲巖又問另一個人神山：那些飯現在都送來以後，我們該怎麼辦？神山說：那正好拿碗去。雲巖禪師就說：對了，對了。

會昌元年，辛酉十月二十六日示疾，命澡身竟，喚主事令備齋，來日有上座發去。至二十七夜歸寂。荼毗得舍利一千餘粒。瘞於石塔。

古道師：唐武宗會昌元年，雲巖禪師臨去世前，微微示現了一點不舒服，洗完澡，讓人準備供養大眾，說明天有個老前輩要走了。到第二天晚上他就走了，荼毗得舍利一千多顆。

第五講　洞山良价禪師　一

《指月錄》卷十六
二〇〇九年十二月六日

內容提要

四點提示
瑞州洞山
次參溈山
師曰
師問雲巖
師辭雲巖

南師：禪宗的傳統，佛法的中心是什麼？不要搞錯了，以為只是語錄故事。對於每一位祖師，都是抽出要點記錄他悟道的因緣，以及他接引後學悟道的故事，記下當時精彩奇特的話語，並不是連續的一整篇。悟道以後，要注意祖師的上堂法語、普說，這是重點。

第二，在禪宗語錄裡你看不到祖師的修持，一點都看不出來，一位禪師的語錄多則一、二十頁，幾個鐘頭就讀完了，他一生幾十年，就天天坐著這樣說笑話一樣過一生嗎？他的修持，他的影響力，他的作人做事，在這些語錄中很少見。所以你只通過讀這些書學禪宗，往往變成狂禪，以為佛法就是這樣，兩三句就開悟了，自己也開悟了，那就笑死人了。千萬注意，不然看這些語錄是很大的禍害，以為自己悟道了，四禪八定的工夫一點都沒有上路，了生脫死一點都用不上。如果智慧高的人，就會搞清楚，他一生最注重的是修行，古人的觀念與現代完全兩樣，尤其是修行人，以文章來說，古人一生的成就只是留幾句話，但在流傳不在多，有些人還不求流傳，一生沒沒無聞，自己成就。

第三點，現在把青原行思這一路抽出來研究曹洞宗，青原行思、石頭希遷，藥山惟儼，你注意他們是怎麼開悟的，講幾句話就開悟了嗎？悟後怎麼求證？怎麼了生脫死？這都是問題。從六祖起，差不多都是頓悟以後漸修，工夫配合見地，石頭希遷、藥山惟儼，都是智慧很高，氣派也不同。到雲巖就老實規矩了，先是在百丈這裡，二十年鑽不進去，百丈也很重視他，沒有心得就是沒有心得，不像希遷、藥山的悟入乾脆俐落，氣派完全兩樣。雲巖是規規矩矩漸修，了生脫死，所以你們不要以為佛法多麼簡單，如果行為不轉，習氣不轉，不修行一點都沒用，這是生命科學的問題。

第四點，瞿汝稷編輯《指月錄》，序言很重要。古人作序不像現在這麼隨便，序是總綱，《指月錄》這篇序，是瞿汝稷給後世指明研究的方向。大家要是讀一讀，都能夠解釋清楚的話，說明你的國文水平差不多了。「良冶之門多鈍鐵，良醫之門多病人」，一個技藝高超的打鐵師傅那裡，都是爛鐵，百煉出來就是精鋼，高明的老師身邊都有一群笨蛋，高明的醫師家裡多是病人，而且都是大病，要死了才來求良醫。真學佛參禪，要知道佛是大醫王，能醫眾生病，不但醫你身體的病，還醫你的心病，生死的病，根本的病。生命的根本在法身，可是幾個能夠成就？不要說成佛，證到阿羅漢果的又有幾個？

從青原行思到石頭希遷、藥山惟儼都是了不起的利根，如果講一花開五葉，六祖以後的青原、希遷、藥山、雲巖，五代以後到洞山，真的大放異彩，是這樣一代一代地煅煉出來。

《指月錄》在當時都是白話，我們現在看著像是古文了，因為現代人的文學程度不夠，所以要給你們講一講。我們當年讀著很輕鬆，不需要像現在這樣解釋。

瑞州洞山良价悟本禪師，會稽俞氏子。幼歲聰慧，從師念般若心經，至無眼耳鼻舌身意處，忽以手捫面問師曰：某甲有眼耳鼻舌等，何故經言無？其師駭然異之曰：吾非汝師。即指往五洩山禮默禪師披剃。年二十一，詣嵩山具戒，遊方首謁南泉。值馬祖諱辰修齋，泉問眾曰：

來日設馬祖齋，未審馬祖還來否？眾皆無對。師出對曰：待有伴即來。泉曰：此子雖後生，甚堪雕琢。師曰：和尚莫壓良為賤。

古道師：州在每一個朝代都不一樣，有的時候會變，瑞州在唐代泛指南昌以西，九江以南的那一片江西地區，也就是現在的宜春地區，也稱袁州。良价是法名，悟本是號，會稽就是現在諸暨、紹興這一帶。大師俗姓俞，年紀很小的時候，就開始跟一位師父學念《心經》，當他讀到「無眼耳鼻舌身意」這一句，忽然摸摸自己的臉，說：不對啊？

南師：他起了疑情：「師父，我臉上有眼睛耳朵鼻子啊，《心經》怎麼講無眼耳鼻舌身意呢？」這個時候叫起疑情了，他從小就開始懷疑，已經開始參究了。這個老師一聽，答不出來了，喲！這個小孩問這個問題，跟一般小孩不一樣。這個老師也了不起，一聽這個問題，實在答不出來。「好啊，我沒有資格作你老師了。」

古道師：這個師父就讓良价到五洩山去找靈默禪師剃髮出家。五洩是諸暨這邊很漂亮的名山，山上的瀑布是五疊這樣飛洩而下，下面是一座寺院，靈默禪師也叫五洩禪師，先參馬祖，後參石頭。在石頭希遷禪師座下頓悟後，路過五洩山的時候，感覺風景太漂亮了，就在那邊蓋一個茅蓬住下，等於就是後來五洩山的開寺祖師。

良价於二十一歲到嵩山受戒。嵩山會善寺到現在還保留著一些戒壇遺址，以前有過多次上千人的傳戒法會。一般我們讀《心經》，讀到「無眼耳鼻舌身意」，也沒怎麼深思，但這個小孩從小就不一樣，一直帶著問題出去，跟著石頭門下悟道的大禪師，在這幾年中，靈默禪師怎麼教育，怎麼雕琢，這裡沒有記載，但是一定有很多的故事和教授方法，但是古人太簡略了，沒有記載。良价在嵩山受戒以後，就去各處遊方參學，最初去參南泉普願禪師，南泉是馬祖的弟子，與百丈是師兄弟，非常了不起的大禪師。碰到馬祖道一大師的忌日，他們準備供齋紀念，南泉禪師問大家：明日我們設齋紀念師父，不知道他來不來啊？大家都答不上來，良价出來說：等他有了伴兒就來了。南泉禪師聽到就讚歎他：看你年紀輕輕，還是根器不錯。

南師：前輩讚歎他，良价反而說：你不要壓良為賤。不要把我好人當壞人了。這個對話很有趣，他曉得師父在讚歎他，不受讚歎恭維，也不是傲慢。古代稱和尚，就像現在稱活佛一樣，很尊敬的。不像現在，和尚變成很輕視的稱謂。良价是很尊重：和尚，你不要壓良為賤啊。

次參溈山。問曰：頃聞南陽忠國師，有無情說法話，某甲未究其微。溈曰：闍黎莫記得麼？師曰：記得。溈曰：汝試舉一徧看。師遂舉：僧問如何是古佛心？國師曰：牆壁瓦礫是。僧曰：牆壁瓦礫豈不是無情？國師曰：是。僧曰：還解說法否？國師曰：常說熾然說，無間歇。僧曰：某甲為甚麼不聞？國師曰：汝自不聞，不可妨他聞者也。僧曰：未審甚麼人得聞？國師曰：諸聖得聞。僧曰：和尚還聞否？國師曰：我不聞。僧曰：和尚既不聞，爭知無情解說法？國師曰：賴我不聞，我若聞，即齊於諸聖，汝即不聞我說法也。僧曰：恁麼則眾生無分去也？國師曰：我為眾生說，不為諸聖說。僧曰：眾生聞後如何？國師曰：即非眾生。僧曰：無情說法據何典教？國師曰：灼然。言不該典，非君子之所談，汝豈不見《華嚴經》云，剎說，眾生說，三世一切說。師舉了。溈曰：我這裏亦有，祇是罕遇其人。師曰：某甲未明，乞師指示。溈豎起拂子曰：會麼？師曰：不會，請和尚說。溈曰：父母所生口，終不為子說。

古道師：良价後來又去參溈山禪師。溈山先前在百丈禪師座下學習，當時有個司馬頭陀來到百丈那裡，說湖南那邊有座溈山，風光很好，適合建成一個千人同住的大道場，要派人去，後來百丈就派溈山禪師到那邊住持。溈山剛去時，那裡山高路險，離村莊又遠，與猿猴作伴，非常艱苦，開創道場非常不容易。

良价問溈山禪師：我聽說南陽慧忠國師曾有無情說法的一段公案，我還沒有研究清楚。溈山禪師說：你記得那段公案嗎？良价說：記得。溈山禪師說：那你說說吧。那是南陽慧忠國師與一個和尚的對話，良价就重複了這個公案：

一個和尚問南陽慧忠國師：到底佛法是什麼？國師說：牆壁磚頭都是。和尚說：牆壁磚頭這些都是無知無覺，無情的東西啊！國師說：對啊。和尚說：這些磚頭都懂得佛法嗎？國師說：他們都會說法，經常說，就沒停過。和尚說：我怎麼聽不到啊？國師說：你自己聽不到，不妨礙別人聽得到。和尚說：不知道什麼人能聽到？國師說：得道的人聽得到。和尚說：國師你聽得到嗎？國師說：我聽不到。

南師：和尚說：你是國師，你都聽不到石頭說法，那你怎麼曉得無情說法呢？國師說：好在我聽不到，我如果聽得到，就同諸佛菩薩一樣，你就聽不到我說法了。和尚說：這樣講，我們這些眾生，還沒有開悟的人，就永遠沒有希望了？國師說：我出來說法是為眾生說，並不是為佛菩薩說法。和尚說：眾生聽懂了石頭泥巴的說法，會怎麼樣？國師說：那就不是眾生了。這個和尚與國師辯來辯去，沒有話講，就問他：你身為國師，說無情能夠說法，這個說法有經典上的根據嗎？國師說：當然有。「言不該典」，一個人講話沒有根據，說法沒有佛經的根據，那是亂吹，不是君子所為。《華嚴經》上說：「剎說，眾生說，三世一切說。」剎就是土地，你看土地泥巴沒有聲音，但是都在講佛法；眾生說，世界上一切眾生，都在講佛法；三世一切說，過去也如此說，未來也如此說，橫豎都在說，就是你聽不懂。

古道師：風聲鳥聲，了了分明，就是不明白什麼意思。良价說完這段公案以後，溈山禪師說：我這裡也有，「祇是罕遇其人」。

南師：溈山禪師聽了，說：這個我這裡也有，只是很少碰到一個能聽懂的人。良价說：我實在不懂，請您開示。溈山禪師就把拂子舉起來，問他：會嗎？

古道師：良价說：我不懂，請師父開示。溈山禪師說：「父母所生口，終不為子說。」既然無情說法，父母所生的口，怎麼能說呢？

師曰：還有與師同時慕道者否？溈曰：此去澧陵攸縣，石室相連，有雲巖道人，若能撥草瞻風，必為子之所重。師曰：未審此人如何？溈曰：他曾問老僧，學人欲奉師去時如何？老僧對他道，直須絕滲漏始得。他道，還得不違師旨也無？老僧道，第一不得道老僧在這裏。師遂辭溈山，徑造雲巖，舉前因緣了，便問：無情說法甚麼人得聞？巖曰：無情得聞。師曰：和尚聞否？巖曰：我若聞，汝即不聞吾說法也。師曰：某甲為甚麼不聞？巖豎起拂子曰：還聞麼？師曰：不聞。巖曰：我說法汝尚不聞，豈況無情說法乎？師曰：無情說法該何典教？巖曰：豈不見《彌陀經》云，水鳥樹林悉皆念佛念法。師於此有省，乃述偈曰：

也大奇　也大奇　無情說法不思議
若將耳聽終難會　眼處聞聲方得知

南師：問答到了這裡，沒有辦法了，良价就問：師父啊，有沒有同你一樣得道的人？溈山禪師說：有啊，湖南攸縣石室山附近有位雲巖禪師，那個地方很清苦，只要你不怕辛苦，到這個清冷的山上找他，「撥草瞻風」，好好地跟他請教。良价問：不知道你介紹的這位雲巖禪師是怎麼樣的一個人？

E同學：溈山禪師說：雲巖曾經問過我，一個參學的人，想要依止一個師父，跟隨一個師父學習的時候，要怎麼去做？溈山禪師就跟他講：一定要絕滲漏才行。曹洞宗講三種滲漏，習氣、見地等等方面的滲漏，都要斷絕掉，才能達到最高的境界。雲巖就說：是不是還不能違背師父的旨意教導？溈山禪師說：你不能提起我在這裡。

古道師：良价就離開溈山，直接去找雲巖禪師了，把以前參學的經歷報告一番，對於南陽慧忠國師無情說法的公案，一直還沒有參透，他一直帶著這個問題。

南師：他不止這個問題，還有「無眼耳鼻舌身意」的問題。

古道師：這一路參究下來也已經十幾年了。良价就問雲巖禪師：無情說法，什麼人得聞？直接拿慧忠國師的公案來問雲巖禪師，無情萬物一直在說法，不知道什麼人能聽得到？雲巖禪師說：無情能聽得到。良价問：那你能聽得到嗎？雲巖禪師說：我如果能聽得到的話，那你就聽不到我說法了。良价又問：我怎麼聽不到？雲巖禪師就豎起拂子，等於像溈山禪師一樣，問他：能聽得到嗎？良价回答：聽不到。雲巖禪師說：我說法你都聽不到，那磚頭瓦塊說法你就更聽不到了。良价問：無情說法，到底有什麼根據啊？哪本經典裡說的？雲巖禪師說：你沒看《阿彌陀經》上說水鳥樹林這些都在念佛念法念僧？良价聽到這裡，有所省悟。於是說偈：「也大奇，也大奇，無情說法不思議。若將耳聽終難會，眼處聞聲方得知。」

南師：好稀奇啊好稀奇，無情說法，如果拿耳朵來聽，始終聽不到，要眼睛聽到了才知道。

師問雲巖：某甲有餘習未盡。巖曰：汝曾作甚麼來？師曰：聖諦亦不為。巖曰：還歡喜也未？師曰：歡喜則不無，如糞掃堆頭，拾得一顆明珠。師問雲巖：擬欲相見時如何？曰：問取通事舍人。師曰：見問次。曰：向汝道甚麼？

古道師：良价領悟以後，又問雲巖禪師：我還有一些細微的習氣、煩惱還沒有乾淨。雲巖禪師說：你以前都做了些什麼事啊？良价說：打坐修行，連佛法也都空掉了。雲巖禪師問：那你心中還有什麼歡喜嗎？良价說：有歡喜，「如糞掃堆頭，拾得一顆明珠。」良价又問：我們再想見面時，該怎麼辦？雲巖禪師說：你去問掌管通報的人。良价說：我已經問過了。雲巖禪師說：給你說了些什麼？

師辭雲巖。巖曰：甚麼處去？師曰：雖離和尚，未卜所止。巖曰：莫湖南去？師曰：無。曰：莫歸鄉去？師曰：無。曰：早晚卻回？師曰：待和尚有住處即來。曰：自此一別，難得相見。師曰：難得不相見。臨行又問：百年後忽有人問，還邈得師真否？如何祇對？巖曰：向伊道祇這是。師良久。巖曰：价闍黎，承當個事，大須審細。師猶涉疑。後因過水睹影，大悟前旨。有偈曰：

切忌從他覓　迢迢與我疏
我今獨自往　處處得逢渠

渠今正是我　我今不是渠
應須恁麼會　方得契如如

古道師：良价後來告別師父，要離開了。雲巖禪師問：你去哪裡啊？良价說：雖然離開這裡，但我現在還不知道去哪裡？雲巖禪師說：你是不是想到湖南去啊？良价說：不是。雲巖禪師又問：你是不是想回家鄉啊？良价說：不是。雲巖禪師說：你什麼時候回來？良价說：等師父你有住的地方了，我再來。可能雲巖禪師自己住在一個破山洞裡頭，弟子們來了也沒地方住。雲巖禪師說：這樣一別，以後難得再見了。

南師：他這個時候已經有暗示了，恐怕活得不久了，一分開恐怕再見不到了。

古道師：良价回答：難得不相見。這裡面都是話裡有話，既然本性如如，萬物一體，本來都在一起。良价臨行又問雲巖禪師：「百年後忽有人問，還邈得師真否？如何祇對？」

南師：他們兩個心裡都有數了，分開就不會再見了，良价問：師父啊，你百年以後，有人問你的真面目是什麼樣？我怎麼回答呢？那時候沒有照相，「師真」是一語雙關。雲巖禪師說：你告訴他，這個就是了！當下就是。

古道師：「師良久。」良价在那裡沉默了很久，雲巖禪師說：你要承擔這個事啊，必須要非常仔細，可不能馬虎啊。

南師：等於你現在要到宜豐恢復祖庭，大須仔細啊。

古道師：「師猶涉疑。」這個時候良价還沒有完全承當，還有點懷疑。後來行腳時路過一條溪水，看到自己的影子，才真正大徹大悟，就作了一首偈子：「切忌從他覓，迢迢與我疏；我今獨自往，處處得逢渠。渠今正是我，我今不是渠；應須恁麼會，方得契如如。」

南師：這是良价禪師的悟道偈，大家要記住，好好體會。廣東話，渠就是他。「切忌從他覓」，打坐在身體上做工夫，有什麼感覺啊，有什麼境界啊，看到什麼菩薩啊，都是從他覓，一切境界都是外物。「應須恁麼會」，應該這樣去理解，才懂得佛法。

古道師：「切忌從他覓，迢迢與我疏。」不要追逐這些外在的種種觸受，都是六塵境界，如果這樣追逐的話，就越來越遠了。「我今獨自往」，就像百丈禪師上堂說法，靈光獨耀，迥脫根塵。那個自性就是孤零零的，「處處得逢渠」，處處都在，時時都保持在那種……。

南師：你現在講話的時候是獨自往，還是不是獨自往？

古道師：「迢迢與我疏」啊，都在作意中。

南師：下面大家一起讀誦《指月錄》的序言。

第六講　洞山良价禪師　二

二〇〇九年十二月七日

內容提要

妙喜未見

師初行腳

在泐潭

他日

雲巖諱日

師自唐

師作五位

上堂

妙喜未見圜悟時，讀此偈致疑曰：有個渠又有個我，成甚麼禪？遂請益湛堂。堂云：你更舉看。妙喜遂舉。堂云：你舉話也未會。便推出。

古道師：妙喜就是宋代的大慧宗杲，宗杲還沒有見到圜悟克勤的時候，讀到洞山禪師的悟道偈，他非常懷疑，說：有個他，又有個我，這到底是什麼禪？就請益湛堂準禪師。

南師：等於說洞山悟道的偈子有什麼了不起，有個渠，有個我，這是什麼話呢？

古道師：湛堂說：那你自己說說看。宗杲就說了自己的心得。湛堂說：你連話都不會說。然後把他趕出去了。

南師：大慧杲自以為了不起，可是他吃癟的地方也很多啊。你看編者把這段特別點出來，叫你們留意，大慧杲後來力辟默照邪禪，目標直指曹洞宗，認為打坐用功是默照邪禪。

古道師：與他同時代的宏智正覺禪師專門寫了《默照銘》，講這個默照，實際上打坐並不是什麼都不想，所謂默，就是定，寂止，所謂照，就是慧觀，默照實際上是定慧雙運。

南師：你真是洞山的弟子，講得蠻好。你看編者就把大慧杲的這一段放在這裡，巧妙得很。

師初行腳時，路逢一婆擔水，師索水飲。婆曰：水不妨飲，婆有一問，須先問過，且道水具幾塵？師曰：不具諸塵。婆云：去，休污我水擔。

古道師：洞山禪師在外面參訪的時候，在路上遇到了一個婆婆擔水。他問那個婆子討水喝，婆子說：水不妨給你喝，但是有一個問題，要先問你。

南師：這個婆子是個作家，參禪的人。

古道師：唐代路邊一個挑水的婆婆都是大禪師，想想太可怕了。婆子問他：水具備幾塵？一切地水火風空都是塵，水裡一共具備幾種塵呢？

南師：水裡有幾種生物啊？有幾種灰塵啊？《楞伽經》也講到這個問題。

古道師：洞山禪師說沒有塵。

南師：老太婆說走吧，不准你喝了。

古道師：還嫌他把水污染了。

南師：他說你出家修行，這樣參禪，水都不准喝了，不要碰髒了我的水。

古道師：這到底是個什麼道理？

南師：你參參看。

古道師：您給說說吧。

南師：我又沒喝她的水。

在溈潭，見初首座有語曰：也大奇也大奇，佛界道界不思議。師遂問曰：佛界道界即不問，秪如說佛界道界底，是甚麼人。初良久無對。師曰：何不速道。初曰：爭即不得。師曰：道也未曾道，說甚麼爭即不得。初無對。師曰：佛之與道，俱是名言，何不引教。初曰：教道甚麼？師曰：得意忘言。初曰：猶將教意向心頭作病在。師曰：說佛界道界底病大小？初又無對。次日忽遷化。時稱師為問殺首座价。

古道師：洞山禪師到溈潭，在湖南長沙那邊，有一個初首座，他有一首偈子：「也大奇，也大奇，佛界道界不思議。」太奇怪了，太神奇了，諸佛的境界，道的境界，確實是不可思議的。洞山禪師就問：佛界道界先不討論，說這個話的人是誰呢？初首座很久沒有講話。洞山禪師說：你為什麼不快點回答。初首座說：「爭即不得。」

南師：意思是說，說這個也不是了。

古道師：就是不可道的意思，這個東西不可說。

南師：這樣就下了死句了，很多方面是活的，你怎麼去轉，一語中有百味啊。

古道師：洞山禪師說：「道也未曾道，說甚麼爭即不得？」你說還沒說過呢。初首座又沒有回答。洞山禪師說：佛也好，道也好，都是名辭，為什麼不引經據典說說？初首座說：你教我說什麼？洞山禪師說：「得意忘言。」明白了那個意思。

南師：你看良价是同意還是不同意初首座？

古道師：初首座說：「猶將教意向心頭作病在。」

南師：初首座這句話還是不同意良价的，那都還是教理上的話。

古道師：等於還是執著語言文字，把教理放在心頭上。

E同學：「得意忘言」，就是他領會了這個意思，就不需要去說了，然後初首座說「猶將教意向心頭作病在」，你有這個得意，也是一個執著，還有那個痕跡在，病還沒有治好。洞山就說：你提出這個佛界道界，這個病算大算小呢？也是個病，因為有個佛在，有個道在。初首座又沒有講話，第二天，突然就往生了。當時人們就流傳說良价把首座問死了。

D同學：我覺得那個初首座比良价還要高明，開始良价說佛界道界即不問，這個說話的是什麼人？初首座沒有回答。良价又說何不速道，應該說一句吧。初首座說你非要讓我說一句，這樣有什麼好的？有什麼好說呢？良价說你根本就沒有說，說什麼爭即不得，沒有講一句嘛，何談爭論呢？首座又不講話了。良价說那你就說說教理吧，把那些名相先放一放，看教理上怎麼講。初首座問教理上講些什麼？三藏十二部到底講些什麼？良价說得意忘言，丟開教理、名相，體會了就是。初首座就說：你還是把教理放在心頭上，反而成為一個障礙。良价就問那這個病到底多大多小，什麼形狀呢？初首座又不講話，次日就坐化了。因為他坐化了，死無對證，後人就說良价問殺首座。

南師：現在D同學說人們的評論不對，可以說首座比良价當時還高明。

古道師：良价禪師落了個惡名，今天給他洗乾淨。

南師：不是落惡名，大家說他問殺首座，那是把洞山推得高啊。D同學是學法律的，替初首座辯護。

他日因供養雲巖真次，僧問：先師道秖這是，莫便是否？師曰：是。曰：意旨如何？師曰：當時幾錯會先師意。曰：未審先師還知有也無？師曰：若不知有，爭解恁麼道，若知有，爭肯恁麼道。

E同學：良价離開雲巖禪師的時候，良价問將來如果有人問師父是個什麼樣子，師父說了個什麼佛法大意？雲巖說就是這樣。那個時候良价還沒有徹底參悟，之後過水才悟道。現在是在拜祭雲巖先師，「真」就是畫像，「次」就是那個時候。一個和尚問：當日雲巖師父說這個就是，是不是指的就是這個畫像呢？良价就很肯定地回答：是。這個和尚就問：真正的意旨是什麼？良价說：當時差一點就錯誤領會了。和尚又問他：雲巖先師會不會知道現在我們祭拜他？

南師：「知有」，就是見道、明心見性，知道有這個事，不是知道今天這個事，完全錯了。比如釋迦牟尼在菩提樹下悟道，知有還是不知有啊？知道這個，有這個嗎？明心見性，有沒有真正成佛這個事啊？有沒有真的菩提啊？是空的還是有的？這是「知有」，不是知道今天有個像掛著祭拜，那是差十萬八千里了。

古道師：「若不知有，爭解恁麼道，若知有，爭肯恁麼道。」如果不知道，怎麼會那麼說呢？若知道，怎麼肯那麼說呢？

D同學：大概可以用《楞嚴經》的偈子來體會，「見見之時，見非是見，見猶離見，見不能及。」

南師：對啊，你提得好啊。

古道師：下次再印《指月錄》，下面要加一些小字：D師曰，見見之時，見非是見，見猶離見，見不能及。學者當於此處用心。

南師：那就不是禪宗了。

雲巖諱日營齋。僧問：和尚於雲巖處，得何指示？師曰：雖在彼中，不蒙指示。曰：既不蒙指示，又用設齋作甚麼？師曰：爭敢違背他。曰：和尚初見南泉，為甚麼卻與雲巖設齋？師曰：我不重先師道德佛法，秖重他不為我說破。曰：和尚為先師設齋，還肯先師也無？師曰：半肯半不肯。曰：為甚麼不全肯？師曰：若全肯，即孤負先師也。

古道師：雲巖禪師的忌日，辦素食供養。有一個師父問洞山：你當年在雲巖禪師那裡，他是怎麼指示你的？洞山說：沒得到什麼指示。那個和尚說：你既然沒在他那裡得到好處，那你今天紀念他，是為什麼？洞山說：我怎麼敢違背他呢？

南師：學佛尤其是禪宗、密宗，非常注重師承，這個得法的師承是不敢違背的。

古道師：那個和尚又問他：你以前最早是跟南泉禪師學習的，現在為什麼給雲巖禪師設齋供養呢？

南師：就是說你原來跟南泉禪師，後來師承怎麼樣？

古道師：「我不重先師道德佛法，秖重他不為我說破。」

南師：他承認得法的師承，與南泉的教育法不同，自己得到利益是在雲巖禪師這裡。怎麼得利益，你把這幾句話講清楚啊。

古道師：他說我不是看重師父的佛法，道德上的修養，工夫見地這些都不管，只是當時我向他問佛法大意的時候，他沒給我說破。那個和尚說：今天你這樣紀念先師，是不是承認他是你的得法師父？洞山說：一半承認，一半不承認。那個和尚說：那你為什麼不全部承認呢？洞山說：如果全部承認，那就對不起先師了。

師自唐大中末，於新豐山，接誘學徒，厥後盛化豫章高安之洞山。權開五位，善接三根，大闡一音，廣宏萬品。橫抽寶劍，剪諸見之稠林；妙叶宏通，截萬端之穿鑿。又得曹山，深明的旨，妙唱嘉猷，道合君臣，偏正回互。由是洞上元風，播於天下，諸方宗匠，咸共推尊之，曰曹洞宗。

古道師：大中，唐宣宗年代。新豐山應該也在洞山一帶，但是我們一直查不到新豐山這個地方，當時我們到洞山，見到一位對江西禪宗歷史特別了解的人，洞山禪師的塔、黃檗禪師的塔，都是他發現的，黃檗禪師的塔原來倒在亂樹叢裏，他把荊棘砍開，進去以後才發現。洞山禪師的塔根本沒有蹤跡了，但根據書上記載，就在寺院後面，他就拿「洛陽鏟」在地上探，探到一處地底下有硬東西，他就開始挖，從那個泥土下面挖出來洞山禪師的塔。因為年代太久遠，泥土從山上一點一點流下來，就把祖師塔埋住了。這個對禪宗歷史那麼熟悉的人，他對我講，到現在他也沒搞明白新豐山具體在什麼地方。

良价禪師後來就在南昌高安的洞山弘揚佛法，非常出名，豫章就是現在的南昌。曹洞宗傳法有五位君臣之說，是曹洞宗設立的特有家風，善接上中下三根，一切利根鈍根都接引教化，直指人心見性成佛的法門，不但這樣，教理都很通透。他的智慧機鋒就像橫空出世的寶劍一樣，把學人的知見、煩惱、葛藤都斬斷。「妙叶宏通，截萬端之穿鑿。」

南師：同上一句一樣，把各門各派的各種道理都截掉了，穿鑿是一般後世研究佛經，各有各的注解，都是穿個洞，挖根挖底，又搞一套出來了，這些都截掉。

古道師：「又得曹山」。良价禪師座下出了一位曹山本寂禪師，得到洞山的心法，深明洞山家風。曹山在宜黃縣，兩山隔得不遠，互相唱和，弘揚佛法，建立五位君臣、偏正回互的家風。

南師：偏正回互是從哪裡開始呢？回互是從石頭希遷禪師開始，偏正是從〈寶鏡三昧〉開始。

古道師：曹洞宗從洞山禪師與曹山禪師開始，這種玄妙的悟道修法漸漸傳播於天下。可想而知，當時他們並沒有想立什麼宗派，曹洞宗這個名字是後人的尊稱，諸方宗門非常了不起的大修行者，都非常推崇洞上家風，所以尊稱為曹洞宗。曹洞宗的名字來歷，有各種不同的解釋，有人說洞山和曹山師徒，因兩座山的名字連起來，叫曹洞宗，為什麼不叫洞曹宗呢？因為曹洞宗唸起來順，洞曹宗唸起來彆扭拗口。另外也有一種解釋，一滴法乳本源自曹溪，暢揚於天下，曹溪是根本，後來到洞山形成這樣的家風，所以叫曹洞宗。

師作〈五位君臣頌〉曰：

正中偏　　　　三更初夜月明前
莫怪相逢不相識　隱隱猶懷舊日嫌

偏中正　　　　失曉老婆逢古鏡
分明覿面別無真　休更迷頭猶認影

正中來　　　　無中有路隔塵埃
但能不觸當今諱　也勝前朝斷舌才

兼中至　　　　兩刃交鋒不須避
好手猶如火裏蓮　宛然自有沖天志

兼中到　　　　不落有無誰敢和

人人盡欲出常流　折合還歸炭裏坐

南師：五位君臣很重要，綜合講工夫與見地，你們先要把文字理解清楚了，這本來就是白話文學，像是唐詩，因為這正是唐代文學最高的階段，作詩的人很多，但洞山禪師是用白話。偏正回互，生理與心理都在內，所以禪宗是大密宗，都告訴你了，可是你不懂，這個秘密寶藏打不開。

上堂。向時作麼生？奉時作麼生？功時作麼生？共功時作麼生？功功時作麼生？僧問：如何是向？師曰：喫飯時作麼生？曰：如何是奉？師曰：背時作麼生？曰：如何是功？師曰：放下钁頭時作麼生？曰：如何是共功？師曰：不得色。曰：如何是功功？師曰：不共。乃示頌曰：

（向）

聖主由來法帝堯　御人以禮曲龍腰
有時鬧市頭邊過　到處文明賀聖朝

（奉）
淨洗濃粧為阿誰　子規聲裡勸人歸
百花落盡啼無盡　更向亂峰深處啼
（功）
枯木花開劫外春　倒騎玉象趁麒麟
而今高隱千峰外　月皎風清好日辰
（共功）
眾生諸佛不相侵　山自高兮水自深
萬別千差明底事　鷓鴣啼處百花新
（功功）
頭角纔生已不堪　擬心求佛好羞慚
迢迢空劫無人識　肯向南詢五十三

南師：你看唐宋元明下來，《指月錄》後面有多少頁都是在研究五位君臣，佛門裡有多少英才都被這些語句埋葬下去了，影響了整個唐宋元明清的文化。五位君臣的這些詩句，都是講工夫修行，配合見地，這裡頭沒有講菩提、般若、涅槃、禪定、三十七道品，統統沒有，是什麼道理？這就是中國的禪宗，中國的佛法，影響了唐末五代以後，宋元明清整個儒釋道的文化，統統受他的影響。二十多年前，我還在美國，A法師到大陸訪問，上海圓明講堂拿出宣紙毛筆請她寫字，她拿起筆就寫了洞山禪師的這一首詩偈。「淨洗濃粧為阿誰？子規聲裡勸人歸。百花落盡啼無盡，更向亂峰深處啼。」

他們出家跳出紅塵，到底是為了誰啊？

第七講　洞山良价禪師　三

二〇〇九年十二月八日

內容提要

佛法禪宗化

洞山悟道

向奉共功

南師：佛法到了中國以後，到了禪宗這裡，剝掉了一切宗教外衣，赤裸裸地用中國文化來表達，一句經典一句佛都拿掉了，這是中國文化在世界文化中的特別之處，唐代的中國文化影響了世界。現在大家常常講中國文化，我常問大家中國文化是什麼？不懂禪，就不懂中國文化，所謂儒家道家佛家，三家合一歸到禪。中國共產黨領導了幾十年，有一個不成文的意識形態，中國人大概知識份子都知道，也搞得不太清楚，佛教是宗教，但禪不是宗教，是中國文化學術的一種，無形中雖然沒有規定，但毛澤東、周恩來都在保護這些禪林廟子，為什麼？很多人搞不清楚，毛澤東知道一些，他是非常崇敬《六祖壇經》的。

六祖這個階段，是唐太宗剛死，高宗到武則天的時期，武則天一方面非常敬重神秀大師，神秀是六祖的師兄，他寫的偈子：

身是菩提樹　心如明鏡臺

時時勤拂拭　勿使惹塵埃

對不對呢？他悟道沒有？悟了，他走漸修之路，由漸修禪定工夫，達到明心見性。用中國文學來表達，推翻了印度佛教的小乘修定法門，四禪八定與九次第定都不提了，中國直接走大乘般若智慧成就的路線，沒有四禪八定這一套固定的程序。禪宗從達摩祖師來了以後，走的完全是般若智慧成就的路線，不講工夫，工夫自在其中了。可是你們注意，聽了以為不必修定，那完全錯了，必須走禪定這條路。《楞伽經》也講漸修成就，成佛之路一步一步，六祖也贊成，不過他寫的偈子，剛好同這個相反。

菩提本無樹　明鏡亦非臺
本來無一物　何處惹塵埃

你以為不用工夫修證嗎？這是工夫到家，以體來講，明心見性，直見本體，悟後漸修的工夫，等於《楞嚴經》講的，「理則頓悟，乘悟併銷，事非頓除，因次第盡。」他從這裡一刀直接就進去了，單刀直入，由體而悟，先悟後修，或者修悟同時，這個要注意。此其一。

第二，禪宗把一切宗教的外衣都剝掉了，沒有宗教的迷信，直指人心，見性成佛，指出一切眾生個個是佛，如何找出自己生命未生以前的本來功能，直接走這個路線，就是禪。那麼，中國從達摩禪師以後，統統走這個路線，從梁武帝以後直到唐代，這一把火就很大了，可以說禪宗幾乎影響了全世界。西方這個時候在幹什麼呢？西方哲學文化史叫黑暗時期，天主教的那個幕拉下來，完全是自己困在教廷裡研究神學，所謂現代科學文明的影子都還沒有。而在這個時候，整個東方像太陽一樣，光芒照偏了全世界，尤其是朝鮮日本，在禪的整個籠罩之下，也包括我們本土的儒家道家。從軒轅黃帝開始，漸漸變成諸子百家的學問，因為禪一來，等於諸子百家的文化都是豆漿，還不能變成豆腐，豆漿變豆腐必須靠那個鹵水，一點下去變成豆腐了。諸子百家所有文化中心的那一點，就是禪。

這一點，整個東方文化起了大的不同作用，現代科學追求的生命科學、認知科學，包括信息科學都在內。尤其你們大家修持更要注意，那麼多奇言妙語，他們怎麼用功的？好像沒有講打坐修定，其實打坐修定的工夫都在內，不用任何方法，就是《楞伽經》講的，佛說真正的佛法，無門為法門，有個方法，已經不是了。那麼釋迦牟尼說這句話的時候，他的要點在哪裡呢？前幾天研究石頭希遷禪師，「門門一切境，回互不回互。」這下懂了吧？門門都是他的法門，包括外道魔道。「回互不回互」，看你能否悟道，悟了以後，一切都相關，不悟一切都不相關。等於我們讀儒家的《中庸》，「夫婦之愚，可以與知焉，及其至也，雖聖人亦有所不知焉。」一個道理，這些要特別注意。

第三點，我們為什麼提出曹洞來講呢？我們的因緣，因為古道發心，要振興曹洞，所以從曹洞講起，然後我叫你們注意，六祖以後，石頭希遷禪師改變了六祖的教育法，六祖明明講，本來無一物，何處惹塵埃。為什麼到了青原行思、石頭希遷，〈參同契〉一出來，裡頭的內容明明有一些法，你們做工夫研究才能體會。石頭希遷以後，影響最大的就是藥山了，藥山禪師的出身，一切經論、學理統統通了，最後完全放了，所以他的成就非常大。

換一句話，嚴格來講，他見過於師，幾乎超過了石頭希遷。六祖當然是古佛再來，不識字能夠講一切經，而藥山禪師通一切經論，又放棄了一切經論，而他的文彩風流最為得力。這個時候唐代中國是詩詞歌賦的天下，產生了李白、杜甫這一批人，學禪離不開文學，文學的基礎不深厚，想要研究禪宗，那談也不要談了，你沒有影子的。尤其到曹洞宗，文學都很厲害的。為什麼中國文化的漢唐兩代在世界上那麼聞名？美國到處有唐人街，唐代的疆域擴充比漢武帝還嚴重，而且唐代的文化是多民族文化，中華民族實際上是多民族融合而成。昨天來了兩位姓澳的客人，我一聽，你們兩位哪裡來？從蒙古來的。我說你們祖先不是蒙古族啊，是從匈牙利、匈奴那一邊過來，三國時期歸化曹魏。所以我們這個民族具有非常偉大的整合文化力量。

藥山以後，道吾、雲巖、船子德誠，這些都是了不起的大禪師，再下來到洞山。雲巖是走漸修之路，二十年老實規矩修行，跟著百丈，天天打坐參禪，始終不悟，工夫方面很切實，不過禪宗語錄輕視這一面，不提工夫，只提見地，語錄記載也有分寸，雲巖不是言下頓悟，是有省，這個門打開了，可以說他先悟到一點，再靠一輩子努力修行到達。禪宗到雲巖、洞山手裡不同了，根據石頭希遷的〈參同契〉一路下來，寫了〈寶鏡三昧〉。〈寶鏡三昧〉給你們講太吃力了，八八六十四卦都不會背，什麼叫偏正回互，根本都不知道。

洞山良价從小就參話頭了，就懷疑，《心經》讀到「無眼耳鼻舌身意」，他摸摸自己的臉，都有啊，佛怎麼這樣說呢？開始追究這個生命的根本了。如果拿現代人作比方，等於學自然科學，學物理出身，學醫學出身，明明有這個生命，有這個身體，為什麼講沒有呢？我們聽了笑一笑，覺得亂七八糟，在一個智慧高的科學家聽了，這是問題，為什麼這樣講呢？對不對？是不是這樣參話頭？然後又懷疑無情怎麼會說法，一切石頭泥巴，乃至樹木山林，都會說法，這是什麼鬼話啊？在科學家聽來是值得研究，在一般人聽來是說鬼話，他一直在參這個話頭對不對？那麼這個裡頭有多少年他才開悟呢？他見到雲巖以後，不過解決了一個問題，對於無情說法這個問題，他是有省，還不是大徹大悟，真的大徹大悟，是到洞山，自己過河看到水裡頭的影子，悟了。

生命是兩重結合，一個人活到，肉體是父母所給，父親的精子與媽媽的卵子結合，變出來這個肉體，而這個肉體也是兩重的，一個花一樣開瓣的。精子與卵子一接觸，基因配合了，一陰一陽，然後這個基因在受精卵裡分成兩瓣，兩瓣以後變四瓣，四瓣以後變八瓣，我們人類文化到現在，對於生命還只研究到基因。

洞山禪師過河看到自己的影子悟道，「切忌從他覓，迢迢與我疏」，在身體上做工夫以為修行，這個身體就是他，現在醫學認為大腦有智慧有思想，幾千年來儒釋道三家都不承認，腦子是身體的一部分，是浮塵根，那個生命本來的靈性，通過這個腦子發生作用，也是兩瓣的組合。所以洞山禪師悟道了，「切忌從他覓，迢迢與我疏」。

這個就是話頭了，譬如剛才吃晚飯，山東白菜煎餅大蔥很好吃，大家吃得很高興，他在吃不是我在吃，你那個知道好吃不好吃的自性不在白菜油條上，我們吃進來那些東西是他，不是我，要找生命的根本，「切忌從他覓」，你不要在身體上做工夫，以為就是修行了，影子都沒有。

第二句是「迢迢與我疏」，你越是在身體上做工夫，越修越遠，可是身體不是我嗎？「我今獨自往，處處得逢渠。」隨時離不開身體的作用，唯心離不開唯物的關係，這就是回互了，你要這樣參究，在禪堂裡坐禪參參這個，不是修四禪八定，這是不是定呢？這個定就高了，所謂楞嚴大定，如來大定，直接追尋本體。「切忌從他覓，迢迢與我疏。我今獨自往，處處得逢渠。」我們離開身體能夠找個自性嗎？能夠做成功一件事嗎？能夠吃飯嗎？你離不開他，可是他是假的，不是我。所以道家也講身體是假的，可是你離不開假，藉假才能修真。鈔票是假的，可是你離了鈔票不能做事了。「我今獨自往，處處得逢渠。」都是他，生命活到是他起作用，那個本性在哪裡？找不出來。「渠今正是我，我今不是渠。」我們現在活到，喊一聲古道，古道一定答應，可是你那個自性不在這裡，等於你睡著了，無夢無想，主人公到哪裡去了？「渠今正是我，我今不是渠」，有一天這個肉體壞掉了，從媽媽生下來第一天起，早就開始壞掉了，第二天的我已經不是那個前一天的我，十歲的我不是九歲的我，像我現在九十多歲，同原來媽媽生的那個早已不同了。

我們的指甲頭髮，每半個月理一次，剪了多少指甲？多少頭髮？李白說「白髮三千丈，緣愁似個長，不知明鏡裡，何處染秋霜。」我們小時候讀這首詩，就笑李白真會吹牛，白髮有三千丈啊？李白的頭髮是什麼做的？你想想看，我們一輩子理的頭髮，接起來有多少丈？我們一天天的思想煩惱如果連起來，那得有多長啊？李白的詩也對，文學就是禪。「不知明鏡裡，何處染秋霜。」老了照照鏡子，自己滿頭的白髮，秋天快要下霜了，人也快要死了，很優美啊，這是文學，人同秋冬的霜雪差不多吧，這是臨老的悲哀，可是文學沒有痛苦，講得很美。

我們這一代，都沒有文學底子，曹洞宗提到向、奉、功、共功、功功，整個佛法到洞山手裡變出那麼多花樣，你看他講到佛沒有？講到道沒有？提都不提，但修養工夫都在內。他用文學來講，向是什麼？把那些研究宗教的大學教授找來，我問問看，包你答不出來，什麼是向？羅漢四果，沒有修到羅漢果以前，叫什麼？預流向。譬如你們現在都在打坐修行，不管有沒有悟道，是不是在學佛啊？至少在朝這個方向走，所以教理上叫作預流向，有一步一步的工夫，一步一步的成就，修定有未到定、中間定，這是工夫的向。

奉，布施供養，出來度一切眾生，佛說財法兩種布施，我們拿錢蓋一個廟子，或者給病人、窮人送藥送飯，這是有形的布施，無形的法布施是精神的布施，法師們出來說法，用智慧拯救眾生，是思想意識的法布施。還有一種是無畏布施，無形相的。譬如一個人快要自殺了，老師啊，我要死了。什麼事啊？你那麼灰心？我家裡有事。你幫他解決問題。或者明天要被拉去槍斃了，不怕不怕，槍斃了十八年以後還是一條好漢，再來投胎就是了。你不要打擊人家，這個精神的支持是無畏布施，這是奉。

到了曹洞宗已是晚唐時期，詩的體裁因為李商隱、杜牧這一批人，與杜甫、李白的體裁大有不同了，禪離不開文學，你們也不懂文學，我寫《禪海蠡測》，說禪與幾樣東西相似，哪三樣？第一是文學，好的文學句子是什麼呢？你注意，好就好在可解與不可解之間，不可以拿邏輯來講文學，邏輯是科學，一點都不好聽，邏輯是分析，文學是歸納，可以理解，言語難以表達出來，比如我們隨便講一句。

去年元夜時　花市燈如畫
月上柳梢頭　人約黃昏後

我問你，「人約黃昏後」，是幹什麼的？你一定想，男女關係是抱在一起上床。但是「人約黃昏後」，不一定幹這個事啊！

今年元夜時　月與燈依舊
不見去年人　淚濕春衫袖

對方死了嗎？還是分手了？「想他」這句要緊的話不在詩裡，難受啊，在可解不可解之間。不像現在的白話詩，我想你啊，你啊也不想我啊！那成什麼話了？

你看洞山禪師的五位君臣，第一首向。

聖主由來法帝堯　御人以禮曲龍腰
有時鬧市頭邊過　到處文明賀聖朝

這是什麼禪？你懂了詩詞，在可解不可解之間，你就明白了。譬如打坐，到禪堂兩腳一盤，這是什麼？向。做工夫想走清淨這一條路，那你就要兩腿一盤，像古代皇帝上朝一樣，端身正坐。《大學》講誠意正心修身，端端正正坐起來，「聖主由來法帝堯」，你每次盤腿打坐，等於皇帝登座，中國文化推崇堯舜，公天下的帝王，內聖外王，得道了也沒有傲慢，御人以禮，見到任何人，他還是彎腰客氣。「有時鬧市頭邊過，到處文明賀聖朝」，他作了皇帝，天下絕對太平。你坐起來儘管心裡有思想妄念，但你坐著端然不動，這是向的工夫。這是洞山禪師用文學來表達佛學，表達修養。

淨洗濃粧為阿誰　子規聲裡勸人歸
百花落盡啼無盡　更向亂峰深處啼

這個是講什麼？弘法貢獻。你們為什麼出家，「淨洗濃粧」，像釋迦牟尼佛一樣，明明是個皇帝，他剃光頭髮出家，到雪山修道，「淨洗濃粧為阿誰」，到底為了誰呢？一個漂亮的小姐剃了光頭，穿上尼姑的衣服，為了什麼？為了求道，得道了再利益眾生。「子規聲裡勸人歸」，子規鳥在江南有很多，古人說子規鳥的叫聲好像「不如歸去」。唐詩裡很多處用到子規，在外面那麼辛苦，怕聽子規鳥叫，還不如回家去吃老米飯，做個什麼官啊？「子規聲裡勸人歸」，為什麼出家？出家為了悟道，悟道為什麼？不是為了自己。自己成就了內聖外王，度一切眾生，這是佛菩薩的功德，度眾生是痛苦的事。「百花落盡啼無盡」，像子規一樣，春天過了，還在叫「不如歸去」，乃至一個人都不聽，你還是要慈悲布施，沒有人聽你，只好像古道一樣跑到江西洞山去，「更向亂峰深處啼」，好好去修證。也就是黃石公傳給張良的《素書》，君子「得機而動，則能成絕代之功，如其不遇，沒身而已。」自己歸隱，修養自己，這是一方面。

另一方面，我們自己用功，打坐兩腿一盤，也是淨洗濃粧，自己找到生命的本來。「子規聲裡勸人歸」，一念回機，便同本得，念頭一放，當下清淨，「百花落盡啼無盡」，不要忘了念念回機，歸到本來無生，念頭越亂，心越清淨。

枯木花開劫外春　倒騎玉象趁麒麟
而今高隱千峰外　月皎風清好日辰

你用功打坐，大乘沒有方法，心裡清淨，一念回機，放下就是了。「枯木花開劫外春」，打坐不是像一株枯樹一樣，「身是菩提樹」，裡頭是生機蓬勃的，兩腳一盤眼睛一閉，你死也死不了，內心生機蓬勃。藥山禪師告訴李翺，「雲在青天水在瓶」，也是生機勃勃，不要把念頭壓下去。「倒騎玉象趁麒麟」，你一靜下來，身體裡頭氣發動了，轉來轉去，道家的奇經八脈，密宗的三脈七輪都來了，禪宗不理這一套，「凡所有相，皆是虛妄」，但並不是不知道。「而今高隱千峰外」，一下念頭空了，身體上的感覺，隨他怎麼變化，乃至看到全身放光也不理。「月皎風清好日辰」，等於秋天萬里無雲，心中明明亮亮，這個時候，正好用功。洞山禪師都告訴你了，不然你看了幹什麼，在那裡搖頭擺尾讀他的詩，不把你趕出去才怪呢！你看這裡不提佛法，什麼涅槃菩提，什麼阿彌陀佛，一個都不用。然後是共功。

眾生諸佛不相侵　山自高兮水自深
萬別千差明底事　鷓鴣啼處百花新

A同學：心佛眾生三無差別。

南師：對了，也沒有佛，也沒有眾生，也沒有什麼明心見性，心也空，一上來就空，隨時隨地，不要盤腳，都是一體不二，也就是回互。本來山就那麼高，水就那麼深，都是現成的，不是要你去用功造出來一個工夫，你只要靜下來，就是佛，就到那個境界。「山自高兮水自深，萬別千差明底事」，各種法門，各種宗教、哲學、科學，都是在找這個生命本有的功能，人類眾生幾千年來就是這麼一個事，生死問題。「鷓鴣啼處百花新」，這是觀音法門，你正坐得好的時候，有那麼一聲，啊，開悟了。

頭角纔生已不堪　擬心求佛好羞慚
迢迢空劫無人識　肯向南詢五十三

你們出家拚命學佛修道做工夫，怎麼不開悟？都是亂講，學什麼佛？你本來開悟，個個都是佛，即心是佛。頭角纔生，等於那個鹿、麒麟生下來有個角，中國人形容這種面相，唉喲，你生了一個孫子啊，我看看，真好啊，頭角崢嶸，一定有出息。你們有出息為什麼跑去出家？為成佛嘛，「頭角纔生已不堪」，有個頭角已經完蛋了。「擬心求佛好羞慚」，你本來就是聖人，個個都是聖人，都是佛，結果還要唸阿彌陀佛，去學佛，好丟人啊。「迢迢空劫無人識」，學佛的成就是空嘛，誰知道父母未生以前，本來就是空，我不是常常告訴你們，把念頭空了，念頭本來空你的，不是你去空他的，你只要認識迢迢空劫以前，本來就是空的。「肯向南詢五十三」，還用像善財童子到處求名師嗎？訪道拜佛，都是空事，白幹了。

你看他講了些什麼，明明自己出家學佛，卻說出家學佛都是錯了，好羞慚，好丟臉，一切眾生自性本來是佛嘛。

洞山禪師講五位君臣的用功，臨濟不用君臣，用賓主，那是教育法不同。《楞嚴經》講客塵煩惱，客塵是賓嘛，自性是主，本來那個能知之性是主。

（大家唱唸此五首詩偈）

《華嚴經》上講善財童子開悟了，但悟得不徹底，文殊菩薩讓他去偏訪天下名師，煙水南詢，拜見五十三員大菩薩，這些菩薩都是幹什麼的呢？有作妓女的，有殺豬的，有作皇帝的，有作和尚的。馬祖培養了八十八員大善知識，各人的教育方法不同，各個都是菩薩。你不踏實，再去訪明師問道，這也是曹洞的家風。後面十幾頁都是歷代研究五位君臣的報告，現在怎麼辦？現在連文字都搞不懂了，文化非斷不可了。要另創一個方法，現在只有走自然科學這一條路。

古道師：降低一點，踏踏實實做工夫。

南師：對了，走十六特勝，走達摩祖師這一系下來老實修行的路子。「身是菩提樹，心如明鏡臺，時時勤拂拭，勿使惹塵埃。」洞山禪師也是走這個路線，後面用文學表達，那是他悟了以後的作品，你拿這個來講佛法，就不對了，是倒果為因，我常說大家都犯錯了，把人家的成就當成自己的成就，拿來講法就不行了。

第八講　洞山良价禪師　四

二〇〇九年十二月九日

內容提要

興衰由人
參話頭
五位君臣頌
子午流注
偏中正

南師：幾十年來我都沒有真正講過，現在講禪宗的都是亂七八糟，百分百都是口頭禪，口頭禪還好聽一點，都是亂吹，或者當成一般學術來看，學術也搞不清楚。曹洞之所以聞名，主要是洞山禪師的關係，研究人類歷史的經濟政治教育，包括宗教，興衰都在乎一個人，英雄創造了時勢，也可以說時勢創造了英雄。有洞山良价禪師這麼一個人，創立了曹洞宗，尤其研究他的證悟修行，那是很特別的禪門宗風。

昨天提到《禪海蠡測》，禪宗的文學境界很高，同藝術、兵法都相通。真正的禪宗大師也是藝術家，但不一定會畫畫、作詩、雕刻，但他是真正的藝術家。你要懂莊子講的庖丁解牛，那是藝術。還有你看武漢的雜耍、把戲，從古到今，還是有很多高明的人，可以用一把鈍斧削掉你鼻子上的白渣，鼻子的皮一點都沒有動。庖丁解牛也是，幾十年殺牛，目無全牛，已經不知道是在殺牛了，拿起刀斧，等於現在自動化的屠宰場，牛皮牛骨自動分解了。醫道也好，文學也好，到了藝術境界，得意忘形，也同詩詞畫畫一樣，一句好句在可解不可解之間，有意無意之間就完成了，這就是藝術，如果用意識想的，用第六意識分別心造成的，都不是。

那麼到了曹洞祖師，是晚唐時候，從韓愈、柳宗元階段以後，唐代晚期的文化，文風轉變了。唐詩當然以李白杜甫為最，到了晚期以後呢，元白體出來了，就是元稹同白居易，你們大概只讀過白居易的〈長恨歌〉，那個最高明的文學走向白話去了。曹洞祖師講的五個偈頌，是基於唐詩，又同一般的詩詞文學不同，而是把整個高深的佛法修養變成一種文學，脫開了宗教名辭，表達如何通過禪定配合中國文化，直指人心，見性成佛，非常特別，所以叫你們注意這一方面。這個藝術形式，表達修持的法門，推開了四禪八定，所以三十七道品，苦集滅道這些提都不提。菩薩所謂的用功修行證果，以邏輯的講法，佛經上講從凡夫到聖人的境界，要三大阿僧祇劫，需無量劫的時間修行才能悟道。換一句話，到中國禪宗，把這句話否定了，頓悟就可以成佛，時間空間皆是無定，那有什麼根據？根據《楞伽經》，也是佛自己說的，漸修與頓悟。所以洞山禪師講打坐，修定這些法門都不用，八萬四千有為法都不用，上座就是無為法，採用的是什麼？《大學》「知止而后有定，定而后能靜，靜而后能安。」誠意正心已經是定了，譬如大家到禪堂打坐，兩腿一盤，姿勢一擺好，就是第一首，「聖主由來法帝堯」，腿一擺，第一念不起分別，第一念已經是「知止而后有定，定而后能靜。」靜心一念，就是定了，不要管其他什麼方法，什麼呼吸法，白骨觀，不淨觀，念佛，參話頭……處處都是話頭。「御人以禮曲龍腰」，就是這樣誠意正心，一切放下就到了。「有時鬧市頭邊過，到處聞名賀聖朝。」當你腿一盤，已經是定了，不需要再加上什麼，一增一減都不是了。如果你用一個方法，已經是加了，以為我要空掉，已經是減了，增減都不是。有信心如此一路下去，一定到家。

這個涵意我現在給你們講出來，但是參不參話頭呢？參。譬如洞山祖師從六歲起就參話頭，和大家一起唸《心經》，唸到「無眼耳鼻舌身意」，摸摸自己的臉，我有啊，就問師父：怎麼佛說無眼耳鼻舌身意呢？他已經在參話頭了。所以你要糾正現在的禪宗，參一句死話頭，所有今天的禪宗，自宋明以後，參一句念佛是誰？時時抱著，困死禪堂，這個禪堂已經不是選佛場了，如果要我題字，我就題個：陷人坑。活埋人的坑，所有的聰明智士都被困死了，這些住持和尚你問他念佛是誰，他參通了嗎？這就是古代禪師講的「一句合頭語，千古繫驢橛」。學佛學禪被一句呆板的死話困住了，等於以前鄉下的大路，走個十幾二十步有塊石頭，上面打一個洞，幹什麼？給你繫驢用的，騎驢騎馬過來拴在那裡。一句合頭語，講了一句死話，大家都在話裡尋求佛法。洞山從小就有疑情，後來又有第二個疑情，他參無情說法。幾十年慢慢漸修開悟，所以他的教育法也不同，他綜合佛經的教理，綜合中國文化儒家的道理，以《易經》為主，偏正回互，他們都通了的，文學也高，然後都丟下了，誠心修行，追求這個根本，這也是大科學家的精神。

所以世界上真正的科學家，你看哥白尼發現日心說，提出地球不是方的，那受盡了打擊，比耶穌還慘，這是對自然科學的貢獻。現在我也笑，中國有一種迷信，不是迷信宗教，是迷信科學，可是講科學的人，一點都不科學。後來曹洞宗的家風，被人們變成公式了，自然科學的公式你學了，懂一點科學常識，還不會太偏差，而把佛法背來變成公式，那要害死人，但是你不懂這個呢，也進不了門，這個道理先要搞清楚。

洞山的五位君臣教育法，修證的工夫、禪定與見地同時並行，所以證悟那個境界不是空洞的。臨濟的教育法剛好和他不同，南方流行曹洞，北方流行臨濟，臨濟四料簡，用賓主，不管三位四位，都沒有關係，悟了的人全體都通了，不悟的人一點辦法都沒有，要注意這個修悟同時，你坐在那裡幹什麼啊？你說我在修安那般那，我在修氣脈，氣脈修了半天，氣脈不是固定的啊，不是蓋房子一樣，拿一個磚頭，畫一個圖，大家照著一分一寸修成房子，那是死東西，房子是他，「切忌從他覓」。房子裡頭住的是什麼人啊？是個死人還是個活人？是個男人還是個女人？了不起的英雄還是笨蛋？房子的主人是誰？大家活潑一點，死死板板，已經不是學禪宗的材料了，你看禪宗祖師沒有一個不活潑，乃至很調皮的，文學也好，內外兼修。

今天我們看〈五位君臣頌〉：

正中偏
三更初夜月明前
莫怪相逢不相識
隱隱猶懷舊日嫌

偏中正
失曉老婆逢古鏡
分明覿面別無真
休更迷頭猶認影

正中來
無中有路隔塵埃
但能不觸當今諱
也勝前朝斷舌才

兼中至
兩刃交鋒不須避
好手猶如火裏蓮
宛然自有沖天志

兼中到
不落有無誰敢和
人人盡欲出常流
折合還歸炭裏坐

南師：大家有什麼心得，各自講講。

E同學：五位君臣在說明一個次第，比方說「正中偏」和「偏中正」，就是初期，是一個見道位，在這個初期，剛開始摸著門的狀態，然後「正中來」和「兼中至」，這個也有別的版本寫的是「偏中至」，相當於是修道位，在這個次第中用功，本體和外相之間，君臣回互，也可以說是默和照之間的回互，最後這個「兼中到」，等於是證果位，證道位。就是從這三個次第，分成五步方法。

南師：你把文字內容講白一點，結合怎麼用功，讓大家好有體會。

E同學：「正中偏。三更初夜月明前，莫怪相逢不相識，隱隱猶懷舊日嫌。」這個時候沒有月亮，還是比較黑暗，在見地上還沒有了知佛性，沒有證知本體，還是比較執著。昨天講的向，看到外面的色相，就被色相困惑，實際還在無明的狀態，並不是找到了真實的體性。還沒有這樣一個準確認知的時候，比較模糊，雖然每天每時每刻，無論在光明裡或者在黑暗裡，有相無相當中，都和自性是在一起的，但是不能認知，或者是不敢認可，不敢承擔。

南師：你講得很不錯了，但是還在外層的外層，結合你的打坐講講。

E同學：坐在這裡，如果還把身上的氣脈、痛癢痠麻脹冷熱當作真實，被他所牽著，等於就是偏了，就著在色相上。實際上身體還是在這個回互當中，這個正也離不開偏，偏也離不開正，那麼如果是見地和工夫都到了，在靈空不昧的狀態裡坐忘，或者是已經忽視掉，或者是拋卻掉這些痠痛脹麻癢，事實上沒有這個障礙，沒有這個知見困惑的時候，也就自然通過了，所以到最後達到兼中到。這個時候已經能夠入寂，寂就是本體，在這個靈明覺性當中，很清楚地觀照到外界，包括身體的一些變化，實質上都是了知的，就像老師提醒我們所謂的定，並不是什麼都不知道，而是了了分明，靈明不昧，這樣才能達到寂照如一，體用不二。

F同學：我們號稱學佛的，到處參學，不管打坐念經，還是參究《指月錄》，沒有真正體悟之前，就像這裡面的「正中偏。三更初夜月明前，莫怪相逢不相識」，自性本來常在，但不相識，沒有證得，這是第一階段。

第二階段，自己認為見到空性，或者是抓到自性，這是「偏中正。失曉老婆逢古鏡」，老婆我們平常是抓得很緊的，平常最愛的那個東西發覺不是那麼愛了。逢古鏡，他感覺自己抓到本來面目了。「分明覿面別無真，休更迷頭猶認影。」但是那個不是真的，自己以為是真的，這是第二階段。

接下來進到第三階段，「正中來」，這時候自己認為自性清淨，或者空性啊，知性啊，發覺都不是，都放下了，「無中有路隔塵埃」，沒有辦法用言語去描繪，「但能不觸當今諱，也勝前朝斷舌才」，這時候言語道斷，但是還不能夠真的入世。

到「兼中至。兩刃交鋒不須避」，好的念頭也好，壞的念頭也好，都不怕的，就像大火聚一樣，都燒掉了，而且越壞越熾盛，就像我們講佛的名號裡面有熾盛佛，這個時候才有辦法真正做到，「好手猶如火裏蓮，宛然自有沖天志。」入世也不怕，出世入世都不在話下。

最終做到兼中到，這時候也沒有所謂的成佛不成佛，沒有所謂的入世不入世，時時刻刻，在在處處，「不落有無誰敢和，人人盡欲出常流，折合還歸炭裏坐。」哈哈大笑，入世也好，出世也好。報告完畢。

南師：還有沒有？都來都來，各說各的，沒有關係。沒有處罰，也沒有獎勵。

古道師：「正中偏」，剛開始修行，似乎認得一點，但是又不敢確認的那種狀態，似乎覺得自己明白一點，到底是不是呢？不知道，但是不是吧，又忘懷不了，剛剛認識那個影子。「三更初夜月明前」，那個月亮好像快要出來了，有點光，但是還沒有見到月亮，不是那種全體光明，「莫怪相逢不相識」，難道是這個？自己還不敢認，「隱隱猶懷舊日嫌」，但是忘不掉，覺得就是這個，明白了一點，有點消息，還不敢完全認可。

「偏中正。失曉老婆逢古鏡，分明覿面別無真，休更迷頭猶認影。」明白了這個，就好像是逢到古鏡，面對全體的面貌現前，這個分明就是，但是還是不敢肯定，還是迷頭認影，自己還是第二月，不是這個能知的。比如我們坐在那裡，感覺有時候身體舒適一點，特別是初上座，那一瞬間感覺挺好的，但裡面有個能知道的，這個就是嗎？那個狀態很好了，但還會有一個知道在問，這就是禪嗎？這就是空嗎？等等等等，還是迷頭認影一樣，沒有分清楚，境與自我還沒有分清楚。

「正中來。無中有路隔塵埃，但能不觸當今諱，也勝前朝斷舌才。」這就有點深入了，工夫更深入一層，在這裡面，好像什麼都沒有嗎？但這種狀態非常清淨，隔塵埃，沒有一切妄想雜念，也沒有煩惱，身體的障礙也沒有了，在這個狀態下，「但能不觸當今諱」，應該這個就是，但又道不得，你說這個是什麼？你給人家講講，也沒有辦法用語言文字表達清楚，感覺很美妙，但是你怎麼給人說呢？沒辦法，道不得，但是自己很清楚了。

「兼中至。兩刃交鋒不須避，好手猶如火裏蓮，宛然自有沖天志。」這是完全自肯承當的狀態，只認這個，這一念清淨裡，時時能夠把握，無論是煩惱也好，清淨也好，已經無所謂了，就是剛才同學講的，無論入世出世，無論承擔什麼事情，已經不在話下了。沒有恐懼煩惱妄想等等，也沒有什麼善惡等等，因為一心獨明，明明覺了，時時刻刻都在。「宛然自有沖天志」，看出家人有道無道，從禪堂那種環境下熏陶出來，走出來的時候那種道貌，很謙遜而又巍巍堂堂，心燈獨明，一切不顧。

然後是「兼中到。不落有無誰敢和，人人盡欲出常流，折合還歸炭裏坐。」到這個階段，工夫純熟，打成一片，根本無所謂空啊有啊，還是出世入世，一切都沒有了，真正一旦明白以後，原來道在平常中，還歸在炭裡，所謂炭，就是灰塵嘛，塵世也好，淨土也好，都無所謂，這個時候想想，「人人盡欲出常流」，都想出世解脫，那是可笑的事情，因為根本沒有入與出的概念，還是作一個平常人。所以禪家說饑餐睏眠，該做的做，事來則應，物去不留，就是這種狀態，非常平常。報告完畢。

F同學：我還有一個報告，是關於入世的，老師在上個月講到入世應用方面，用老師以前講領導學的話，領導就是君臣關係，四種再加一種，第一是王者師之，第二是霸者友之，第三是守者臣之，第四是亡者奴之，這是古人講的，最後我再加一個君臣顛倒。

前面四個治理國家的原則，也就是君臣關係。王者師之就是兼中到，霸者友之就是兼中至，守者臣之是正中來，亡者奴之是偏中正，我們修行往往會走到頑空或者是枯禪境界，君臣顛倒根本不搭界的，這是君臣關係，所以講五位君臣可以用到修行，也可以用到入世。我自己的體認，這至少對我是很受用的一個領導哲學的總結。

南師：我現在講課，不是說我的對啊，你要真學佛啊，記住祖師的一句話：臨機不讓師。沒有什麼學生師父，沒有佛，也沒有眾生，據理而言，不要有個我相的觀念把自己蓋住，不要總以為老師講得對，我們好像都不及老師了，可是也不准傲慢，也不准謙虛。我到現在還是私塾裡的老學究，帶領你們很踏實地先了解文字。

剛才講禪宗離不開文學，禪宗到了曹洞最麻煩，他們歷代的傳承是走文學路線，不像臨濟，氣派很大，都是土話，一來，喝！你不曉得這一聲是幹什麼的，所以臨濟宗的教育方法，就是燕趙那些英雄好漢，「路見不平一聲吼啊，該出手時就出手。」曹洞不來這一套，他文武雙全，所以你看洛浦見夾山，要用臨濟那一套，夾山馬上手一比，你停，住住，不要來這一套，「雲月是同，溪山各別。」你不要用臨濟門下的這一套，在這裡喝個什麼？天上的月亮是一個，走偏世界都是這個月亮，但是溪山各別，美國的山，中國的山，江西四川江蘇各有不同，你不要來這一套，輕言細語，但威風很大。「雲月是同，溪山各別。」你拿這一套莫名其妙在我這裡亂吼一聲，「雞棲鳳巢，非其同類。」出去！反而罵他們學這一套，像山雞一樣亂叫，我這裡是鳳凰的巢啊，不一樣的啊。你不要來這一套，出去！一聲就把他拿下了。《指月錄》同中國文化密切相關，但是你學會了也可以作領袖，可以帶兵打仗作元帥，統一天下，土匪投降過來怎麼帶領，正規訓練的學生兵怎麼帶領，社會人事怎麼帶領，都是問題。

「正中偏。三更初夜月明前」，更（音京）這個發音是唐宋時古音，譬如說唱京戲，「五更三點王登殿」，古代皇帝上朝，作皇帝很苦的，等於現在四點半就要醒了。作領袖的都不容易，所以有人常說：「老師啊，我放假了來看你。」說得很輕鬆，你們放假來看我，我痛苦啊，我一年三百六十五天沒有一天放假，放假都是給下面人放的，老闆哪裡有放假的，越放越忙。作皇上的也是這樣，「五更三點王登殿」，唱京戲講音韻學，三更（音耕）唱不出來，三更（音京）唱得出來，所以古音讀京，就是打更，古代也沒有鬧鐘，白天六個時辰，夜裡六個時辰。三更是初夜，佛經是印度文化，只講前夜中夜後夜，中國講五更，三更半夜月明前，半夜三更月亮剛剛出來。這不是十五吧？你要注意，如果研究天文學，洞山這一句話是不通的。如果是十五的月亮，晚上就出來是圓滿的，怎麼「三更初夜月明前」，這是什麼時間？每個月陰曆的二十二、二十三，這是講現象，像中國的一句詩，哲學科學文學政治都包括在內。此其一。

第二，要了解唐代的農村習慣，中國人講養生之學，天一黑就睡覺了，節省燈油，雞鳴而起，公雞第一次叫是幾時啊？你們現在都不知道，我們鄉下知道，像我小的時候，鐘錶還是洋玩意，像我父親，家裡明天有事，夜裡注意，早一點睡，雞初叫就起來，雞第一次叫是半夜，第二次叫是兩三點，第三次叫天快要亮了，這些知識你們都沒有。

第三，廟子上和尚晚上八九點鐘就睡了，我住過叢林，大家都早睡，到差不多一兩點鐘，已經睡得很足了。下半夜有時候看著月亮在天上，陰曆二十八的眉月，像眉毛這樣彎的，初月是倒轉的彎。所以你看一幅古畫，不懂的人隨便一畫，就是月亮，這張畫一毛錢不值，不合時宜。還有「床前明月光，疑是地上霜」，是什麼時間？在什麼地方寫的？一看都是科學天文，不只是文學。

學中國道家的神仙之道，也講究修行打坐。為什麼叢林制度要那麼早睡，四點鐘就要你們起床了，後半夜多睡會漏丹的，尿一多，一脹起來，加上心裡淫念不斷，就完了，所以三四點鐘要起來上殿，你看《禪門日誦》那麼長，唸完了以後，冬天凍得鼻涕直流，喝完兩碗冷粥，再回房去睡個混沌覺。你要懂得中醫，夜裡十一點到十二點五十九分是子時，子時氣在膽，陽氣初生，「一陽初動處，萬物未生時。」這是陰陽的道理，丑時走到肝了，一點到三點，氣到肝。有的中醫師曉得配合十二時辰扎針。肝病要在丑時用針，學醫的這個不把握，那是白做了，尤其扎針要懂時辰，子時陽氣出來走膽，丑時肝，寅時到肺，中午以後，到心臟。氣順著十二經脈走的，所以你按摩也要懂這個，那效果就大得很。白天十一點以後到一點鐘，就是心臟，一點到三點到小腸了，下午是腎膀胱，戌時以後到三焦，三焦這一帶的荷爾蒙系統，很難理解。所以「三更初夜月明前」，陽氣剛發動，就睡醒了。

當年我在臺灣，大陸有個醫生逃了過去，警備司令部抓住準備關起來，是我救了他。我把國防部長、陸軍司令都找來，他們聽說我要替這個醫生出頭，來看我時手裡提了兩大袋，他的所有資料都在，我說那麼嚴重啊？是共產黨你們怎麼處理？這是個好醫生啊，他是共產黨的醫生，可他不是來做工作的，是個好醫生。你們怎麼這樣搞嘛？要請他把醫術傳下來，因為他懂得這個十二時辰的道理，醫術非常高明。

後來有一天我跟他談到大陸的人口，那是三十年前，大陸已經十億多人，我說大陸人口增長那麼快啊？他說老師啊，大陸沒有電燈，我們被下放到鄉下，老百姓也沒有電視看，也沒有電影，也沒有唱戲，什麼娛樂都沒有，我們作醫生的知道，晚上天一黑人們就睡覺，兩人睡到半夜三更，氣一來就醒了，醒了沒有玩的，黑夜裡就玩這個事，玩了這個事就生孩子嘛，所以人口越來越多。

我說你講得蠻有道理，鄉下是這樣的。陽氣發動時，你看小孩子的那個小雞雞會翹起來，他也沒有男女淫慾的念頭，這是生命的氣。你們打坐用功，如果白天有這個境界來，這是活子時。什麼叫活子時？不一定是半夜三更，隨時陽氣到了就動，念也動，氣也動了。你以為洞山良价禪師不懂？他懂的，所以「正中偏。三更初夜月明前，莫怪相逢不相識」，這些笨蛋都不知道用功，「相逢不相識」，陽氣來了，那個時候精神還特別好，心念清淨，不要睡覺了。不要睡覺是什麼？是覺嘛，覺醒了嘛，醒了才一念不生，一陽初動，萬物未生，在你剛睡醒的時候，雜念沒有動以前，這個是正道，可是大家都用偏了，所以「莫怪相逢不相識」啊。「隱隱猶懷舊日嫌」，過去的習氣跟著雜念來了。所以孟子講修行平旦之氣，平旦也是天快亮以前，這個時候胸懷坦蕩，人剛剛睡醒，眼睛還沒有張開，還有一點睡意，那個時候雜念妄想厲害不厲害啊？不厲害。半陰半陽的懵懂狀態，正是用功的好時候。

一般人沒有這個知識，陽氣不動，你坐在那裡是枯禪，都在陰氣中，「隱隱猶懷舊日嫌」，你剛剛半夜要醒以前，雖然沒有妄想雜念，有一點糊里糊塗，是不是？好像清醒，又好像動不了，對不對？睡眠剛醒，那個陽氣充滿，沒有動任何雜念以前，正是好時節，不過是正中之偏，你要認得。並不是只有打坐用功，行住坐臥，隨時可能有這個境界。夜裡睡醒為什麼有這個境界？地水火風都調整過來，邵康節的詩，「一陽初動處，萬物未生時。」密宗道家研究佛在菩提樹下，睹明星而悟道，也在這個時候，不過遲一點點。這顆明星是哪一顆星？每天早上東方有顆星最亮，快天亮了，這個叫晨星，也叫啟明星，這個啟明星具體是哪一顆呢？不是固定的，天體是轉的，哪一天我在這裡，剛好我是啟明星了，過幾天你轉到這裡，你變成啟明星了。

我叫你們研究什麼？〈參同契〉，你們留意沒有？我叫你們研究〈寶鏡三昧〉，有沒有研究？「當明中有暗，勿以暗相遇；當暗中有明，勿以明相覰。」都是工夫與見地，也都是生機與生命，你們一句都沒有提，光在玩文字。還有多重意義，所以你看古人把那麼高深的生命科學，用文學表達出來。

偏中正呢，「失曉老婆逢古鏡」，他為什麼來個失曉呢？天曉就天曉嘛，他難道字寫錯了？那是黑暗完全退了，天亮了，黑暗完全消失了。換句話說，為什麼是老婆逢古鏡？新媳婦不可以啊？每一個字每一句都有深意。老太婆，逢的是什麼呢？不是玻璃，舊的鏡子剛剛磨煉出來，是古鏡。你看昨天夜裡就是接著白天起來，這一天過去了，佛學分三世，過去世、現在世、未來世，「失曉老婆」，陰性的，我們每天起來都是照古鏡，這個鏡子是古老的。「分明覿面別無真」，早上起來朦朦朧朧，天剛亮，洗個臉，梳粧打扮，就像老太婆搓粉，還變年輕一點，頭髮梳一梳，鏡子一照，分分明明，「覿面別無真」，你說看到影子，影子是你不是你？良价禪師過水看到自己的影子，為什麼悟道？就在這裡悟。

「我今獨自往，處處得逢渠，渠今正是我，我今不是渠。」《楞嚴經》上有個迷頭認影的故事，影子是我嗎？不是我。不是你嘛？的確是你的影子。現在我們聽話的講話的是你嗎？你在哪裡？看不見。現在這個肉體就是那邊我的影子，我們的身體就是心的影子。一切唯心，我們投胎作人，自己就曉得有這麼一個身體，不是你選的，業報使這個影子變成這麼一個形狀，可是這個他不是我。我現在給你們講話那個覺性是我，你們聽話的也是這樣，「分明覿面別無真」，當面看到鏡子裡的人，是真的我嗎？還是這個肉體是真的我？嚴格用推理，用物理科學分析，這個絕不是真我，這是借用了幾十年，從父母那裡借來用的。假的這個我一定死亡，那個真我不在這個上面。「分明覿面別無真」，就是他，也不是他。真在哪裡？在影子上？還是在肉體上？還是在鏡子上？你要搞清楚，參啊。

「休更迷頭猶認影」，你不要以為這個身體就是你的生命了，在這個上面修行參究，你的話頭落在這裡，清清楚楚，工夫見地一齊來了，是不是啊？

F同學：是。

南師：那你們剛才怎麼那麼講呢？

F同學：我們工夫見地都不到啊。

南師：是嗎？你參參看，他每一句話都是給你點到徹底，此所以人家成為大祖師，你不能不懷念他，這樣清楚吧。不要亂寫文章，亂搞文字了，寫文章一字之差，落因果報應，百年野狐身。要小心啊，除非你不學這一套，真見道了以後，有真見地，言滿天下無口過，你的文字傳徧天下，不昧因果，還如金剛王寶劍破除一切。

你看《指月錄》上關於五位君臣，後代宋元明清有多少人注解，這十幾頁你讀通了，可以寫一本幾百萬字的唐宋元明文化發展史了，科學哲學政治都在裡頭。現在談文化怎麼談得上啊！怎麼讀懂天下奇書，我告訴你，我幾十年沒有講過禪啊，你們這次碰到是運氣好。古道跟我比較有緣，那年在廈門打七，他怕我有危險，第一個站出來要救我，就是這樣認識他。我說：唉，這個人有意思啊。

這個裡頭都是工夫，都是見地，不要白聽啊，你們現在上座打坐，境界完全不同了。「休更迷頭猶認影」，你們打坐都在那裡迷頭認影，所以記住他的悟道偈子，「切忌從他覓，迢迢與我疏，我今獨自往，處處得逢渠，渠今正是我，我今不是渠。」他現在正是我，我可不是他，「應須恁麼會」，要這樣去體會，去修行認識，「方得契如如」，差不多了，你可以上路了，契合如來自性，也是如如不動的境界，此心本來沒有動過，「本來無一物，何處惹塵埃」，要這樣理解進去。

「三更初夜月明前，莫怪相逢不相識，隱隱猶懷舊日嫌。」尤其你們用功，現在有電燈的科學時代，不要被白天的光明騙住了，也不要被夜裡的黑暗嚇住了，陰中有陽，陽中有陰。像我現在眼睛不好，夜裡更不要燈了，也很清楚地看嘛，你給陰暗騙住幹嘛？有些同學們知道，夜裡看不見，我還給人家寫毛筆字，必要的只好寫了。D同學說：老師你跟能看見一樣，你究竟能看見還是看不見？我說我都瞎摸在那裡寫，是用意識，不是用眼睛在寫，你不要被光明與黑暗騙住了。所以進一步你不要被生來死去騙住，假使我們該死，就走嘛，但也沒有走啊，還在這裡，本來沒有動過。所謂這裡，不是太湖大學堂的意思，是這個本位上，要這樣參進去。

第九講　洞山良价禪師　五

二〇〇九年十二月十日

內容提要

文學變遷
十二時頌
正中來
兼中至
兼中到

南師：洞山的偏正回互與五位君臣，你要注意石頭希遷的〈參同契〉。對於禪宗止觀工夫與開悟，他們提出中國文化的方法，取代了印度釋迦牟尼的一代時教，把三藏十二部都濃縮在中國文學裡，的確是一個很奇怪的文化革命，我已經提到其中牽涉到很多要點，包括中國文學的變更。

這個時候有白居易出來寫〈長恨歌〉，在李白、杜甫之後，元稹、白居易已經開始走白話詩的路線。這個時候禪門文學的開創，也深深影響了唐代的文學學術路線。你看中國文學史的演變，漢文的代表作一個是司馬遷的《史記》，成為幾千年顛撲不破的文化體裁；第二是司馬相如的文章，所以古人講「文章西漢雙司馬，經濟南陽一臥龍。」司馬遷的傳記體文章，司馬相如的詩詞歌賦，那是很了不起的文學典範。講到中國的政治思想、經濟社會教育，「經濟南陽一臥龍」，只有一個諸葛亮。戲劇、小說中給他穿個八卦袍，變成道家人物了，那是演戲；其實諸葛亮是正統的儒家，政治上兼用法家，經濟上他懂得商道，真是了不起的人。而人們更熟悉他在軍事上的成就，我們研究世界戰史，打勝仗不容易，打敗仗而不亂更不容易，諸葛亮六出祁山，六次都敗，可是他沒有亂，而且六次退兵都是井井有條，可以說千古以來沒有一個人能夠做到，這是他善於用兵。譬如一個老闆創業失敗了，倒下來沒有損失，沒有是非，難不難？爬起來沒有事，諸葛亮做到了。諸葛亮的文章簡短，前後〈出師表〉流傳千古，所以古人講文章但在流傳不在多，知識份子的著作難得在世間流傳，你看歷代有多少學者，著作能夠留傳後代的沒有幾個。兩篇〈出師表〉流傳千古，代表了漢文。

我年輕時看到日本人（兒島獻吉郎）寫的《中國文學概論》，的確寫得好，現在中國的一般學者教授還寫不出來，但是我現在回憶，他還沒有講徹底，真正唐詩變成宋詞，是因為禪宗祖師們的關係。唐詩四句，開始是唱出來的「小令」，當時祖師們寫這個不是給徒弟們簡單看看，是叫他們背會，不用再看佛經，已經懂得做工夫了。本來四句詩，變成「小令」長短句，「正中偏。三更初夜月明前」，你可以打著板唸。我笑這一代人沒有文化，現在街上到處都有黃段子，不過我也很欣賞，每次聽了都很佩服，天才很高，只可惜這幾十年的文化基礎不夠，文學都變成黃段子了。你看曹洞這個時期已經改變了唐詩，出現「小令」體，所以由此以後，漸漸變成宋詞，所謂「小令」，就是我們現在北京說唱的快板書。

另外，這個時候的中國禪宗整合了儒家、道家文化，引用《易經》八卦，這個還不敢給你們講，你們沒有基礎，聽了會頭疼。這個變化，可以說是由石頭希遷禪師開始，完全要做工夫，換句話說，這也是參話頭。我經常問你們，人怎麼睡著了？又怎麼醒來？實際上每一次睡覺就是一次死亡，小死亡，死了又會重生，在這個裡頭你去參究。三更半夜，子時一陽生，「莫怪相逢不相識，隱隱猶懷舊日嫌。」那是講以前農村社會。我們現在的生活，一兩點才睡覺，睡到八九點勉強起來，剛醒的時候那一念，是什麼？從哪裡來？這個你要觀察清。等五位君臣講完，再給你們補充《易經》，真講起來，一卦可以講一個學期，內容很深刻，都是生命科學，同醫理，同政治社會都有關係。

正中偏是子時，你們查查寶誌禪師怎麼講的。

半夜子　　　心住無生即生死
生死何曾屬有無　用時便用沒文字
祖師言　外邊事　識取起時還不是
作意搜求實沒蹤　生死魔來任相試

南師：「隱隱猶懷舊日嫌」，是不是相似啊，懂了吧，偏中正是天亮，你們再看寶誌大師的平旦寅。

平旦寅　　　狂機內有道人身
窮苦已經無量劫　不信常擎如意珍
若捉物　入迷津　但有纖毫即是塵
不住舊時無相貌　外求知識也非真

南師：你看古今這些大祖師的文字語言，文學境界不同，內涵一樣，而且很美。

D同學：失曉不一定是平旦，平旦寅是太陽剛出來的時候，失曉已經大明了。

日出卯　　　　　用處不須生善巧
縱使神光照有無　起意便遭魔事撓
若施功　終不了　日夜被他人我拗
不用安排祇麼從　何曾心地生煩惱

南師：其實你不要被半夜、白天這個境界困住，祖師用遊戲文字說出一個真理，白天反是偏中正，迷頭認影，這就是生死問題了。那麼，你們看看〈參同契〉：「當明中有暗，勿以暗相遇；當暗中有明，勿以明相覩。」還有〈寶鏡三昧〉中講「夜半正明，天曉不露」，這樣給你一點，你應該參進去了。

正中來，這是講正位了，中正之位，如果你研究中國儒家的《大學》：「知止而后有定，定而后能靜，靜而后能安，安而后能慮，慮而后能得。」得到「正中來」，定慧雙修，到達正中的境界。

正中來　　無中有路隔塵埃
但能不觸當今諱　　也勝前朝斷舌才

南師：古代的監察御史，對皇帝的錯誤舉動，往往會出來當面頂撞。在春秋戰國的歷史上，有好幾位舌頭被割了，叫他不要亂講，他硬是講君王不對，這個不能做的，遇到暴戾的君王就把他的舌頭割了。為什麼？觸當今之諱。上面的領導想那麼做，他說：這個不行的，對天下老百姓有問題，不能這樣做。因為反對，舌頭被割了，割了就割了，他還是反對。中國歷史上有好幾個這樣的直臣、忠臣、義士，這是中國讀書人的精神，官儘管做得很大，那是拿命來做，為百姓講話，隨時準備死的。古人有四個字：批其龍鱗。龍是代表帝王，一身鱗甲，一片一片如同鯉魚，或者像摸狗一樣，你順著牠的毛摸，狗不會咬你，反著摸，牠會咬你的。龍有一身的鱗甲，你打他他都不在乎，人家無所謂，但是在龍的項下三寸，喉嚨中間這個地方，你不能碰，這個地方有鬍子。批其龍鱗，大臣反對帝王，等於當面打他，只有死路一條。古時忠貞的大臣，敢於批其龍鱗，當面開會跟帝王過不去，自己先把紗帽摘下來，放在帝王面前，你的官我不做了，我就是反對，你殺我吧。

「但能不觸當今諱」，你不必再用一點心，只要做到當下即是，一用心就不會了。言語道斷，心行處滅，「也勝前朝斷舌才」，舌頭也不要割掉了。當你修養到剛一上座、或者隨時隨地一念不生、身心皆空，身體也沒有感覺，入定了。「無中有路隔塵埃」，統統是空的，如果這個時候你起心動念還有一點作用，就不是了。「一念不生全體現，六根纔動被雲遮。」所以你用功到這個時候自然會悟，整個空了。「無中有路隔塵埃」，六祖說「本來無一物，何處惹塵埃。」就是無中有路。「但能不觸當今諱」，當下即是，再不起心動念，此時言語道斷，心行處滅，見到空性了，到此自然「也勝前朝斷舌才」。你看這些禪宗祖師們，對於中國文學太通透了，書讀得那麼好才出家，滿腹經綸，再來求證這個，可不是走投無路去出家，他隨便引用幾句白話，就給你講清楚了。

兼中至，更難懂了，大乘菩薩道的修行就在做事的當下，不一定靠出家打坐、修行、證果，菩薩道就在一切生活中。《華嚴經》告訴你：一切處皆成正等正覺。處處可以使你見道，見到本來面目，明心見性，在入世中出世，兼中至，換一句話說，出世入世沒有分別。

兼中至　　兩刃交鋒不須避

好手猶如火裏蓮　　宛然自有沖天志

南師：日本在豐臣秀吉這個階段，幕府的爭鬥，等於中國的三國時期一樣，有兩名武士最後一仗打下來，兩個人英雄惜英雄，因為兩人都學禪，其中一名武士已經敗了，沒有力氣了，對方的刀舉起來朝他頭上砍下來，同時問他：此時如何啊？他說：如紅爐一點雪，砍吧。一刀砍下，就死了。

冬天的紅爐，雪一落下去，嗞——，就沒有了。你看日本人的歷史，很多禪宗對話，都是中國文化啊。

所以「兩刃交鋒不須避，好手猶如火裏蓮」。好手入世修行，不出家，不專修，入世修菩薩道，修布施、持戒、忍辱、精進、禪定，如在火中取蓮，談何容易啊！等於天津人的炒板栗，火燒得那麼紅燙，手插進沙裡翻出來。「兩刃交鋒不須避」，能幹的好手，武功最高的人，猶如從火裡摘蓮。

「宛然自有沖天志」，古人有兩句禪詩：「丈夫自有沖天志，不向如來行處行。」大丈夫連佛走的路都不走，要超過了佛。如果有人問你將來是否出家，你可以答覆他這兩句，不用剃光頭了。

F同學：老師，兩刃交鋒是否可以講是入世與出世的心理，各種矛盾的交鋒、交集？

南師：這些矛盾多麼痛苦，所以你與G同學這些做事業的人，這些年都在兩刃交鋒中，都在火中取栗啊。

G同學：手也燙啊。

南師：我看你的手還是好好的，所以你了不起啊。「丈夫自有沖天志，不向如來行處行。」所以兼中至，換一句話，大智者在煩惱即菩提，貪嗔癡即是菩提，在貪嗔癡上突然悟了，這個了不起。煩惱即菩提，就是工夫與見地兼到，有這個氣派才可以學禪。

更進一步，「兼中到，不落有無誰敢和，人人盡欲出常流，折合還歸炭裏坐。」大徹大悟到家了，那不能說空也不能說有，儘管煩惱即菩提，已經沒有煩惱了，既然沒有煩惱，也不取菩提了。「不落有無誰敢和」，超然而獨立，那麼到家了，開悟成佛，結果如何呢？「人人盡欲出常流」，跳出世外，真正悟道的人，反而是我不下地獄，誰下地獄啊？地藏王菩薩的精神，也就是古人的兩句詩：「劍樹刀山為寶座，龍潭虎穴作禪床。」內聖外王之學到家了，「道人活計原如此，劫火燒來也不忙。」真悟道的人，沒有什麼入世出世之別，很從容自在，從容中道，天天都是瀟灑自在，處處在道中，身在地獄、天堂都是一樣，煩惱、菩提都是一樣。

誌公大師的〈十二時頌〉更細密，第一首從平旦寅開始，十二時辰的道理就是十二因緣。中醫針灸非常注重時辰、季節與十二經脈的配合，都有道理。

（大眾唸〈十二時頌〉）

南師：是不是與洞山祖師的〈五位君臣頌〉一樣？由南北朝到誌公大師，再到唐代，中國禪宗就不用佛經的語言文字，而是用中國文學來表達，呈現出輕鬆愉快的中國禪的路線，同時與最高的政治、軍事、領導學都分不開，每個禪宗祖師都是奇才，都是帝王才，在那個太平治世沒什麼用，都跑到禪門裡了，這些人在亂世可能都是土匪頭子。

你們要研究中國禪宗，從誌公禪師的〈十二時頌〉開始，加上傅大士的〈心王銘〉，三祖的〈信心銘〉，石頭希遷的〈參同契〉，以及洞山這一系的〈寶鏡三昧〉〈五位君臣〉，這一條路走下去，那真是「百花落盡啼無盡，更向亂峰深處啼」，那就不得了了。

從石頭希遷禪師到洞山禪師，講偏正回互，借用坎離的變化。離卦代表太陽、光明、火，本來先天八卦是三爻，這一畫叫一爻，卦者掛也，掛在太自然裡，你看得到的現象。畫卦是從下面一爻一爻向上畫，也可以說是從內心開始，心裡念動向外發展的。離卦第一爻是完整的，叫陽爻，第二爻是破開的，叫陰爻。你把上下兩爻連起來，就是一個圓圈，中間一點，這個就是太陽，幾千年前老祖宗就知道，太陽至陽中有個黑點，陽極陰生。相反的是坎卦，外圈是陰，中間是陽，月亮本身不會發光，反映太陽的光，焦點集中到中心，所以月亮的中間是至陰中的至陽之氣。學醫更要懂得這個道理，陽極陰生，陰極陽生，用藥也是這樣。一件事發展到極點，反面就來了，反面在哪裡？就在他本身的中心，一動就有一靜，有陰有陽。離卦第二爻是陽中之陰，你把這一陰爻拉出來，同上面的第三、四爻連起來，這個中間變了，不是離卦了，剛好相反，中間變了，現象就變了。八卦你多去把玩，變完了，變出多少現象，每個卦名都要會背，你們沒有這些基礎，影子都沒有，你們要先把八八六十四卦背了，再給你們講離坎的變化，正中來、偏中至等等，你們現在用功，是從身體入手還是從心入手，這都是問題。

現在關起門來講真話，這是一門關於身心性命的大科學，講曹洞宗離不開《易經》這一套學問，卦象是什麼？就是境界，打坐隨時有各種境界的變化，是身心兩方面的交互影響，不光是身體的變化，也就是地水火風空、金木水火土的變化。有時閉目打坐，在黑暗的房間裡突然感到發光了，乃至五臟六腑都發亮，自以為得道了，那還不是，只不過是卦象的改變，是離卦中爻的轉變而已，所以你不要著相。

第十講　洞山良价禪師　六

二〇〇九年十二月十一日

內容提要

文字般若

白居易的禪

唯時史觀

《易經》八卦

乾卦變化

南師：所有文化的基礎在文學，文學不好，不要隨便談文化，外國文化也一樣，現代西方沒有文學，東方也沒有了。曹洞這幾代的祖師，你要注意他們怎麼修行、怎麼了脫生死，怎麼參禪用功，這是重點，這些偈頌代表了他們的見地與工夫，至於文學內容是隨便用的。

《指月錄》的編者瞿汝稷，學問非常好，花了幾十年的時間編輯這本書，集中了宋代以前禪宗的要點，可見人家學問非常淵博。可是你真要修持，不要被這個騙住了，這兩天帶你們在文字禪裡一轉，我發現你們全都被騙住了，你看看他的上堂說法和用功記錄，就丟開了文學。洞山禪師的偈頌是從文言轉向白話詩詞體，表達了他的修證工夫與見地境界，也迷惑了大家，他不是故意顯露他的文學才能，但他確實有這個本事，隨便一玩，你們參去吧。

你看看和他同時代學佛的在家人，像白居易、杜牧這一批才子，他們的文學確實高明，白居易在修行見地方面也很高明，還作官呢，人也很風流瀟灑，他有一首禪詩講工夫與見地。

須知諸相皆非相　若住無餘卻有餘
言下忘言一時了　夢中說夢兩重虛
空花豈得兼求果　陽焰如何更覓魚
攝動是禪禪是動　不禪不動即如如

這不光是文學，他自己是真用功。第一句用了《金剛經》諸相非相，把一切都推翻了，你再看〈參同契〉，「門門一切境，回互不回互」，境就是相，你閉目打坐，那個清淨就是相，你認為有個清淨，就著相了。「若住無餘卻有餘」，你覺得心裡一切空了，進入無餘依涅槃，你不要吹了，你覺得有個空的境界，已經落在有餘依了。這兩句詩很徹底，就是白話詩。「言下忘言一時了，夢中說夢兩重虛。」就像你抓住祖師的一句話「本來無一物，何處惹塵埃。」你抓住這句話去用功，那不是言下忘言一時了，那也是夢話，本來醒夢一如，還有個什麼？本來空的嘛，所以說「夢中說夢兩重虛」。

「空花豈得兼求果」，一切眾生自性本來空，應無所住而生其心，拚命打坐要得個四禪八定，修個果位，那是「空花豈得兼求果，陽焰如何更覓魚」，佛經明明告訴你，一切所作所為，人生如夢。其實大智慧人聽到一句人生如夢，已經悟道了，夢本來是空的，不需要再求個空。你打坐坐在那裡三年不動，也不過是一堆夢而已。陽焰空花，到蓬萊海島一看那個海市蜃樓，或者夏天在馬路上開車，看到前面路上都是水，那是陽焰，不是真的有水，裡頭哪有魚啊？

「攝動是禪禪是動，不禪不動即如如。」你說打坐，兩腿一盤，萬緣放下，念頭都不起，認為這個是用功，把動的收攏來不動了，一念不生，以為這個是禪定。既然有個禪定，已經不是禪了，那還是你唯心所造。「不禪不動即如如」，也不要禪，本來如是，此心放下，當下清淨。

（大眾唱唸白居易的詩。）

你看多清淨，此所謂學佛的才子，此所謂千古名詩。白居易是真學佛，他透徹得很，這首詩名為〈讀禪經〉，那個時候還沒有《指月錄》呢，但是從六祖以後，禪宗已經普及於唐朝了。下面再看第二首。

吉凶禍福有來由　但要深知不要憂
只見火光燒潤屋　不聞風浪覆虛舟
名為公器無多取　利是身災合少求
雖異匏瓜難不食　大都食足早宜休

人生前途的一切命運，只要你知道，一切在知，你天然有個知性，人生命運還要問上帝、菩薩嗎？一知便休，也是儒家的精神。「只見火光燒潤屋，不聞風浪覆虛舟」，《大學》講「富潤屋，德潤身。」現代人拚了命去買房子，暴發戶趕快蓋五星洋房，據我幾十年在國內國外居住的經歷，現代建築最難的是防水防火。換句話說，只有升官發財的人才會倒楣，沒有看到窮人倒楣，窮到了極點，還有什麼楣可倒？空船在海上飄，即便遇到颱風也不容易翻掉，反倒是裝滿的油輪最容易出事。人生就是這樣，「只見火光燒潤屋，不聞風浪覆虛舟」，把佛法給你講完了。

世人只為兩樣事情奔忙，一是求名，一是求利。名為公器，那是命運的關係，前生的因，有的人會成大名。我常常回想當年多麼了不起的人物、大學問家，看了他的著作，怎麼會有這樣的大名？名是公器，沒有理由，這個人忽然出了大名，無多取啊！不要被名騙住了。「利是身災合少求」，利多錢多禍害就多，所以人們常說一個人有沒有福氣，福有多大，氣就有多大，天天都在生氣。

你說不要名不要利去出家吧，那為什麼還叫人家付錢燒香呢？匏瓜好吃，嘗嘗就算了，拚命吃飽了又拉肚子，那是何苦呢？哪個人不求名不求利？但是不要被名利騙住了，不要執著，不要貪求。

魚能深入寧憂釣　鳥解高飛豈觸羅
熱處先爭炙手去　悔時爭奈噬臍何
樽前誘得猩猩血　幕上偷安燕燕窠

我有一言君記取　世間自取苦人多

這就是人生的境界，人活到知足常樂，差不多就趕快放手，白居易是學通了的人。「鳥解高飛豈觸羅」，鳥飛得高，就不會被別人用羅網抓住，人要學會處理自己的進退。「樽前誘得猩猩血」，古人去山上抓猩猩，用猩猩的血作藥，或是作染料，故意在山裡擺上酒菜，前面放一雙木屐，猩猩看見了好吃的，左看右看，不敢上去吃，過了好久，聞了又聞，左右看看沒有人，沒有動靜，上去又吃又喝酒，喝醉了就穿上木屐跳舞，一跌倒就被抓住了。「幕上偷安燕燕窠」，我們過去的老房子，樑上都有燕巢，燕子很辛苦的，有的是一根一根從海邊啣來小魚，堆成一個窩，結果還被人家偷去了。「我有一言君記取，世間自取苦人多」，白居易說以他的經驗看來，世間人生的痛苦大多都是自己找來的。

白居易還有一首詩，說他曉得前世三生，自己打坐記起來了。

房傳往世為禪客　王道前生應畫師
我亦定中觀宿命　多生債負是歌詩
不然何故狂吟詠　病後多於未病時

他說定中回憶起來，自己前生是這麼一個人，搞詩文搞慣了，這一生被喜歡作詩詞的習氣困住了，「病後多於未病時」，乃至生病都在作詩，越病詩越多，嘲笑自己的習氣之難改。你看這些名人的故事，就懂了佛法的道理。

本來研究曹洞宗，牽涉到《易經》的離卦，像白居易的詩一樣，洞山禪師盡管出家了，他年輕時的基礎教育對中國文化都是透徹的。從希遷、藥山、雲巖到洞山，不但通曉佛經，更通曉儒道兩家的文化，所以你看洞山禪師的悟道偈，「切忌從他覓，迢迢與我疏」，這個他，就是這個身體生命的兩重作用，一個受陰，一個知覺，色陰與受陰是一組，想陰與行陰也是一組，統統是心識所變。

以中國文化自身的立場而言，中國上古的帝王不僅是代表政治，都是內聖得道的人去作帝王，後來夏商周變成家天下，那已經落在小器中了。所以儒家文化，幾千年來並不關心朝代的更迭，你翻開中國歷史看看，上古的聖人出來作皇帝那是迫不得已，這不是「唯物史觀」，也不是「唯心史觀」，是「唯時史觀」。根據什麼？根據天文、《易經》的陰陽，告訴你們研究《易經》，先要懂得畫卦。中國人上古的這個智慧，是上個冰河時期的文化，用佛學的話來講，那是上一個空劫以前的人類文化，發展到最後，個個得道了，人類科技到了最後，毀滅了自己，智慧到了最高處，人都不用動腦筋了，坐在那裡，真是佛經上的境界，思衣得衣，思食得食，想什麼就有什麼，科技會發展到這樣。

乾為天，不止代表天，這個符號也代表陽，代表男人，在動物裡面，代表龍，坤代表馬。所以你說《易經》到底說些什麼？只要一說，開口便錯，什麼都沒有講，但是又包羅萬象。我們六、七歲時就會背了，「乾三連、坤六斷」，連到是陽，斷了是陰。「離中虛、坎中滿」，離卦代表太陽，代表火，坎卦代表水、月亮。「震仰盂、艮覆碗」，震代表雷電，像一個碗一樣仰著，上面空的開口，翻過來艮卦代表山，等於一個圓圈蓋著下面四點。「兌上缺、巽下斷」，兌卦下兩爻為陽，代表湖海，巽為風，代表天體，也可以代表生命，曹洞宗的這些祖師都透徹，偶然會提到。研究生命科學，研究中醫，這個不懂，那不要談了。請A同學畫先天八卦給大家看看。乾在上面，坤在下面，就是「天地定位」，即便你坐飛機飛到地球的下面，你頭頂上的那個虛空還是天，落腳的地方就是地。「山澤通氣」，艮為山，在右下方，斜對面是兌，代表海洋，這個大陸是浮在海上的，四方都是水，中國幾千年前就知道「山澤通氣」。假設我生在漢唐，作大元帥帶五十萬雄兵到大沙漠裡作戰，到哪裡找水喝啊？有山丘的地方可以找到水，「山澤通氣」。「雷風相薄」，東北震為雷，斜對方西南為巽，巽為風，所以雲南多風，下關的那個風之大，我們抗戰的時候開卡車到下關，上面堆滿了東西，司機只用扶好方向盤，那個風一吹，就把汽車吹動了。「水火不相射」，水與火兩不衝突，也就是佛說的四大性離，這都是物理，都是自然科學。

後天八卦就不同了，離在南，坎在北，震在東，「帝出乎震」，太陽每天從東邊出來，向西邊落下，這個後天八卦可以放在手上，你們學會後天八卦，會有用的，所以諸葛亮掐指一算，用的就是這個。上古沒有電腦，就用這個。

陰陽順逆妙難窮　二至還鄉一九宮
如人識得陰陽理　天地都來一掌中

這是依通，依靠卦象、數理來推測，什麼都可以知道。「二至還鄉一九宮」，這與氣候有關，冬至的氣與夏至的氣，冬至是一陽生，夏至是一陰生，一到九，九是陽數之極，陽極陰生，陰極陽生，中國文化都在詩詞裡，古人把那麼科學的算數、數理都變成文學。「如人識得陰陽理，天地都來一掌中。」掐指一算，天下大事都懂了，就不願再出來作官發財，皇帝都不想作了，人會提升到那樣的高度。

回轉到我們自己的身體，乾卦代表頭到虛空，坤卦代表肚子下面到腳，艮卦代表後背、督脈，學醫的人必須要懂任督二脈。離卦代表眼睛，坎卦代表耳朵，巽卦是風，代表鼻子，兌卦代表嘴巴，震卦代表心臟、中脈。這是拿先天八卦做代表，拿中醫來講，不懂這些陰陽五行，就絕對研究不了《難經》，這是講醫理。

先天卦畫三爻，後天畫六爻，上面的三爻也叫外卦，下面的三爻也叫內卦，上下內外，所以〈參同契〉講偏正回互。一年有十二個月，陰曆從每年的十一月起，以太陰為標準，陰曆每個月的十五，月亮都是完整的，從東方起來。天體是左旋，整個虛空都在轉動，地氣右轉。我們身體的氣，從娘胎裡開始，就是生命的能量在轉。天氣左旋，地氣右旋，地氣以太陰為標準。外國以陽曆算，但是這個原則可以反過來用，一樣計算得出來，看你會不會活用，這就是智慧了。這個乾卦代表完整的一年十二個月，用子丑寅卯等十二地支；十天干與五行配合，分陰陽兩類，代表天體的行為和動力。你們會背嗎？

E同學：東方甲乙木，南方丙丁火，西方庚辛金，北方壬癸水，中間戊己土。

南師：十天干配合十二地支，滿六十為一周，稱為六十花甲，裡頭有詳細的數理，幾千萬年以前的事都可以推算出來，豈止你的命運而已，中國這一套科學，到現在還有人說是偽科學，我看他們才是偽科學。

這門學問是根據地球自然的變化，為了研究禪宗我們牽涉到這些，因為天地在變，所以無常。乾卦第一爻開始變，外卦還是乾☰，內卦變成巽卦☴，巽為風，所以是天風姤卦䷫，這個姤就是男女兩個交媾的媾，本來下面也是純陽，一動就破了，生命的氣來了，變成陰的，所以「一陽初動處」，你打坐本來坐得很好，到最後兩腿發脹，下面的氣動了，可是你下面的氣脈不通，受不了只好下座。如果你受得了，氣脈通了，陽氣上升了，身體得定就直起來。你看唐代的佛像都是細腰，面帶微笑。天風姤，就是自己體內的陰陽交合，譬如再過幾天就是十一月了，就是子月，冬至一陽生，夜裡最長，從第二天開始白天漸漸變長，到夏至白天最長，氣候、光明、氣脈統統在變化。所以好的中醫懂十二經脈與氣節的關係，你去看病，他問：「哎呀，幾歲了，哪一天開始不行的？」「前兩天。」他掐指一算，看看二十四節氣，可能那兩天天氣剛晴，又起大霧，身體氣脈跟著起了變化。這是講天風姤，一陰初生。陰極陽生，譬如我們夜裡睡不著覺，因為你白天精神太旺，要給你吃一點降火藥，他的精神平靜了，就是天風姤。你夜裡睡覺，陽氣發動的時候，天風姤，這是活子時。這個原理你懂了，隨時陰陽二氣在身體內轉動，當氣很旺盛的時候，你精神百倍，性趣很高啊！情緒也衝動，容易鬧事。就像我們這裡的一位同學，我一看情況不對，大概天風姤來了，再變就是天山遯了。

第二爻再變呢，變成天山遯䷠，遯者躲開也。陰氣慢慢起來了，本來你買來一個小姑娘作童養媳，到十七、八歲，你看了也受不了，這個陽氣也不敢硬撐了，要躲著她了。

第三變是天地否䷋，這時頭腦的氣象不同了，身體內部變化較大，男女有時候睡到半夜，氣衝動起來就是這一卦來了，所以叫你趕快起來打坐煉精，就是偏正回互。當年我讀到《易經》天地否就笑，古人講得真好啊，本來空的世界蠻好，沒有地球，沒有萬物，也沒有痛苦，但是自從有了天地，有了萬物，有了男女就有了痛苦，否就是「呸」，變壞了，就否定了一切。

這三變完了，「道生一，一生二，二生三，三生萬物。」三變就到頭了，再變外卦就變成巽卦☴，上面是風，下面是地，風地觀䷓，宇宙開始了，社會文明開始看得見了。第五爻再一變，山地剝䷖，陽氣剝得只剩一爻，下面全是陰，等於一個老頭子有五個太太，陽氣只剩一口了，快要翹辮子了，陰盛極了，孤陽無偶啊，再一變就成純陰的坤卦䷁了。

冬至一陽生，下面坤卦第一爻變了，變成地雷復䷗卦。我們打坐到後來，精神好了，腿也坐不住了，正在恢復生命的機能，你過了這一關，一座下來，生命又賺回來一點了，本來可能要早死的，所以長生不死是慢慢煉自己生命的氣，十二經脈自然變化了。這個復卦是七日來復，女人全身都是陰，只有中間一點是真陽，而男人全身是陽，中間一點卻是至陰。

地雷復卦是地底下的雷起來，當年我還在臺灣的時候，美國有個教授研究雷電，他說：「打一次雷，地上就產生了好多肥料啊。」我說：「我們中國的老祖宗早就知道了，你知道雷有幾種嗎？」「雷還有幾種啊？」我說：「有十幾種雷。」天雷无妄、地雷復等等，到了驚蟄那一天，那個地下的陽氣一發動，農民就開始下種了。我們的身體也是這樣，寒病到極點，要用附子引發你的生命復陽，可是還要配合別的藥材，可不能亂用啊！

第二爻再一變呢，變成地澤臨䷒，陽氣剛剛上來。再向上一變，變成地天泰䷊，女人在上，男人在下，天下太平，男人在上，女人在下，天下大亂。再變就是雷天大壯䷡，陽氣從陰氣中一路沖上來，陰氣快要完了，陽氣快要當家了，澤天夬䷪，像一個老太婆快要死了，孫子要當家了。最後變成乾卦䷀。所以一天十二個時辰，氣脈的變化不同，你要觀察清楚，那是止觀，是境界般若，「門門一切境，回互不回互。」曹洞宗影響了唐代以後，呂純陽一系的神仙丹道學。石頭希遷禪師寫〈參同契〉，他難道不知道道家有一本《參同契》嗎？他當然知道，他就是要用這個名字，「竺土大仙心，東西密相付」，仙佛兩家都是一樣。

第十一講 洞山良价禪師 七

二〇〇九年十二月十二日

內容提要

欲見和尚
師與泰首座
蛇吞蝦蟆
問雪峰
雪峰上問訊
雪峰搬柴次
時時勤拂拭
師尋常
問僧名

問：欲見和尚本來師，如何得見？師曰：年牙相似，即無阻矣。僧擬進語。師曰：不躡前蹤，別請一問。僧無對。

古道師：一個和尚問洞山禪師：怎麼樣能見到您的師父呢？雲巖禪師已經圓寂多年了，這個時候他突然問這個問題，就比較嚴重了，等於我們自己家裡已經過世的老人，你說怎麼樣才能見到呢？結果洞山禪師說：「年牙相似，即無阻矣。」這句如果要注解，那就是我自己的注解了。

南師：你注解吧。

古道師：只要你有向道之心，自會進步，自有一天見到師父。那麼，這個和尚不明白，還想繼續再問，洞山禪師就把他擋住了說：這個問題先擱下，你還有沒有別的問題？就是不要跟著那個思路，已經給他否定了，看他還有沒有別的見解，結果那個和尚答不上話了。

師與泰首座，冬節喫果子次，乃問：有一物，上拄天，下拄地，黑似漆，常在動用中，動用中收不得，且道過在甚麼處？泰曰：過在動用中。師喚侍者，掇退果桌。

古道師：首座一般是方丈和尚座下，領眾修行的楷模，如果以部隊來講，差不多相當於指導員，負責解決思想教育問題。有一年的冬天，洞山禪師與泰首座一起吃果子、喝茶，就像今天我們這裡一樣，老師慈悲請大家吃果子、喝茶，好像日常的聊天，但也是實實在在的用功。所以果子剛擺好，洞山禪師就問首座和尚：有一個東西，上面頂著天，下邊抵著地，黑漆漆的，就在我們日常生活中，但就是看不清摸不著。那是為什麼啊？反過來說，為什麼如來自性，人人具足，一切眾生平等，時時都在日用中，那為什麼我們在日用中不能明心見性？到底我們的本來面目是什麼？

這位首座說：「過在動用中。」因為我們每天都在生活中，所以雖然有這個作用，但我們沒有覺察到。結果，洞山禪師把侍者叫來：「來來來，把這些果子收掉。」

南師：這位首座灰頭土臉，一口果子都吃不到。這個問題大家沒有解決，所以大家也沒有資格吃這個果子。

H同學：首座說：「過在動用中。」認為需要打坐修定，才能把持不動。洞山禪師就說那你還吃個什麼果子，打坐去吧。

南師：你好像可以吃果子了。他認了一邊，以為不動即是。

古道師：這個泰首座可能禪定工夫很好。

F同學：我代泰首座答一句：覺則無咎。

南師：如果你當時在座，洞山禪師這麼一問，你乾脆就說：老師啊，現在吃果子就吃果子吧。（眾笑）

F同學：那我們還是吃果子吧。

G同學：如果有人接著說，果子別拿走，留下來吃，那也是在動中用啊！

南師：對啊，那樣洞山禪師一定不反對了。

古道師：可惜他當時不在，否則可以給泰首座解圍了。

問：蛇吞蝦蟆，救則是？不救則是？師曰：救則雙目不睹，不救則形影不彰。

古道師：一個和尚問洞山禪師：蛇正在吃蛤蟆，我救牠好呢？還是不救牠好呢？你說不救，那不慈悲，如果救了蛤蟆，蛇本來就是要吃這些東西，你為什麼要偏向蛤蟆呢？順其自然，又不慈悲，實際上是非常為難的事。洞山禪師說：如果救牠，「雙目不睹」，沒看見一樣，等於說你不要帶任何成見，救就救了。如果不救牠，「形影不彰」，沒看到一樣，實際上是一個道理。那到底如何是好？

南師：你該怎麼辦？

古道師：如果是我，我轉身就走了。

南師：還有兩個公案，可以作個參考。有兩個和尚，都開悟了，兩人出門帶著方便鏟，鋤頭一樣揹著，入山時可以當作武器驅趕野獸，也可以遇見死屍隨時掩埋，慈悲方便。有一次兩人在路上見到一個死人，好可憐啊，一個和尚趕緊就地挖土掩埋，另一個和尚看都不看，問都不問，兩手一甩直接就走了。這件事後來傳到他們師父那裡，「師父啊，他們兩個都有道行工夫，到底誰對啊？」師父說：埋的是慈悲，走的是解脫。

另一段公案，有一位官員來拜見馬祖道一禪師：師父啊，我們在家學佛的人吃肉呢？還是不該吃肉呢？馬祖說：吃是中丞的祿，不吃是中丞的福。你們參參看。

問雪峰：從甚處來？曰：天台來。師曰：見智者否？曰：義存喫鐵棒有分。

古道師：雪峰義存後來也是了不起的大禪師，雲門就是從他手裡出來的。他參過洞山，洞山指點他又去參德山，義存在德山座下飽受鉗錘，有一次他和巖頭和尚行腳，在巖頭的指點下，大徹大悟，後來在雪峰宏化，雪峰就是現在福州閩侯縣。有一天，洞山禪師問義存：你是從哪裡來的？義存說：從天台來。天台山是隋代智者大師的道場，洞山禪師就問他：那你見到智者大師沒有？結果義存沒有直接回答，他說：我到您這兒來，還是值得您老人家教育的。所謂吃鐵棒就是接受棒喝，接受禪宗的教育。

雪峰上問訊。師曰：入門來，須有語，不得道早個入了也。峰曰：某甲無口。師曰：無口且從，還我眼來。峰無語。

古道師：有一天雪峰義存去拜見洞山禪師，合掌問訊，洞山禪師一看他，好像有點問題，就說：你要入門，咱們有話要說，但你不能說早已經進來了。等於說你還沒有真正明白，不用在那裡吹牛了，沒事你趕快回去吧。然後雪峰義存回答得也奇怪：老和尚要問，但我根本沒有嘴。比師父還乾脆，把那些問題都掃開了。洞山禪師說：你既然沒有嘴，那把眼睛還給我。雪峰義存又答不上來。

南師：這都是師徒間臨時的機鋒對答。

古道師：「某甲無口」，我還沒有講話啊。

南師：對，雖然沒有講話，但兩個人已經眼對眼看到了，「無口且從」，姑且不說，至少你進來向我合掌，已經看到了。

雪峰搬柴次，乃於師面前拋下一束。師曰：重多少？峰曰：盡大地人提不起。師曰：爭得到這裏？峰無語。

古道師：雪峰義存也是一場敗闕，沒事找事，替他惋惜。有一天，他挑柴火的時候在師父面前扔下一束，那不是輕輕地放下，師父可能正在那裡打坐，他把一綑柴扔到師父面前：你看我們累成這樣，老和尚坐著倒是清閒。洞山禪師就問他：這綑柴到底有多重？義存說：重得很啊，全天下人一起抬都抬不動！洞山就問：全天下人都抬不動，那這東西怎麼到我面前的？雪峰義存就沒話說了。洞山問他多少斤，這個時候不回答還好，因為明明是他扛來扔到這裡的，他說全天下人一起抬都抬不動，不是自說妄語嗎？

南師：這是在因明邏輯上犯了錯誤。

古道師：所以還是老和尚高明，雪峰無語是自然的。

問：時時勤拂拭，為甚麼不得他衣鉢？未審甚麼人合得？師曰：不入門者。曰：秪如不入門者，還得也無？師曰：雖然如此，不得不與他。卻又曰：直道本來無一物，猶未合得他衣鉢，汝道甚麼人合得？這裏合下得一轉語，且道下得甚麼語？時有一僧，下九十六轉語，并不契，末後一轉始愜師意。師曰：闍黎何不早恁麼道。別有一僧密聽，秪不聞末後一轉，遂請益其僧。僧不肯說。如是三年相從，終不為舉，一日因疾，其僧曰：某三年請舉前話，不蒙慈悲，善取不得惡取去。遂持刀白曰：若不為某舉，即殺上座去也。其僧悚然曰：闍黎且待，我為你舉。乃曰：直饒將來，亦無處著。其僧禮謝。

古道師：有個和尚問洞山禪師當年五祖傳法的公案，神秀與惠能的兩首偈子，一個說時時勤拂拭，一個說本來無一物。他說妄念來了，打掃乾淨，保任清淨，那也沒有錯，為什麼五祖不把衣鉢傳給神秀？到底什麼樣的人有資格得到衣鉢呢？洞山禪師說：不入門的人可以得到。這個和尚就說：我就是不入門的，你把祖祖相傳的那個傳給我好不好？洞山禪師說：「雖然如此，不得不與他。」六祖雖然沒有入門，還沒有正式剃頭出家，但已經悟到自性本來如如不動，從來就沒有染污過，威音王以前如此，到彌勒下世還是一樣，那個佛性都沒有缺失啊！無論帝王或是乞丐，本來如是，所以不得不給他。洞山禪師又說：「直道本來無一物，猶未合得他衣鉢，汝道甚麼人合得？這裏合下得一轉語，且道下得甚麼語？」惠能說本來無一物，實際上不該得人家衣鉢，就在這裡，你下一句轉語，說說看什麼人該得？這時有一個和尚可能辯才無礙，連說了九十六句，但是都不合洞山禪師的意，都不認可他。最後他又說了一句，洞山禪師終於滿意了：老弟，你怎麼不早說這個話呢？

另外有一個和尚聽到這些話，但是他沒有聽到最後那一句轉語，心裡很納悶，就一直追著那個和尚：你給我講一下，你最後那一句到底是什麼？那個和尚不肯告訴他。就為了這一句話，他就當侍者跟著那個和尚，服侍了三年，古人可愛到這樣，恭敬做飯、洗衣，很辛苦的，三年下來很不容易啊！比六祖還辛苦，六祖跟著五祖搗米三年，一條腿變得很粗，我們小時候也幹過，搗辣椒麵，要把眼睛蒙起來，不然一刮風就很難受了。

他作侍者三年，你看多可憐，結果那個和尚就是不給他講，他辛苦了三年，身體也生病了，快不行了，最後狠下心，拿了一把刀，逼著那個和尚：我跟了你三年，那麼恭敬，你都不給我講，反正我已經病得不行了，今天就給你來狠的，你再不給我講，我就把你殺了。那個和尚也被嚇到了：唉喲，法師法師，你別著急，我可以給你講，但是那是我悟的境界，不是你的啊！老師常說不把佛法當人情，那個和尚被人拿刀逼著，還是堅持原則，也很了不起。結果這個和尚一聽，就明白了，作禮拜謝，但他也沒說明白了什麼。

問：師尋常教學人行鳥道，未審如何是鳥道？師曰：不逢一人。

曰：如何行？師曰：直須足下無私去。曰：秖如行鳥道，莫便是本來面目否？師曰：闍黎因甚顛倒？曰：甚麼處是學人顛倒？師曰：若不顛倒，因甚麼卻認奴作郎？曰：如何是本來面目？師曰：不行鳥道。

古道師：我一聽這個就頭疼了，鳥道不好走啊，想問個路都沒有人，你說是什麼滋味？一個和尚問洞山禪師：師父啊，你平常教我們要走鳥道，不知道什麼是鳥道啊？一種理解可以說是崎嶇的小路，孤寂寂寞。還有一種解釋是沒有蹤跡，鳥在空中飛，影子都沒有，修行人處處不留痕跡，不執著一切善與惡。洞山禪師說：「不逢一人。」這條路上見不到一個人的。

南師：從來古道少人行啊。

古道師：這個和尚問：那怎麼走呢？洞山禪師說：「直須足下無私去。」你就當下一念，如石頭沉水，一沉到底。你就那麼走，不要有什麼私心妄想，都別掛懷了，你就坦蕩走下去就對了。你已經到洞山來了嘛，繼續修下去就對了。這個和尚問：難道這樣就是本來面目嗎？洞山禪師說：你咋又顛倒了？剛才說的還像個道人的話。和尚問：我哪裡顛倒了？洞山禪師說：你如果不顛倒，那為什麼把奴才當成自己的兒子了？也就是認賊作主的道理，宗門下經常比喻把錯誤的妄想知見當作自己的主人公。

那個和尚又問：如何是本來面目？這樣不對，那樣也不對，那你說到底什麼是本來面目？到底什麼是佛性？洞山禪師說：不走鳥道。

問僧：名甚麼？曰：某甲。師曰：阿那個是闍黎主人公？曰：見祇對次。師曰：苦哉苦哉，今時人例皆如此，祇認得驢前馬後底，將為自己，佛法平沉，此之是也，賓中主尚未分，如何辨得主中主？僧便問：如何是主中主？師曰：闍黎自道取。曰：某甲道得即是賓中主，如何是主中主？師曰：恁麼道即易，相續也大難。遂示頌曰：

嗟見今時學道流　千千萬萬認門頭

恰似入京朝聖主　秖到潼關即便休

古道師：洞山禪師問一個和尚：你叫什麼名字？那個和尚回答了名字。洞山又問：哪個是你的本來面目？和尚說：就是當面這個，你不是見到了嗎？洞山說：苦哉苦哉，現在的人大多跟你一樣，只認得驢前馬後，光影門頭，似是而非，讓你們這樣玩下去，佛法就完了。像你這樣，賓中主都不認得，如何辨得主中主？

老師經常說：好啊好啊，你們以這點水平學禪學道，不是浪費我時間嗎？但是沒有辦法，只能說好啊好啊。六塵都算是賓，都在作用當中，我們的本來面目呢？也在作用中，在日常生活中要認得這個，在一切賓位中，有一個真正不變的主，連那個都沒有認清楚，如何辨得主中主？一切日用中，本來清淨，當下本來就偏一切處，連那個都不知道，你還問什麼主中主啊？你想找這個，別扯了，趕快住茅蓬去吧。

一提到主中主，那個和尚就藉著這個話又問：如何是主中主？主人公就是主人公了，為什麼還有個主中主？以唯識來講，日常生活中，我們的妄想分別是第六意識的作用，非常能幹非常了不起，上天入地無所不能，像喝酒不是我喝的，他的後面還有個主人呢，那個他不喝酒的，所以祖師講一日三餐沒咬過一粒米啊。

如何是主中主？洞山說：「闍黎自道取。」你自己回答啊，主人公不在我這裡，在你那裡，你要認得自己的主人啊！那個和尚說：「某甲道得，即是賓中主。」我即便能回答這個，還是妄想分別事。軍中掛帥的那個還是帥，不是王，所以還是您老人家慈悲，請您講講吧，到底什麼是主中主？到底什麼是本來面目？洞山禪師說：「恁麼道即易，相續也大難。」好啊，像你這樣說還好，做到相續就難了，那就給你說一首偈吧：

嗟見今時學道流　千千萬萬認門頭
恰似入京朝聖主　只到潼關即便休

洞山禪師非常感嘆，現在學道修行的人千千萬萬，大家都是在光影門頭認那一點影子而已。本來我們是要到京城見皇上的，結果還沒有到長安，走到潼關就休息了，誤以為已經到長安見到皇上了，得少為足。

第十二講　洞山良价禪師　八

二〇〇九年十二月十三日

內容提要

有僧不安
因夜參
問僧甚處來
僧問茱萸
洗鉢次
三身之中
問僧作甚麼
陳尚書問師
僧問如何
師與雲居
上堂有一人
官人問
上堂還有
師有時曰
師不安
將圓寂
僧問和尚
師示頌曰
乃命剃髮

有僧不安，要見師。師遂往。僧曰：和尚何不救取人家男女？師曰：你是甚麼人家男女？曰：某甲是大闡提人家男女。師良久。僧曰：四山相逼時如何？師曰：老僧日前也向人家屋簷下過來。曰：回互不回互？師曰：不回互。曰：教某甲向甚處去？師曰：粟畬裏去。僧噓一聲曰：珍重。便坐脫。師以拄杖敲頭三下曰：汝秖解與麼去，不解與麼來。

古道師：有個和尚身體不舒服，快要走了，一定要見洞山禪師，洞山就去看他了。這個和尚問：師父，你要趕快救救人家的兒女啊！洞山問他：你是什麼人家的兒女？和尚說：我是大闡提人家的兒女。大闡提就是沒有善根的大惡人，歷史上佛教曾經討論過大闡提人能不能成佛，道生法師主張可以，因此被大眾趕走，後來的佛經翻譯過來，原來佛說大闡提人也有佛性，也能成佛。

南師：地獄眾生有一天悟道了，也可以成佛，無間地獄的眾生是大闡提。這個和尚問洞山：師父啊，你怎麼不救救人家的兒女啊？洞山問：你是什麼人家的兒女？他回答：我是大闡提人家的兒女，永遠不會成佛的人。洞山禪師沉默了很久，沒有講話。這個人是很有心得，自己快要死了，講這個話，洞山聽了就不講話了。

古道師：和尚又問：「四山相逼時如何？」我們色身是地水火風四大所成，四大逼迫的時候，非常痛苦，我該怎麼辦？洞山說：「老僧日前也向人家屋簷下過來。」

南師：我們都是一樣從娘胎裡出來的。

古道師：那個和尚問：「回互不回互？」

南師：這裡問題就嚴重了，死去還再來不來？前生後世有沒有關係？也可以用工夫轉變色身，好不好？內容包含很多了。

古道師：四大色身快不行了，但他有工夫可以回互，這個時候要不要留下來？

南師：也可以說走了以後，還來不來？很多意義都在內，這個和尚很了不起。

古道師：洞山說：「不回互。」別管他了，該走就走吧。然後那個和尚又問：你叫我去哪裡？你既然說不管了，那我到哪裡去好呢？

南師：洞山說不回互，當下即是，還問什麼來去？那個和尚又問：那你叫我去哪裡啊？洞山說：「粟畬裏去。」等於稻穀，脫殼就走了嘛。

古道師：你把這個扔了就走了。

D同學：粟畬這個辭沒有查到，畬本意是在播種前把地上的草木燒了，用作肥料，指刀耕火種的田地。也可以說這個「粟畬裏去」，就是四大還歸於四大，歸於大地。

古道師：四大想扔哪兒扔哪兒，別管他了。

南師：四大歸於本位。

古道師：這個和尚一聽，噓——，明白了。

南師：噓——，這口氣一呼出去，就走了。

古道師：他說了一聲珍重，師父啊，你保重，然後兩腿一盤就走了。

洞山禪師用拐杖敲了那個和尚的頭三下，說：你只知道這樣走，不知道怎麼來。

南師：坐脫立亡有把握，怎麼再來轉生，還不懂呢。

古道師：等於道虔禪師說他的師兄：「坐脫立亡即不無，先師意未夢見在。」等於說還沒有究竟，還沒有大徹大悟，但是工夫已經很了不起了。

南師：既然有這個工夫，就把這個爛房子重修一下嘛。

因夜參不點燈，有僧出問話，退後，師令侍者點燈，乃召適來問話僧出來。其僧近前，師曰：將取三兩粉來，與這個上座。其僧拂袖而退，自此省發，遂罄捨衣資設齋。得三年，後辭師。師曰：善為。時雪峰侍立，問曰：秖如這僧辭去，幾時卻來？師曰：他秖知一去，不解再來。其僧歸堂，就衣鉢下坐化。峰上報師，師曰：雖然如此，猶較老僧三生在。

南師：洞山座下眾人的用功，非常注重禪定工夫與般若見地。

古道師：有一天夜參，沒有點燈，有個和尚出來問話，問過以後就退回僧眾中去了，洞山禪師趕緊叫侍者點燈，並問剛才是誰問的啊？快站出來。那個和尚就從僧眾中走出來，洞山禪師說：給這個上座拿三兩粉。上座是對出家人的一種尊稱，但是這個和尚把袖子一甩又退下去了。

南師：洞山禪師說給他拿三兩粉，擦得白亮一點，以免夜裡看不清楚。這個和尚聽到這樣講，把袖子一放下來就歸隊了。

古道師：這個和尚自此省發，「遂罄捨衣資設齋」。若有省悟，得了個入處，就把自己的財物都變賣了，換錢用來設齋供養大眾，這樣過了三年。

南師：什麼身外之物都捨掉了，供養大家吃飯，修一些功德。

古道師：這樣過了三年以後，有一天他向洞山禪師告假，洞山說：你好自為之吧。這時雪峰義存作侍者站在旁邊，他問洞山：這個和尚告假，不知道他什麼時候再來啊？洞山說：以他的程度，只知道怎麼走，還不知道怎麼來。他走的時候有把握，沒有痛苦，再來就沒有把握了。那個和尚回到住處，把衣鉢放得很恭敬端正，自己搭衣坐好，非常莊嚴地走了。雪峰就把這件事上報給洞山禪師，洞山說：你別看他走得這樣瀟灑，他要真的成就，還要再來三次。

南師：他還不曉得過去現在未來三世的自由來去，自由轉化還不懂。也可以說，雖然如此，還不如老僧現在還在。總之，還不許可他，當年禪宗的道場，大家坐在一起是這樣用功，尤其洞山門下，坐脫立亡也是常事。

問僧：甚處來？曰：遊山來。師曰：還到頂麼？曰：到。師曰：頂上有人麼？曰：無人。師曰：恁麼則不到頂也。曰：若不到頂，爭知無人。師曰：何不且住。曰：某甲不辭住，西天有人不肯。師曰：我從來疑著這漢。

古道師：洞山禪師問一個和尚：你從哪裡來？和尚說：我剛遊山回來。

洞山問：那你到頂了沒有？你工夫咋樣了？和尚說：到頂了。洞山問：山頂上有人嗎？你還有個悟道的在嗎？和尚說：沒有人。等於人我皆空了，這是非常自肯的話。洞山說：那你還不算到頂。人我皆空還不算數。和尚說：如果沒有真正到那裡，我哪裡知道上面沒有人呢？

南師：以教理而言，是證到人空境界。

古道師：洞山說：「何不且住？」你為什麼不住在那個境界上呢？等於說把持住那個境界。

南師：就是剛才講的，不是四大痛苦嗎？真有見地工夫，也可以把四大重改一下，你怎麼不定住在那裡？

古道師：那個和尚說：「某甲不辭住，西天有人不肯。」洞山就說：「我從來疑著這漢。」

南師：我是可以住在那裡，但是西天的一切大阿羅漢、菩薩說不好。洞山禪師說：我從來對他就注意了。這個和尚有成就，比前面兩個都高明。

古道師：洞山一直關注著他，還不錯的意思。大叢林裡跟著洞山禪師的人很多，沒有白注意他。

僧問茱萸：如何是沙門行？萸曰：行則不無，有覺即乖。別有僧舉似師。師曰：他何不道未審是甚麼行？僧遂進此語。萸曰：佛行佛行。僧回舉似師。師曰：幽州猶似可，最苦是新羅。僧卻問：如何是沙門行？師曰：頭長三尺頸長二寸。師令侍者持此語問三聖然和尚，聖於侍者手上掐一掐。侍者回舉似師，師肯之。

古道師：有個和尚去請教茱萸和尚：如何是沙門行？怎樣才是出家人的修行？茱萸說：「行則不無，有覺即乖。」出家人的修行，說起來是有方法的，但是一起心動念，一沾上思慮，那已經錯誤了，就不對了，與自性是不相應的。

南師：可以那麼說。茱萸說修行是有，如果認為自己真得道了，有個覺在，已經不對了，有個悟在，就不對了。認為圓明覺性有個圓陀陀、光爍爍在，早就不是了。

古道師：另外有個和尚把這段對話講給洞山禪師，洞山說：為什麼不問他到底什麼是沙門行呢？實際上都是在問到底什麼是明心見性，祖師們對具體的修行法門不在意，聽都不聽，都是在討論如何明心見性，所謂沙門行，就是祖師意。這些話又傳到茱萸和尚那裡，茱萸說：「佛行佛行。」我的理解這是誇獎洞山禪師，然後這個和尚又跑去給洞山講了。這個和尚跑得蠻勤的，不知道兩地隔有多遠？

A同學：茱萸在湖北鄂州。

I同學：「佛行佛行。」這是他誇洞山，還是指自己的行為是佛行？

南師：是誇洞山。

古道師：這個傳話的和尚給洞山禪師講了，洞山說：「幽州猶似可，最苦是新羅。」

南師：幽州在河北，新羅是韓國了，不要到了河北就以為到了韓國，那還差一點。

古道師：洞山禪師對茱萸和尚的答覆是不認可的。

南師：一半認可。

古道師：我查了一下，朝鮮北部的一些地區，當時都屬幽州管轄，幽州再往北才是新羅，等於還在路上。

南師：工夫、見地還差一段。

古道師：這個傳話的和尚就問洞山禪師：那請您說說看，到底如何是沙門行？

南師：這個傳話的和尚也是內行。

古道師：洞山禪師回答：「頭長三尺，頸長二寸。」你別問這些顛倒話了。

南師：那不是頭上安頭嗎？

古道師：「師令侍者持此語問三聖然和尚，聖於侍者手上掐一掐。侍者回舉似師，師肯之。」老和尚們也喜歡玩這個，一句話說過了就過了吧，還讓侍者去問三聖然和尚，三聖然聽了就在侍者的手上掐了一下，也沒有講話。侍者回來向洞山禪師一說，洞山對三聖然和尚還是認可的。

D同學：如何是沙門行？茱萸和尚回答：「佛行佛行。」這個地方露出破綻，所以洞山不肯，只講佛行，沒有講非佛行，只說了一半。

A同學：鄂州茱萸和尚在《指月錄》卷十一，鎮州三聖慧然和尚在卷十七。

古道師：看來古代這些師父們也是經常互通信息。

南師：和尚們吃飽了飯，跑來跑去，只為這件事，認真得很，為這個跑江湖，不知道磨穿了多少草鞋。

洗鉢次，見兩烏爭蝦蟆。有僧便問：這個因甚麼到恁麼地？師曰：秖為闍黎。

古道師：有一天，大家吃完飯洗鉢的時候，看到有兩隻鳥在爭一隻蛤蟆，一個和尚就問洞山禪師：這是什麼原因讓兩隻鳥爭來爭去？洞山說：就是因為你啊。

E同學：本來是很平常的現象，是你在這裡妄起分別。

南師：都是因為人、我、眾生，都要為了自己吃飽。

古道師：因為都有個我。

問：三身之中，阿那身不墮眾數？師曰：吾嘗於此切。

古道師：有個和尚問：法報化三身，哪個不墮入輪迴？洞山禪師說：「吾嘗於此切。」

E同學：可不可以這樣理解，這個和尚問三身中哪個不墮入輪迴，事實上洞山回答得很巧妙：我也曾把他們分開。事實上三身是不能分的。

南師：E同學講得對。要墮輪迴，三身都在輪迴，要跳出來，都跳出來。你說地獄眾生有三身嗎？有啊，自性本自具足，下了地獄，三身都下地獄。

問僧：作甚麼來？曰：孝順和尚來。師曰：世間甚麼物最孝順？僧無對。

古道師：洞山禪師問一個和尚：你來幹什麼？和尚說：我是來孝順您的。洞山就問：世間什麼東西最孝順？那個和尚答不出來了。

南師：如果I同學當時在，他會答覆：《指月錄》最孝順。

陳尚書問師：五十二位菩薩中，為甚麼不見妙覺？師曰：尚書親見妙覺。

古道師：有一個陳尚書問洞山禪師：五十二位菩薩中，為什麼沒有妙覺菩薩？洞山說：「尚書親見妙覺。」

南師：換一句話，你就是嘛。

E同學：每一個人都是妙覺。

僧問：如何是青山白雲父？師曰：不森森者是。曰：如何是白雲青山兒？師曰：不辨東西者是。曰：如何是白雲終日倚？師曰：去離不得。曰：如何是青山總不知？師曰：不顧視者是。

D同學：「青山白雲父」，可以說青山白雲是從哪裡來的，「不森森者是」，森森就是森羅萬象，超越相外的法相是根本，能生萬相但不住於一相。

南師：如何是白雲青山兒？「不辨東西者是。」一念無明。什麼是「白雲終日倚」？你們每天在這裡幹什麼？

古道師：洞山禪師說：「去離不得。」想丟也丟不掉，想離也離不了。

南師：想進進不了，想退也放不下，一片白雲橫谷口，幾多歸鳥盡迷巢。

古道師：「如何是青山總不知？」洞山說：「不顧視者是。」

南師：我們現在就是青山總不知啊。

古道師：生生世世在輪迴中，但是又不知道。

E同學：「不顧視」，沒有攀緣，一攀緣就不是了。

D同學：「顧視」是識陰境界，有動念分別，有所不安，有所追求，都是識陰境界，也包括行陰，本來不知不覺，有所知有所覺就是顧視，形象化的看這兒看那兒，就是有所不安，有所判斷。

師與雲居過水。師問：水多少？居曰：不濕。師曰：粗人。居卻問：水深多少？師曰：不乾。

古道師：一個說不濕，一個說不乾。有一天，洞山、雲居師徒二人一起走路，路過一條河，洞山問：這水有多深？雲居說：「不濕。」沒有關係，不會濕鞋的，過去吧。洞山說：「粗人。」你這個粗心大意的人。雲居反問他：師父，那你說說水有多深？洞山說：「不乾。」乾不了，浸到水裡還能乾得了，有染污了嘛。

E同學：般若本自具足，不會蒸發也不會乾枯，用般若比水，用水來起話頭。雲居說「不濕」，是想跳開不管水深水淺，都濕不到我，我不染就是了。洞山說他真是個粗人，這只是初步的認識。雲居就反問：師父，那您說水有多深啊？洞山說：「不乾。」這個般若本體了了常明，不生不滅，不增不減，不會乾，也不會不乾。

上堂：有一人，在千人萬人中，不背一人，不向一人，你道此人具何面目？雲居出曰：某甲參堂去。

古道師：有一天上堂，洞山禪師說有一個人在千人萬人裡，不會違背一人，也不會向著一人，你說這是什麼人？雲居出來說：我去禪堂打坐去。

E同學：人在人群中，因為有前胸後背，不可能既不背著誰，又不向著誰，這是不存在的。但他說的實際上不是人的身體，是指人的本來面目是什麼？這也沒法回答，雲居就說：我去打坐吧。

官人問：有人修行否？師曰：待公作男子即修行。

古道師：有一個作官的人來問：這裡有修行人嗎？洞山禪師說：等到你作男子時就修行。

上堂：還有不報四恩三有者麼？眾無對。又曰：若不體此意，何超始終之患？直須心心不觸物，步步無處所，常無間斷，始得相應，直須努力，莫閒過日。

古道師：有一天上堂，洞山禪師問：你們有誰不報三界眾生的四重恩？大家都答不上來。佛教常講：上報四重恩，下濟三途苦。肯定都是想要報恩，他這樣說，等於問有沒有忘恩負義的人？所以誰也不敢出來回答。然後洞山又說：「若不體此意，何超始終之患？」如果不明白這個道理，那怎麼可以超脫生死輪迴的憂患呢？「直須心心不觸物」，一切時時處處，每一念都不能執著於某一境界，「步步無處所」，一切不執著，「常無間斷」，覺性靈明，事來則應，事去不留，「始得相應」，修行才有希望，「直須努力，莫閒過日」，就這樣好好努力，不要空過光陰。

南師：行住坐臥打成一片，這才是真修行。

D同學：前面問還有不報四重恩的人嗎？應該是指證到無相的人。

南師：那是大徹大悟了。

D同學：洞山禪師說如果沒有這個體會，那怎麼了生死呢？只好從「心心不觸物，步步無處所」，這樣漸漸修習。

師有時曰：體得佛向上事，方有些子語話分。僧問：如何是語話？師曰：語話時闍黎不聞。曰：和尚還聞否？師曰：不語話時即聞。僧問：如何是佛向上人。師曰：非佛。

古道師：有時洞山禪師開示：向上一路，你真的明白了，也就是當下大徹大悟，才跟你有說話的份。有人問：大徹大悟的人，準備講什麼話？洞山說：真正講話時，法師你聽不到了。那個人說：你說我聽不到，那師父您能聽到嗎？洞山說：不說話時能聽到。那人問：怎麼樣才是大徹大悟的人啊？洞山說：那不是佛了。還有個大徹大悟在，就不是了。

師不安，令沙彌傳語雲居，乃囑曰：他或問和尚安樂否？但道：雲巖路相次絕也。汝下此語，須遠立，恐他打汝。沙彌領旨去，傳語聲未絕，早被雲居打一棒。

古道師：洞山禪師身體不安，快要辭世了，讓侍者去給雲居傳個話：他如果問我身體好不好，你也別說好不好，只跟他講雲巖先師傳下來的這個法脈快要沒人接了。但是你說完這個話要趕快躲開，小心雲居打你啊。侍者帶著話去見雲居，結果話還沒說完，就被雲居打了一棒。

將圓寂，謂眾曰：吾有閒名在世，誰人為吾除得？眾皆無對。時沙彌出曰：請和尚法號？師曰：吾閒名已謝。

古道師：洞山禪師快要圓寂了，他說：這幾十年來，我在外有點小名，誰能幫我抹去這個虛名？大家都沒有說話，有一個沙彌出來說：師父，您法號上下？洞山說：我已經沒有虛名了。洞山說他有虛名在外，那個沙彌說我們都不知道你叫啥，你說你有啥虛名？

僧問：和尚違和，還有不病者也無？師曰：有。曰：不病者還看和尚否？師曰：老僧看他有分。曰：未審和尚如何看他？師曰：老僧看時不見有病。師乃問僧：離此殼漏子，向甚麼處與吾相見？僧無對。

古道師：洞山禪師快要圓寂了，有個和尚問：師父，你四大違和，身體欠安，那還有個不生病的沒有？洞山說：有啊。和尚問：那個不病的看著你嗎？洞山說：我看他沒有問題。和尚問：不知道師父您怎麼看他？洞山說：看他的時候，病就沒有了。洞山又問那個和尚：我離開這個身體以後，在什麼處再相見啊？那個和尚答不上話了。

師示頌曰：

學者恒沙無一悟　過在尋他舌頭路
欲得忘形泯蹤跡　努力慇懃空裏步

古道師：洞山禪師臨走作了一首偈，感嘆學道的人像恒河沙一樣多，卻沒有一個真正悟道的人，什麼原因呢？「過在尋他舌頭路」，都在抓著佛陀、祖師的教語，把別人悟道的話橫在心中，當作真實，自己在光影中打妄想。「欲得忘形泯蹤跡」，真正做到忘身，身心脫落，見到本來面目，「努力慇懃空裏步」。

南師：那要認識空了。

乃命剃髮澡身披衣，聲鐘辭眾，儼然坐化。時大眾號慟，移晷不止，師忽開目謂眾曰：出家人心不附物，是真修行，勞生惜死，哀悲何益？復令主事辦愚癡齋，眾猶戀慕不已，延七日食具方備，師亦隨眾齋畢。乃曰：僧家無事，大率臨行之際，勿須喧動。遂歸丈室，端坐長往。當咸通十年三月，壽六十三，臘四十二，謚悟本禪師。

古道師：頭髮剃好，洗澡披衣，向大家敲鐘辭別，安然坐化。這時大家放聲痛哭：我們還沒有成就，師父把我們扔下就走了。對洞山禪師非常依戀。

E同學：「移晷不止」，就是一直哭到天黑，大家還不停，洞山忽然眼睛睜開了。

古道師：洞山睜開眼說：出家人哪還有什麼好留戀的？「心不附物」，才是真修行人，「勞生惜死」，是不應該的啊？你們這樣有什麼意義？讓當家和尚過來，安排這些愚癡的和尚們再吃一頓齋飯，大家非常留戀師父。

E同學：「延七日，食具方備。」這些和尚們故意搞了七天，才把食物、用具準備好，故意拖延時日。

古道師：「師亦隨眾齋畢」，洞山禪師請大家吃愚癡齋，吃完飯說：出家人沒什麼了不起的事，但是，一般出家人要走的時候，還是要安靜一點，不要喧鬧打擾他。然後回到自己的方丈室裡，結趺端坐，這回真走了。當時是唐懿宗咸通十年三月，世壽六十三年，作和尚四十二年，可見他是二十一歲到嵩山受戒。後來皇帝追謚，稱為悟本禪師。

第十三講　曹山本寂禪師　一

《指月錄》卷十八

二〇〇九年十二月二十日

內容提要

撫州曹山

示眾曰凡情

僧問學人

問沙門

問眉與目

師示眾云

雲門問

問家貧

師問德上座

鏡清問

問教中道

南師：六祖以後，他的兩位大弟子推開了中國禪宗的內涵，一位是南嶽懷讓，一位是青原行思。行思下來是石頭希遷、藥山惟儼，藥山有三位了不起的弟子道吾、雲巖、船子，然後是夾山、洛浦，這一系後來受中國文學的影響太大了，他們的說法、修行、見地與工夫，大部分走唐代文學的路線。

以中國文學的演變史來看，初唐詩文是一種風格，中唐又是一種風格，到晚唐元稹、白居易以後，配上這些禪宗大師，文學氣味非常深厚，所以大家讀起來比較難了。可是從雲巖以後，到洞山、曹山這一路的風格不同，如何了生死的修持另走一路，流傳至今，自有他的道理。前幾天你們討論為什麼稱為曹洞宗，那是從曹山禪師開始，因為尊重六祖的曹溪，然後在江西另開一個曹山道場，他同夾山、洛浦這一邊的門派特徵、教育方法完全不同。

撫州曹山本寂禪師。泉州莆田黃氏子，少業儒，年十九，往福州靈石出家，二十五登戒，尋謁洞山。山問：闍黎名甚麼？師曰：本寂。山曰：那個聻。師曰：不名本寂。山深器之。自此入室，盤桓數載，乃辭去。山遂密授洞上宗旨，復問曰：子向甚麼處去？師曰：不變異處去。山曰：不變異處豈有去耶？師曰：去亦不變異。遂造曹溪禮祖塔，自螺川還，止臨川，有佳山水，因定居焉。以志慕六祖，乃名山為曹。

古道師：撫州就在現在江西臨川附近，實際上江西中部的宜黃，歐陽竟無的家鄉也在那邊。

南師：宋代的歐陽修、王安石、黃山谷、文天祥這些人都是臨川文化的人物，與江浙文化不同。

古道師：禪師出生福建莆田，俗家姓黃，從小讀儒家經典，十九歲的時候到福州靈石出家，二十五歲受具足戒成為比丘了。後來慢慢尋訪到洞山那裡，洞山禪師就問他：和尚你叫什麼名字？他回答：「本寂。」洞山說：是哪個寂？曹山又說：「不名本寂。」

南師：等於沒有本寂，本寂是本體的意思，沒有本體。

古道師：「山深器之。」一看這個年輕人非常不一樣，很器重他，

「自此入室」，就跟在洞山身邊，學習了好幾年。曹山要離開的時候，洞山把禪宗密付給他，然後又問他：你準備去哪裡呢？曹山說：去一個沒有變化的地方。洞山問：沒有變化的地方還有個來去嗎？曹山說：去了也不變。

南師：他還是在師父的附近，不會離開多遠。

古道師：曹山本寂禪師遊方至曹溪，朝拜六祖塔，從螺川回到臨川，在宜黃附近看到山水非常漂亮，就在那裡定居下來。因為非常仰慕六祖大師，就把這裡名為曹山。

示眾曰：凡情聖見，是金銷（鎖）玄路，直須回互，夫取正命食者，須具三種墮，一者披毛戴角，二者不斷聲色，三者不受食。時有稠布衲問：披毛戴角是甚麼墮？師曰：是類墮。曰：不斷聲色是甚麼墮？師曰：是隨墮。曰：不受食是甚麼墮？師曰：是尊貴墮。乃曰食者即是本分事，知有不取，故曰尊貴墮。若執初心，知有自己及聖位，故曰類墮。

南師：這裡的「金銷」應該是「金鎖」。以前我親眼看到刻經的徒弟少刻兩筆就交差了，所以不要認為古書一定不錯，古書的錯字很多的。「凡情聖見，是金鎖玄路」，我們學佛，以世俗的觀念，凡夫的感情，那是迷信，想跳出三界外，想得道，那是普通人的情緒，讀了佛經以後，要怎麼樣四禪八定，要怎麼修行，怎麼得道，要持戒布施，這些信解，不過是凡夫普通的知識，你想用功得到明心見性，統統不對，都把你困住了。真要入乎其內，出乎其外，既非凡夫的見解，又不落在宗教經典的文字困擾中，則可以參禪修行了。所以凡情聖見都不對，「直須回互」，你佛學不通，道理不明，學佛幹什麼？這些都有關聯。

佛法講「正命食」，我們活著要謀生，無論在家出家，要吃正飯，就是應該吃的飯，像現在廟上和尚賣香、算命，誘騙人家亂七八糟，那叫邪命食，吃這一口飯不是正命。我們讀書畢業以後，做生意也好，教書也好，或者規規矩矩找個工作，辛苦賺錢吃飯，都是「正命食」。

出家學佛修道，首先要發心，具備三種精神：第一種「披毛戴角」，準備作牛作馬。牛是給人家耕田，馬是給人家騎的，學菩薩道要發心為眾生服務，得道以後也不是自己高高在上，而是大慈大悲，為度眾生披毛戴角。以政治而言，作公務員為人民服務，中國一百年來，講在政府裡做事是人民的公僕，人民的傭人，推翻滿清以後，開始有警察，說警察是人民的保姆，同樣的道理。出家人修行，首先準備自己掉下去，要有地藏王菩薩的精神，我不下地獄，誰下地獄。

第二種墮，「不斷聲色」。現在全中國的市民，吃飽飯沒有事，卡拉OK，吃花酒，看電影，都是聲色。「不斷聲色」，就是混跡其中，在聲色場中，在混亂中看你怎麼修行。

第三種墮，「不受食」。人怎麼可以不吃飯，學佛修道，不食人間煙火，那是工夫了。

曹山禪師這樣講，下面有個很有名的稠布衲，一年到頭只穿一件衣服，他出來問：披毛戴角是什麼墮？曹山說：「是類墮。」學菩薩道要學布施、愛語、利行、同事。布施自己的所有，供養眾生；愛語是對待別人，不要自己高高在上，看到人擺起死相，學佛學道的面孔，對任何人都很親切；利行，自己一切的動作行為，都利益他人，做世間應該做的事，孝順父母，利益社會；對老闆，對同事、下屬，都要做到這些，一切眾生平等，不要高高在上。

古道師：稠布衲又問：不斷聲色是什麼墮？「師曰：是隨墮。」

南師：隨順眾生。我講《一個學佛者的基本信念》，普賢菩薩告訴我們：恒順眾生。大家需要的，我就幫助大家做到。

古道師：稠布衲又問：不受食是什麼墮？「師曰：是尊貴墮。」

南師：最高貴的人不食人間煙火，世俗要吃，我不吃了，這是太高貴了。出家學佛獨立而不倚，跳出三界外，不在五行中。

古道師：「乃曰食者即是本分事，知有不取，故曰尊貴墮。」

南師：大家都要吃飯。曹山為什麼這樣講呢？以前北京白雲觀有副對聯講得好：「世上莫若修行好，天下無如吃飯難。」人世間的大好事就是修行，但是人在這個世界上，要吃一口飯，是非常困難的。我們現在開放發展，拚命做生意賺錢，最初目的是為了吃飯。朱元璋作皇帝以後，與馬皇后私底下談話：我們當時沒有飯吃，為了一口飯出來打天下，誰知道作了皇帝。

A同學：我們現在知道有佛可求，認為有一個佛可以成，認為有六道眾生的分類，那就叫「類墮」。

南師：「知有」是一個名辭，知道有這件事。你打坐一念清淨，就更有信心了，知道有這一件事。

若初心知有己事，回光之時，擯卻色聲香味觸法得甯謐，即成功勳，後卻不執六塵等事，隨分而昧，任之則礙，所以外道六師，是汝之師，彼師所墮，汝亦隨墮，乃可取食，食者即是正命食也。

A同學：假如你一開始發心，認為有一個佛可成，認為有這個事情，立志要修行，那麼回光之時，擯卻了色聲香味觸法，六根六塵，都不受外境的困惑，得到靈明清淨，「即成功勳」，有了一點工夫，你雖然是擯卻外境，也是用硬工夫，等於強迫自己，慢慢也可以不動心。

工夫再進一步，「隨分而昧，任之則礙」，偶爾也可以跟著喝酒、卡拉OK，但是過分放任了，還是會迷糊。下面提到外道六師，他們或是修苦行，或是認為生命源頭有一個東西，或是認為有一個最高的梵天，這樣雖然也證到很高的境界，也很清淨，也能夠從六塵中得到解脫，不受困惑，但是，還有一件事是沒有辦法突破的。所以說菩薩是不斷惑，是不斷煩惱的，因為菩薩就在煩惱當中證到解脫。

這也是老師剛才講的同事攝，你要度外道，就必須和他們同類，比如對於愛喝酒的人，也得和他們混在一起，喝得醉醺醺的，放鬆一下。你自己雖然內心很清淨，這也是一種墮落，如果有這種工夫，你就可以取食，這個食就是「正命食」了。

亦是就六根門頭，見聞覺知，秖是不被他染污，將為墮，且不是同，向前均他本分事，尚不取，豈況其餘事耶？師凡言墮，謂混不得，類不齊。凡言初心者，所謂悟了同未悟耳。

A同學：你有這種工夫了，自己可以跳脫出來，可以清淨，又可以入世。在這個六根門頭，眼耳鼻舌身意的功用，可以看，可以聽，可以感覺，可以分別，但是被染污了，這也是一種墮。你可以混世入俗，但同別人不一樣，你自己很清楚，這一切都是本分事，能夠清淨，能夠慈悲度化眾生。

D同學：「向前均他本分事，尚不取，豈況其餘事耶？」明心見性的這個事，我都不理會，何況這些墮落啊，都根本不去理會。

南師：自己有相當的修養工夫，不標新立異，跟著世俗一樣，別人還看不出你有工夫。你跟大家一樣唱歌、跳舞、吃喝玩樂，一樣做事，作個普通人，可是自己內心有個界限，都在清淨中。外表給人家看不起，你始終在修行用功，混進世俗中一樣修行用功。

僧問：學人通身是病，請師醫。師曰：不醫。曰：為甚麼不醫？師曰：教汝求生不得，求死不得。

古道師：有個僧人問：我一身都是病，請師父給我治一下。曹山說：不給你治。他問：為什麼不給治？曹山說：就是要你求生不得，求死不能。對於心病，要你自己跳出來，所有的醫藥、佛法、教育，都是白教的，沒有用，必須要你自悟自省。

問：沙門豈不是具大慈悲底人？師曰：是。曰：忽遇六賊來時如何？師曰：亦須具大慈悲。曰：如何具大慈悲？師曰：一劍揮盡。曰：盡後如何？師曰：始得和同。

古道師：有人問：出家人不是具備大慈大悲的人嗎？曹山說：是啊。他又問：忽然六根面對六塵，色聲香味觸法各種境界現前，該怎麼辦呢？

曹山說：那也得以慈悲心去對待。又問：如何具大慈悲？曹山說：「一劍揮盡。」一劍把他們都殺掉。又問：殺掉以後如何呢？曹山說：「始得和同。」那才天下太平了。

A同學：打成一片，和光同塵。

問：眉與目還相識也無？師曰。不相識。曰：為甚麼不相識？師曰：為同在一處。曰：恁麼則不分去也？師曰：眉且不是目。曰：如何是目？師曰：端的去。曰：如何是眉？師曰：曹山卻疑。曰：和尚為甚麼卻疑？師曰：若不疑，即端的去也。

南師：眉毛認得眼睛，眼睛認得眉毛嗎？

古道師：曹山說：「不相識。」為什麼不相識？曹山說：因為在一個地方。

南師：清淨了就認不到。

古道師：那樣就沒有區別了嗎？曹山說：你說沒有分別，但眉毛不是眼睛，那還是有區別的。那人又問：那到底什麼是眼睛呢？曹山說：「端的去。」一面對面當下就是。又問：那什麼是眉毛呢？曹山說：我也搞不清楚。那人就說：和尚你怎麼也搞不清楚？師曰：「若不疑，即端的去也。」

南師：如果沒有問題，面前就是。

古道師：這個公案是想說明什麼呢？

南師：參一參吧。兩夫妻過一輩子，相互永遠搞不清楚，不清楚嘛永遠在一起。中國人講得很有意思，兒女是眉毛，結婚生了兒女，沒有兒女不好看。

師示眾云：諸方盡把格則，何不與他道卻，令他不疑去。雲門在眾出問：密密處為甚麼不知有？師曰：只為密密，所以不知有。門曰：此人如何親近？師曰：莫向密密處親近。門曰：不向密密處時如何？師曰：始解親近。門曰：喏喏。

古道師：曹山禪師開示說：他方很多道場都有自己的一個規則。

南師：各方學佛學道，都有一套規則，不如明白告訴大家，讓大家一下明白了。雲門這時候還在參學，他站出來問了：這個秘密到底是個什麼東西？學密學禪念佛，究竟心性是個什麼？找也找不到。

古道師：曹山說：「只為密密，所以不知有。」

南師：因為你要找個秘密，越找越找不到。雲門又問：那怎麼親近啊？怎麼去摸呢？曹山說：「莫向密密處親近。」很平凡嘛，你不要想去找個密密處。雲門問：「不向密密處時如何？」那我放下一切，也不找，也不修，那怎麼樣？曹山說：「始解親近。」那就對了，當下清淨。

雲門問：如何是沙門行？師曰：喫常住苗稼者是。曰：便恁麼去時如何？師曰：你還畜得麼？曰：畜得。師曰：你作麼生畜？曰：著衣喫飯有甚麼難？師曰：何不道披毛戴角。門禮拜。

南師：雲門問：怎麼樣是出家人的行為？曹山禪師說：你每天吃廟裡的飯，這就是沙門行。廟裡的飯都是十方布施來的，吃這碗飯就是沙門行。雲門又問：就是這樣啊？曹山問他：你能受得了嗎？都是十方布施，你吃下去沒有事啊？受得了嗎？雲門說：「畜得。」那還可以。曹山說：你憑什麼本事可以吃十方布施？雲門說：穿衣吃飯有什麼難呢？曹山說：這樣簡單啊？「佛門一粒米，大如須彌山，今生不了道，披毛戴角還。」出家作了和尚，飯來張口，衣來伸手，你以為那麼好吃，都要還債的，「今生不了道，披毛戴角還」。雲門說吃飯有什麼難的，曹山說這一生不了道，來生變牛變馬去還帳吧。雲門一聽，就跪下拜了。

問：家貧遭刼時如何？師曰：不能盡底去。曰：為甚麼不能盡底去？師曰：賊是家親。

古道師：家裡本來窮，又遭了小偷。

南師：這些都是代表，空了又空。曹山說：「不能盡底去。」不能搶光啊，還留一點。「賊是家親」，有時候還用用。賊代表什麼？妄念是賊。

古道師：「家貧」代表工夫很好。這個時候偶爾起一妄念，怎麼辦啊？

南師：萬緣放下，一切皆空，空也是一念嘛。這個是賊，也是家親，煩惱即菩提。等於一個故事：有個窮人，天氣很冷，家裡什麼都沒有，只有一個水缸破了一半，就當被子蓋在身上過冬了。有個小偷進來，到處摸，什麼都沒有，摸到水缸邊上，這個人說：哎，老兄，別的都可以拿，這個被子你不能拿。

師問德上座：菩薩在定聞香象渡河，出甚麼經？曰：出《涅槃經》。師曰：定前聞？定後聞？曰：和尚流也。師曰：道也太煞道，秖道得一半。曰：和尚如何？師曰：灘下接取。

古道師：曹山問德上座：菩薩在定中聽到香象渡河，到底出自什麼經典？德上座說：出自《涅槃經》。曹山又問：是入定前聽到，還是入定後聽到？德上座說：「和尚流也。」

D同學：香象渡河，水就不流了嘛，曹山問定前聞還是定後聞，德上座就批評他：你被流水沖走了。

古道師：曹山說：「道也太煞道，秖道得一半。」德上座說：「和尚如何？」曹山說：你到下邊去接。

南師：菩薩入定，香象渡河，一切念頭都切斷了，萬緣放下，一念不生，大象截流而過，功力要到這樣。德上座說：你好像給流水沖走了。曹山說：你講得好，但也只講了一半。德上座問：那你怎麼講？曹山說：沖走就到下面去接啊。一念不生，有時候你念頭又起來，又來切斷。

鏡清問：清虛之理，畢竟無身時如何？師曰：理即如此，事作麼生？曰：如理如事。師曰：謾曹山一人即得，爭奈諸聖眼何？曰：若無諸聖眼，爭鑑得個不恁麼？師曰：官不容針，私通車馬。

A同學：有一個鏡清問曹山禪師：非常清淨、非常空靈的本性，本來無一物，清淨法身，畢竟無生，這個時候怎麼樣呢？曹山說：照理說是這樣，事相上你怎麼解釋？

南師：工夫證得怎麼樣？

A同學：鏡清說：「如理如事。」在事相上其實也是清虛的，因為本來無相，理就是事，離開了事，找不到一個理。曹山說：你這樣說，是可以騙得過我，但是騙不過其他佛菩薩的眼睛。鏡清就說：如果沒有這些佛菩薩的眼，那誰來說我不對呢？曹山說：「官不容針，私通車馬。」法律雖然嚴格，這不可以，那不可以，結果私下什麼都可以。

I同學：曹山可能是罵鏡清，鏡清說如果沒有諸聖眼，誰又能說我怎麼樣呢？「官不容針」，還是不可以，不行嘛。

J同學：如果一定要讓我開口肯定，那麼「官不容針」，我不能說一句話；如果私下表態的話還可以。（眾笑）

問：教中道：大海不宿死屍，如何是大海？師曰：包含萬有者。曰：既是包含萬有，為甚麼不宿死屍？師曰：絕氣息者不著。曰：既是包含萬有，為甚麼絕氣息者不著？師曰：萬有非其功，絕氣息者有其德。曰：向上還有事也無？師曰：道有道無即得，爭奈龍王按劍何？

J同學：經教中說：「大海不宿死屍。」涅槃境界，大海中包含萬有。

南師：海那麼大，死魚也好，死人也好，斷氣以後，海水就把它拋上來了。大海是包羅萬有，不要加上涅槃不涅槃，又變成學問了。

J同學：那個人問：既是包含萬有，那為什麼不宿死屍呢？曹山說：「絕氣息者不著。」那個死的東西是不要的。

南師：沒有氣了就不要，重點是「氣息」二字。

J同學：曹山說：「萬有非其功。」萬有不是人為的造作，「絕氣息」自有他的執著，所以「大海不宿」。「德」就是功用的意思，「絕氣息」恰恰是有功用。那人問：「向上還有事也無？」那麼這之後呢？還有更究竟的一句嗎？曹山說：「道有道無即得，爭奈龍王按劍何？」說空說有都可以，但是在龍王的劍面前，你還有個無，還有個有嗎？

南師：用功用到氣住脈停，呼吸都停止了。

J同學：在龍王的劍前，你還能說出個有無嗎？這個向上一路，不能說有，也不能說無。

南師：今天的討論都在昏沉中，都沒有找出問題，文字語句沒有解釋好，都給龍王拋出海面了。你看曹山禪師悟道沒有那麼多話，他出家後很快來見洞山，只說了幾句話，洞山就把他帶在身邊了。也沒有講怎麼用功，怎麼悟道，可是幾年以後，曹山就出去弘法了，創立曹山道場，曹洞宗弘揚開來，都是他手裡的事。

第十四講　曹山本寂禪師　二

二〇〇九年十二月二十一日

內容提要

- 問具何知解
- 問僧作甚麼
- 問親何道伴
- 問一牛飲水
- 紙衣道者
- 師示頌曰
- 問強上座
- 僧舉藥山問
- 僧問香嚴
- 師讀杜順
- 師作四禁偈

問：具何知解善能問難？師曰：不呈句。曰：問難個甚麼？師曰：刀斧斫不入。曰：恁麼問難，還有不肯者麼？師曰：有。曰：是誰？師曰：曹山。

I同學：一人問曹山禪師：具備什麼樣的知解，才能善於問問題？曹山說：「不呈句。」就是不說了。那人說：那我問個什麼？曹山說：刀斧砍不入。那人說：還有誰能不肯定我？曹山說：有啊。那人說：是誰啊？曹山說：就是曹山。這是曹洞的門風，這樣一來一去。

問僧：作甚麼？曰：掃地。師曰：佛前掃？佛後掃？曰：前後一時掃。師曰：與曹山過靸鞋來。

I同學：曹山問一個和尚：在幹什麼？和尚說：「掃地。」曹山問：你在佛前掃呢，還是在佛後掃？和尚說：「前後一時掃。」曹山說：你這個樣子，幫我把拖鞋拿過來吧。

曹山其實是考一考這個和尚，問他是佛前掃還是佛後掃，這裡還有個分別計較在。這個和尚想避開問題，所以說「前後一時掃」，曹山一看還是不到家，你還是幫我把鞋拿過來吧。

南師：怎麼叫佛前掃、佛後掃呢？未悟以前，等於神秀大師講的：「時時勤拂拭，勿使惹塵埃。」悟後念頭是不是還是這樣？這個和尚說要前後一起掃。曹山一聽，還沒有到家：你把我的拖鞋拿過來吧。因為地還沒有掃乾淨，我不能光腳走路啊。

古道師：還是得有個方法才對。

南師：方法對不對沒有講，那是你下的注解。有個方法還是穿拖鞋，還是有灰塵。他們常常用普通生活中最粗淺的話表達高深的佛法，佛前掃佛後掃，用功要萬緣放下，一念不生，一切掃掉；悟後掃不掃呢？當然也是掃，可是這樣對不對呢？還是沒有到家，所以曹山還是不同意他。

古道師：這個和尚如果當時把掃把遞給曹山，轉身就走，你自己去掃吧。

南師：那就看曹山接不接了。

古道師：肯定會拿掃把打他一頓。

問：親何道伴，即得常聞於未聞？師曰：同共一被蓋。曰：此猶是和尚得聞，如何是常聞於未聞？師曰：不同於木石。曰：何者在先？何者在後？師曰：不見道常聞於未聞。

I同學：有人問曹山禪師：應該親近什麼樣的道友，才能「常聞於未聞」？聽而不聽，不聽而聽。

南師：這是觀音法門了。

I同學：曹山說：「同共一被蓋。」聽不聽是一條被子，一樣的。那人問：那是你的意見，我還是不明白，到底什麼是「常聞於未聞」？曹山說：

「不同於木石。」這裡是否有一層轉進，聽就是不聽，但這個不聽又不像木頭石頭，是個死東西。那人又問：聞與未聞，哪個在先？哪個在後？曹山說：「不見道常聞於未聞。」

南師：這一段與觀音法門一樣，你們看《楞嚴經》：「初於聞中，入流亡所，所入既寂，動靜二相，了然不生。如是漸增，聞所聞盡，盡聞不住，覺所覺空，空覺極圓，空所空滅，生滅既滅，寂滅現前。」中國禪宗是一句教理都不講，只用普通土話談這個事，聞而不聞，不聞而聞，簡單明瞭，這不是空話啊，在一切聲色場中，一點都不沾，修持工夫真到這個程度。

他問哪個先？哪個後？《楞嚴經》上有次序，「初於聞中，入流亡所」是一步，之後「所入既寂，動靜二相，了然不生。」他們不是隨便答話，木石對一切聲色不會動心，修觀音法門，一切聲色現前都知道，可是都不沾染，「不同於木石」。

問：一牛飲水，五馬不嘶時如何？師曰：曹山解忌口。

I同學：有人問曹山禪師：一頭牛正在喝水，旁邊有五匹馬，也不斷叫，那個時候怎麼樣？曹山說：我不會給你講那個情況。

南師：我不會喝這個水。

I同學：他是講這個意識，「五馬不斷」，前五識都不用。

南師：一念專一了。

I同學：牛飲水就是把頭沉在水裡，那個時候的境界怎麼樣？

南師：「五馬不斷」，五根都不用了，一念專一。

I同學：曹山說那個時候的境界，我也不說。

南師：我不能再講了，開口又散亂了。

紙衣道者來參。師問：莫是紙衣道者否？者曰：不敢。師曰：如何是紙衣下事？者曰：一裘纔挂體，萬法悉皆如。師曰：如何是紙衣下用？者近前應諾，便立脫。師曰：汝秖解與麼去，何不解恁麼來？者忽開眼問曰：一靈真性，不假胞胎時如何？師曰：未是妙。者曰：如何是妙？師曰：不借借。者珍重便化。師示頌曰：

覺性圓明無相身　莫將知見妄疎親
念異便於玄體昧　心差不與道為鄰
情分萬法沉前境　識鑑多端喪本真
如是句中全曉會　了然無事昔時人

南師：洞山、曹山的門下，經常碰到這些當時流行用功的人，生死隨時有把握，要走就走，來不來再說。紙衣道者是當時非常有名的真修行人，修苦行，衣服破破爛爛，沒有粗布補，就用紙來貼一貼。他來請教，曹山說：你就是紙衣道者嗎？他說：「不敢。」古人比如說：你就是戴老闆嗎？不敢不敢。這是中國人的禮貌。

I同學：曹山又問：「如何是紙衣下事？」就是你那個內在怎麼樣？

南師：見地工夫到什麼程度了？

I同學：紙衣道者說：「一裘纔挂體，萬法悉皆如。」

南師：我這個身體不管，藉這個紙衣來講。現在大家都是紙衣掛體，從媽媽那裡借來這件衣服，皮肉做的。「萬法悉皆如」，他工夫、見地已經到家了，萬法如如不動，隨便出世入世都一樣。曹山又問：「如何是紙衣下用？」那怎麼起用？他靠到曹山跟前，站著就走了。曹山說：你啊，只曉得坐脫立亡，怎麼來還不知道啊。

I同學：然後，紙衣道者忽然睜開眼睛，你說我不知道怎麼來，我不就來了嗎？

南師：他請教曹山：「一靈真性，不假胞胎時如何？」如果不經過娘胎，怎麼再來？

I同學：曹山說：「未是妙。」你這樣還不算精妙。紙衣問：「如何是妙？」曹山說：「不借借。」不借這個東西，但還是要用這個東西。

南師：「不借借。」要修到入胎不迷，住胎不迷，出胎不迷。譬如誌公大師，不曉得是哪裡生的？有人聽到樹頂上鳥窩裡有哭聲，就爬上去一看，是個嬰兒，抱下來養到七歲就出家了，誌公大師是這樣，這是「不借借」。還有明代的逆川大師，她的母親本是大財主家的女孩子，還沒有出嫁，一天在河邊洗衣服，碰到一位老和尚：小姐啊，天黑了，我借你家裡住一晚好嗎？女孩抬頭看看老和尚：師父啊，我作不了主，要回去問問家人。就講了這麼一句話，女孩回來肚子漸漸大了，很冤枉，家人氣死了，就把她趕出去。這個女孩在外面討飯，等到生下來看看是個男孩，怎麼辦？她把這個嬰兒包起來，寫了生辰，放在一個菜籃裡，扔到溫州永嘉的河中，結果這個籃子逆流而上，被一個和尚發現，抱回去養大，就是逆川大師。朱元璋非常佩服他，當時氣候乾旱，就請逆川求雨，大師一來就下大雨了，神通廣大。像這樣都是「不借借」。（編按：此段掌故亦有不同記載。）

紙衣道者聽曹山這麼一說，講珍重啊，這下真走了。人的生命就是變化，生死沒有什麼了不起。

覺性圓明無相身　莫將知見妄疎親

念異便於玄體昧　心差不與道為鄰
情分萬法沉前境　識鑑多端喪本真
如是句中全曉會　了然無事昔時人

南師：這個偈語看著是文學，都是工夫，都是見道的話。自性本來無相，煩惱即菩提，菩提即煩惱，工夫到了，不必討厭妄想，妄想轉過來就是菩提。

問強上座曰：佛真法身猶若虛空，應物現形如水中月，作麼生說個應底道理？曰：如驢覷井。師曰：道則太煞道，秖道得八成。曰：和尚又如何？師曰：如井覷驢。

I同學：曹山禪師問強上座：自性無形無相，像水中的月亮，你說說到底是什麼意思？強上座說：就像驢瞥一眼那口水井。

南師：驢朝井裡看，你體會體會。不要說驢，我們朝井裡看看。曹山祖師一聽，說：你說得真好啊，但只說了八分。強上座說：師父啊，那你怎麼說？曹山說：就像井看驢。這是禪宗的機鋒，機鋒下面有轉語，你還要轉一轉才參透。

僧舉藥山問僧年多少，曰七十二。山曰是七十二那？曰是。山便打。此意如何？師曰：前箭猶似可，後箭射人深。曰：如何免得此棒？師曰：王敕既行，諸侯避道。

I同學：一個和尚拿藥山禪師的公案，來問曹山禪師。藥山問一個老和尚：多大歲數了？七十二了。藥山又問：七十二了？老和尚說：是。藥山拎起棒子就打他。這是什麼意思啊？曹山說：「前箭猶似可，後箭射人深。」

古道師：藥山禪師的這一段對話，前面還可以，後面就厲害了，挨打了嘛。

南師：這個老和尚當然很有修行，不然藥山不會隨便問他。師父啊，你多大歲數了？七十二了。是七十二嗎？是。一棒！為什麼？修行到現在，年齡還記得那麼牢，修行人應該忘了時間，忘了空間，忘了年歲啊。

I同學：所以曹山說他前面還答得馬馬虎虎，我問多少你答多少。

南師：曹山說：這個問題你還不懂，還來問我啊？這個後箭厲害了。

古道師：看來要學那個老道，問他多大了？他說：早記不得了，從小出家，長長就這麼大了。

南師：古人說「山中無甲子，寒盡不知年。」從小出家，在山中不曉得住了多少年，都忘了時間空間的觀念。

I同學：那個和尚又問：如何免得此棒？曹山說：「王敕既行，諸侯避道。」

南師：工夫到了，正念一起，其他這些都不理了。這些機鋒轉語，真是妙語如珠。

僧問香嚴：如何是道？嚴曰：枯木裏龍吟。曰：如何是道中人？嚴曰：髑髏裏眼睛。僧不領。乃問石霜：如何是枯木裏龍吟？霜曰：猶帶喜在。曰：如何是髑髏裏眼睛？霜曰：猶帶識在。又不領。問師：如何是枯木裏龍吟？師曰：血脈不斷。曰：如何是髑髏裏眼睛？師曰：乾不盡。曰：未審還有得聞者麼？師曰：盡大地未有一人不聞。曰：未審枯木裡龍吟是何章句？師曰：不知是何章句，聞者皆喪。遂示偈曰：

枯木龍吟真見道　髑髏無識眼初明
喜識盡時消息盡　當人那辨濁中清

南師：中國稱龍吟、虎嘯、猿啼、鶴唳，發音不同，也都是咒語。枯木裡有個龍叫起來，這是什麼意思？大死以後大活。髑髏中還有眼睛嗎？人死了，肉都化了，什麼都沒有。這個和尚完全不懂，又去問石霜。

I同學：他問石霜：「如何是枯木裏龍吟？」這次他沒有問道，因為香嚴告訴他道就是枯木裡龍吟。石霜說：「猶帶喜在。」還有個法喜。又問：「如何是髑髏裏眼睛？」石霜說：「猶帶識在。」識還沒有斷。他還是不懂，又轉頭來問曹山：「如何是枯木裏龍吟？」曹山說：「血脈不斷。」

南師：對嘛，不然枯木就沒有聲音了。傳說六世達賴在沙漠裡修行兩百多年，直到文化大革命才被拖出來砍了，還有血脈。

I同學：他又問：「如何是髑髏裏眼睛？」曹山說：「乾不盡。」還沒有完全乾。

南師：這很平實，答得很妙。三位都沒有手機溝通，答得都很妙，工夫到家了都一樣。他又問：「未審還有得聞者麼？」還有真懂的人嗎？

I同學：曹山說：「盡大地未有一人不聞。」滿世界沒有一個人不懂。

南師：意思是就你這個笨蛋不懂，所有眾生都明白。

I同學：他又問：「未審枯木裏龍吟是何章句？」這有什麼文章道理啊？曹山說：「不知是何章句，聞者皆喪。」

南師：這是禪師自己造的講法，沒有什麼章句，不曉得是哪本經典，可是大家聽到命都沒了，頭昏腦脹。曹山很慈悲，最後寫了一首偈給他。

師讀杜順、傅大士所作法身偈，曰：我意不欲與麼道。門弟子請別作之，既作偈，又注釋之。其詞曰：

渠本不是我（非我）　我本不是渠（非渠）
渠無我即死（仰汝取活）　我無渠即余（不別有）
渠如我是佛（要且不是佛）　我如渠即驢（二俱不立）
不食空王俸（若遇御飯直須吐卻）
何假鴈傳書（不通信）
我說橫身唱（為信唱）　君看背上毛（不與你相似）
乍如謠白雪（將謂是白雪）　猶恐是巴歌（傳此句無注）

示學人偈曰：

從緣薦得相應疾　就體消停得力遲

瞥起本來無處所　吾師暫說不思議

南師：這一段內容很多，引用洞山悟道偈，把一切都搓麵粉一樣搓進去了，最後說：「從緣薦得相應疾，就體消停得力遲。」有人睹桃花而悟道，有人因聲音而悟道，這是「從緣薦得」，「就體消停」是自己用功，漸漸一念不生。「瞥起本來無處所，吾師暫說不思議。」念念皆空，即空即有，非空非有。吾師就是佛陀，在《楞伽經》上說不思議變，不思議熏。

師作四禁偈曰：

莫行心處路　不挂本來衣
何須正恁麼　切忌未生時

南師：你做工夫，有一個境界在，或者有感覺執著，那都不是，有個空還不算數，父母未生以前，你在哪裡？無夢無想時主人公何在？

第十五講　曹山本寂禪師　三

二〇〇九年十二月二十二日

內容提要

示眾曰僧家
我常見叢林
今時莫作
不見彌勒
雖然沒用處
天復辛酉

古道師：昨天討論到曹山禪師作四禁偈：「莫行心處路，不挂本來衣，何須正恁麼，切忌未生時。」

南師：「不挂本來衣」，不起現行煩惱，舊的習氣也要轉。「何須正恁麼」，沒有這個那個的，「切忌未生時」，父母未生以前的本來面目是什麼？

示眾曰：僧家在此等衣線下，須理會通向上事，莫作等閒，若也承當處分明，即轉他諸聖，向自己背後，方得自由。若也轉不得，直饒學得十成，卻須向他背後叉手，說什麼大話。若轉得自己，則一切粗重境來，皆作得主宰。假如泥裏倒地，亦作得主宰。如有僧問藥山曰：三乘教中，還有祖意也無？答曰：有。曰：既有，達摩又來作麼？答曰：只為有，所以來。豈非作得主宰，轉得歸自己乎？

古道師：曹山禪師開示說：出家穿上這件僧袍，必須先明白向上一著。

南師：怎麼成佛作祖，怎麼明心見性。

古道師：如何是佛，如何是道，如何是西來意？禪宗祖師們常說這句話，那個不生不滅的是什麼？

南師：等於大家為什麼學佛？為什麼研究《指月錄》？自己要搞清楚，為了向上一路，超凡入聖，跳出三界外，不在五行中，要有這個志向，再來研究這個。「莫作等閒」，不要馬馬虎虎，裝模作樣。

古道師：這個不是隨便玩的，要認真對待。「若也承當處分明，即轉他諸聖，向自己背後，方得自由。」如果一句言教中，或在瞬目揚眉間，明白了這個，當下承當。

南師：一句話，或一句佛經，自己能夠了悟，「即轉他諸聖」，你就成功了，成佛作祖去。

古道師：超佛越祖，方得自由，才能夠真正達到自在，活潑潑的。

南師：才能達到出家學佛的目的。

古道師：「若也轉不得，直饒學得十成，卻須向他背後叉手，說什麼大話。」如果還沒有真正言下體悟，真正達到超佛越祖。

南師：雖然道理講得很通，要反過來看看自己，不要再說什麼大話了。

古道師：「若轉得自己，則一切粗重境來，皆作得主宰。」境界來的時候，細微的先不說，對於那些粗重的無明妄想、習氣煩惱，決定能作得了主，也就是對付得了，不被這些習氣所轉。

南師：「假如泥裏倒地，亦作得主宰。」哪怕死了，下了地獄你也能作主啊。你還沒有修成，正在學習，死了還要自己作主，就要很高的定力了。

古道師：下面舉個例子。「如有僧問藥山曰：三乘教中，還有祖意也無？答曰：有。曰：既有，達摩又來作麼？答曰：只為有，所以來。」有個和尚問藥山禪師：三乘教中，還有沒有祖意？所謂三乘，就是聲聞、緣覺、菩薩，三藏十二分教中，經典裡有沒有真正的佛祖的意思啊？

南師：有沒有祖師西來意？不要言語文字，單刀直入，明心見性。

古道師：藥山禪師說有。那個和尚問：既然三藏十二部中都有直指明心見性的法門，為什麼達摩大師還大老遠地跑來？藥山禪師說：因為有這個法門，所以他才來嘛。如果沒有這個，他就不來了，本來傳承的就是這個直指明心的不二法門，所以他來了。但是呢？他來不來不要緊，只要你作得了主啊，你能轉得過來嗎？

南師：不要菩薩，不要祖師，你自己都會。

古道師：曹山禪師引用過藥山禪師的公案，又引用經典：「如經曰：大通智勝佛，十劫坐道場，佛法不現前，不得成佛道。言劫者滯也。」

南師：這四句話是《法華經》的重點，大通智勝佛本是上古的一個國王，他有十六個兒子，個個都成佛了，包括阿彌陀佛、釋迦牟尼佛。他自己也出家，打坐都得定了，工夫很高，不是定個一支香、兩支香，十劫入定，心念都不動，工夫那麼高，坐著動都不動，比山還靜定，地球翻了幾個身，他還在入定。這是佛法嗎？不是，「佛法不現前，不得成佛道。」學佛開悟是證得菩提，打坐入定是工夫，不是究竟，還沒有成佛。修行打坐是入門的一個重要路線，不能認為得定了就是得道，佛法的道理在一悟，證得菩提。

古道師：曹山禪師說：「言劫者滞也。」十劫坐道場，他停頓在那裡了，定在那裡不動，沒有進步。

南師：一念不生，一定那麼久，你以為一念不生就是，其實不是，空也不是。

古道師：「謂之十成，亦曰斷滲漏也，祇是十道頭絕矣，不忘大果，故云守住耽著，名為取次承當，不分貴賤。」因為前面也講到十成的問題，「若也轉不得，直饒學得十成。」十劫定在那裡，等於也是斷了很多滲漏，比如情滲漏、語滲漏、見滲漏，還是達到了十成。

南師：什麼是情滲漏、語滲漏，你再解釋一下。

古道師：見滲漏是見地上的滲漏，語滲漏是語言文字方面，情滲漏包括喜怒哀樂，執著於那個定，也是一種滲漏，他歡喜嘛，後面提到即使證得涅槃菩提，只要喜心在，有個歡喜的心，那已經不對了，都是情滲漏。

D同學：「十道頭絕」，密宗講身三意三口四，這十業加在一起，惡業斷絕，就是「十道頭絕」。大通智勝佛這些都做到了。

古道師：但是他不忘大果，沒有忘記，還想得個什麼菩提，這些成佛的念頭還沒有斷掉。「故云守住耽著，名為取次承當，不分貴賤。」他停留在那邊，還有個成佛涅槃的希望，實際上這也是一種執著。

南師：不但大通智勝佛這樣講，後來許多學佛的人，以為盤腿打坐就是入定，就得道了，一樣的道理，守住那個空的境界。

古道師：這些都是執著，名為「取次承當」。

南師：一個一個境界，一步一步漸修。

古道師：祖師門下說的直下承當，直接達到圓滿的證悟，與漸修「不分貴賤」。

我常見叢林，好論一般兩般，還能成立得事麼？此等但是說向去事路布，汝不見南泉曰：饒汝十成，猶較王老師一線道。也大難事，到此直須子細，始得明白自在。不論天堂地獄餓鬼畜生，但是一切處不移易。元是舊時人，只是不行舊時路。若有忻心，還成滯著，若脫得揀什麼？

南師：《楞嚴經》說：「歸元性無二，方便有多門。」

古道師：「理則頓悟，乘悟併銷，事非頓除，因次第盡。」實際上也都說的這個理，明白了那個，但是還有個打磨習氣的過程，水分兩路走，終究目的還是一個，所以說「不分貴賤」。但是曹山禪師又說：「我常見叢林，好論一般兩般，還能成立得事麼？」現在叢林中這些學佛的人，都好爭論頓漸，這就是禪宗的南頓北漸之爭，最尖銳的時期已經過了，後世的子孫可能還執著於這些頓漸的問題，喜歡討論二者一樣還是不一樣，這個好還是那個好。不管如何說，你證得怎麼樣了？你工夫怎樣了？你還能證得這個事嗎？

「此等但是說向去事路布」，路布是廣告、布告，這些好論一般兩般的人，只是吹牛作廣告，口頭禪，自己沒有真正達到，等於作廣告一樣到處瞎吹。「汝不見南泉曰：饒汝十成，猶較王老師一線道。」這裡又舉了南泉禪師的話。

南師：南泉是馬祖的弟子，俗姓王。他說你們東吹西吹，以為懂得佛法，知識說了十分，比起我南泉還是差一截。

古道師：「也大難事，到此直須子細，始得明白自在。」剛才說大通智勝佛達到十成，工夫到了，惡業斷絕，但還想執著個什麼菩提涅槃，那還不一定對，到這個時候更要仔細，分辨清楚。

南師：有一點工夫，有一點見地，不要自己滿足，還差遠了。

古道師：「不論天堂地獄餓鬼畜生，但是一切處不移易。」真正解脫自在，明白了那個祖師意，大徹大悟了，無論是在天堂、地獄、餓鬼還是畜生，那個見地，那個自在，都是沒有動搖，沒有變化。一切煩惱業障來時，都像水中的泡沫一樣，自生自滅，根本沒有掛礙。如果達到這樣，「元是舊時人，只是不行舊時路。」人還是那個人，悟道以後，該吃就吃，該穿衣還是穿衣，「只是不行舊時路。」

南師：心裡知道原來的習氣都變了。

古道師：跟過去走的路不一樣了，現在的作為全變了。「若有忻心，還成滯著，若脫得揀什麼？」到了這個境界，心裡還有個歡喜，還有個情執在，如果是真正解脫，那還揀什麼？還執著什麼？

南師：得道成佛，沒有個什麼了不起，很平凡。

古德云：只恐不得輪迴。汝道作麼生？只如今人，說個淨潔處，愛說向去事，此病最難治。若是世間粗重事，卻是輕，淨潔病為重。只如佛味祖味，盡為滯著。

古道師：古德說就怕你不輪迴。你說你不輪迴，跳出三界五行，五行之外還有個什麼？世界萬物都是五行構成的，五陰包括萬有，你跳出五陰、五行、六塵，你那個菩提自性往哪裡安立啊？本來就是一體不二，所以真正悟道的人會說，就怕你不輪迴，不輪迴就斷滅了。

D同學：執著有個輪迴與涅槃的對立，就困在涅槃上。

古道師：「只如今人，說個淨潔處，愛說向去事，此病最難治。」就像現在人說個清淨無為也好，菩提涅槃也好，常樂我淨也好，他就趨向那個，都想得個什麼東西，曹山禪師說這個毛病最難治了。

「若是世間粗重事，卻是輕，淨潔病為重。只如佛味祖味，盡為滯著。」世間這些貪嗔癡慢疑的粗重習氣，跟這個比起來，還是輕的，淨潔病更重。佛味祖味，就是老師經常講的最怕那些學佛人，一臉佛氣，滿口佛語。這種執著是非常嚴重的病，現在看來還是這樣。以前我去過一個禪堂，行香時非得規定只擺動一個手臂，一看你擺動兩個手臂，就說你是沒住過禪堂，害得我那天在那裡把一個手臂收起來，不敢搖。你說這種知見多可怕？這就是所謂的「佛味祖味」，所以有時候我們一看，這個和尚像個和尚，也不一定對啊，要看見地如何。有的禪師只問見地，不管你的行履，你愛怎麼玩就怎麼玩。

然後，曹山禪師又引用洞山禪師的話。「先師曰：擬心是犯戒，若也得味是破齋。」起心動念就是犯戒，你吃東西，有個味道可得，這個好吃，那個不好吃，那你已經破齋了，不是吃素不吃素的問題。有個什麼可得啊？你說有一個可得，那已經不對了，已經破戒了。

南師：你自己覺得學問很好，已經完了。

古道師：「且喚什麼作味？祇是佛味祖味。纔有忻心，便是犯戒。若也如今說破齋破戒，即今三羯磨時，早破了也。」只知道這個是佛味也好，祖味也好，「纔有忻心，便是犯戒」。就像老師問我：「怎麼樣啊？」「老師，這幾天感覺打坐很舒服，心裡安靜啊。」「好啊，好啊。」老師很慈悲，沒有拿棒子打我。平時感覺有一點清淨的境界，如果才有歡喜的心，你已經犯戒了。佛教裡的三羯磨，就是初一、十五誦戒，男女大眾各拿各的戒本，讀到哪一條，你犯了就要發露懺悔，為什麼犯了？向大家懺悔。我以前在雪峰的時候也曾經這樣修過一年。祖師說大家在發露懺悔的時候，早已經破戒了，說得非常痛快。

「若是粗重貪嗔癡，雖難斷，卻是輕。若也無為無事淨潔，此乃重無以加也。」粗重的貪嗔癡，雖說不好斷，還算輕的，真正一心勇猛，完全斷掉不是不可能的。但是如果染著清淨無為，執著禪定，這個病重得沒法說了，「無以加也」。

「祖師出世，亦只為這個，亦不獨為汝。」貪嗔癡雖然粗重，但還好辦，如果執著於清淨無為，那什麼事都做不成，這不能幹那也不能幹。

南師：一副學佛學道信教的樣子。

古道師：這個問題是最可怕了，最好不要沾上，祖師們出世，都是為了這個事，給大家說明。

南師：不是為了某個人，是為大眾。

今時莫作等閒，狸奴白牯修行卻快，不是有禪有道，如汝種種馳求覓佛覓祖，乃至菩提涅槃，幾時休歇成辦乎？皆是生滅心，所以不如狸奴白牯，兀兀無知，不知佛不知祖，乃至菩提涅槃，及以善惡因果，但饑來喫草，渴來飲水。若能恁麼，不愁不成辦，不見道，計較不成，是以知有。

古道師：現在不要馬馬虎虎，如果執著無為清淨，以為究竟，那些狐狸、貓狗、水牛，豈不是修得更快？先不說有禪無禪，有道無道，像你現在求個佛，想明白祖師意，想求個菩提涅槃、本來自性，你這麼追下去，「幾時休歇成辦乎？」啥時候休歇？啥時候能得道啊？這些都是妄想生滅心，都是不對的。所以說你還不如那些貓牛，兀兀無知，餓了吃草，渴了喝水，它們不知道佛祖道禪，雖然你知道，但是你要是能這樣，饑餐渴飲，不愁不成辦，不愁不成道。

我們都斤斤計較，想得個成佛，菩提涅槃，你知道有那個菩提涅槃，已經造了那麼一個東西，抓住前人的知見、佛經的名言，但那是別人的，不是你的，然後把那個想像完美化，建立那麼一個境界，實際上你沒有悟道以前，那個不一定正確。

乃能披毛戴角，牽犁拽耒，得此便宜，始較些子。

南師：當年我們在四川，峨嵋山的稻子下來，那些耕牛勞作得很累，農夫把牛背上的架子拿下來，綁在樹邊吃草，牠吃得飽飽的，瞪著眼睛，嘴裡若有若無地在動，眼睛直直地一動都不動。我給同學們說：你看，牠入定了。牠並不要用心入定，只要心裡沒有事。

古道師：所以披毛戴角，給人家拉犁也好，得此便宜，比我們省事多了。我們學佛，如果真正到這個境界，「始較些子」，有點像樣了。當然不是叫我們去披毛戴角，只是注意那種狀態。

不見彌勒阿閦及諸妙喜等世界，被他向上人，喚作無慚愧懈怠菩薩。亦曰變易生死，尚恐是小懈怠在。本分事合作麼生？大須子細始得。人人有一坐具地，佛出世，侵他不得，恁麼體會修行，莫趁快利。欲知此事，饒今成佛成祖去，也只這是，便墮三塗地獄六道去，也只這是。

A同學：彌勒菩薩、阿閦佛以及妙喜世界的菩薩，被那些開悟的人，稱為沒有慚愧心的懈怠菩薩，為什麼呢？因為他們還有變易生死，還覺得有一個佛可成，還有這一念，就是生死了。像這些菩薩還被批評，何況我們這樣的妄想眾生，放逸懈怠。

我們對於自己的本性，要怎麼理解呢？大家要仔細參究，人人生來就有，佛出世也沒有變化，別人想拿走也拿不走，你必須要這樣體會修行，不要追求什麼快捷，也不要追求什麼特別秘密的法門，請老師傳一個咒，或是請法師灌一個頂，馬上成佛，都別貪這個便宜。你想要明白這個，當下成佛，其實只要當下認清楚，當下這一念，心就是佛，信得過這個，即使你墮到地獄、餓鬼、畜生，或是上生天道，也是這樣信得過，一信就到了，心就是佛，佛就是心。

雖然沒用處，要且離他不得，須與他作主宰始得。若作得主宰，即是不變易，若作主宰不得，便是變易也。不見永嘉云：莽莽蕩蕩招殃禍。問：如何是莽莽蕩蕩招殃禍？曰：只這個總是。問曰：如何免得？曰：知有即得，用免作麼？但是菩提涅槃，煩惱無明等總是，不要免，乃至世間粗重之事，但知有便得，不要免，免即同變易去也。乃至成佛成祖，菩提涅槃，此等殃禍為不小，因什麼如此？只為變易，若不變易，直須觸處自由始得。

A同學：雖然知道這樣，有什麼用啊？知有有什麼用啊？所有成佛作祖都離不得這個，「須與他作主宰始得」，你必須自己能夠作得主宰。

南師：作得自己的主宰。

A同學：若作得主宰，就是不變易了，這樣才是真正的了脫生死，假如你主宰不了，那就是變易生死了。永嘉大師說：「莽莽蕩蕩招殃禍。」一前面還有一句「豁達空，撥因果」，這裡沒有講。你相信這一念心，因中有果，果中有因，你認識到了，那麼自然不會莽莽蕩蕩招殃禍，不會去造業，善業即不為，何況惡業呢？

有人問：什麼是莽莽蕩蕩招殃禍？還是這樣，一切唯心。又問：怎樣能免得不遭殃禍呢？「曰：知有即得。」你有這個確信即得免，又何必想要去免個什麼呢？你信得過這一念，要用便用，要修便修，要喝就喝，要睡就睡，「用免作麼？但是菩提涅槃，煩惱無明等總是，不要免。」永嘉大師也講過：「無明實性即佛性，幻化空身即法身。」要信得過，當下即是。「乃至世間粗重之事，但知有便得，不要免，免即同變易去也。」不管是幹苦力活，還是坐辦公室，乃至吃喝拉撒，都是他的作用，但知有便得，你有一個想要避免的念頭，已經是變易生死了。「乃至成佛成祖，菩提涅槃，此等殃禍為不小，因什麼如此？只為變易，若不變易，直須觸處自由始得。」假若我們有一個觀念想要成佛作祖，想要去煩惱得菩提，想要得到涅槃的境界，這個殃禍大得很啊，為什麼呢？「只為變易」，因為我們的心還是在變易，沒有堅信，佛也告訴我們「信為道源功德母」，所有的功德只有信才能入，進入法性之海，能夠一信到底。「若不變異，直須觸處自由始得」，我們真信得過，隨時隨地就是這一念，天上天下，唯我獨尊。

「觸處自由」，就是觀自在菩薩。

古道師：南平鍾王對曹山禪師特別尊重，非常懇切地派了使者來請教，曹山禪師只把大梅和尚的一首山居詩寫給他。

大梅和尚是在馬祖座下得了一句即心即佛，當時就信入，到大梅隱居去了，後來馬祖為勘驗他，派個侍者去找他，說現在馬大師不說即心即佛，改說非心非佛了。大梅和尚說：不管他，我還是即心即佛。侍者回去稟告馬祖，馬祖讚歎道：梅子熟也。當時大梅住山修行非常刻苦，避世猶恐不及，入山唯恐不深。我們唸一下這首詩：

摧殘枯木倚寒林　幾度逢春不變心
樵客遇之猶不顧　郢人那得苦追尋
一池荷葉衣無數　滿樹松花食有餘
剛被世人知住處　又移茅舍入深居

天復辛酉夏夜，問知事：今日是幾何日月？對曰：六月十五。師曰：曹山平生行腳，到處只管九十日為一夏，明日辰時吾行腳去。及時，焚香宴坐而化，閱世六十有二，坐三十有七夏。門弟子葬全身於山之西阿。

古道師：那年夏天的晚上，曹山禪師問知客師：今天是什麼日子？知客師回答：今天是六月十五日。曹山說：我平生行腳，到哪裡都沒有久住，是以九十天為一夏，明天辰時我要行腳去了。第二天辰時，曹山點支香，就坐化了，世壽六十二歲，出家三十七年。他的弟子們把他葬在曹山西面的山坡上，那裡我去過，是一個非常優美的山谷，靈塔還在，前面還有一頭缺口的石獅，瞪著眼睛。

A同學：「天復辛酉」是唐昭宗的年號。

南師：那是晚唐了。

第十六講　五位君臣　一

《指月錄》卷十六

二〇〇九年十二月二十三日

內容提要

機鋒轉語

僧問曹山寂

僧問如何

山又曰

復作五相

又僧問

南師：《指月錄》中禪宗祖師的對話，稱為機鋒轉語。所謂機鋒，比如兩個人射箭，相對站著，各人拿了弓箭，要射倒對方。那個機一動，指頭一撥，同時開始，你的箭射過來，我的這個箭就把你的頂回去，這麼厲害，這叫機鋒相對，沒有思考的餘地，自然的，這叫機鋒。

轉語等於我們中國人講的歇後語，比如瞎子吃湯圓，下面轉一句：肚裡有數。還有很多，比如痲子上臺階——群眾觀點；瘸子放屁——邪門。那個人瘸一條腿，屁股歪的，屁是從一邊放的，所以放屁下面轉語邪門。被窩裡放屁——能聞能捂（能文能武），一個人在被窩裡放屁，自己聞到了趕快蓋住，比如人家問古道是什麼人？哎喲，這個人厲害，被窩裡放屁——能文能武。所以禪宗講的機鋒轉語，用文學性的奇言妙語，講高深的佛法，明心見性，宇宙萬有生命的本來，通過打坐用功，修禪定來求證，有戒有定，定而生慧，智慧透過來。

佛經講了那麼多，到中國唐代，把佛經上這些最高深的道理變成中國的土話，有時還帶著文學藝術的味道，對答如流，只有中國人幹得出這種事。

比如有個和尚問香嚴，香嚴說枯木裡龍吟，然後又說髑髏裡眼睛，這個和尚不懂，這叫言中取則，祖師們講學佛不要言中取則，唸了《阿彌陀經》《金剛經》，知道個般若、禪定，統統被言語文字困死了，這樣不行。祖師們故意不讓你從言語文字上著手，枯木裡怎麼會有龍吟？這個話很奇怪，髑髏裡怎麼還有兩個眼睛？這個和尚又問了幾位大師，每個回答都不一樣，都很有意思，可是他越來越不懂了。

這些都與工夫有關，你打坐修行到身體都不動了，氣脈變化，人好像死了，這是枯禪，也沒有腿痛，也沒有痠脹痲癢，裡頭氣動了，自己嗯——，氣會上來。然後又說髑髏裡眼睛，你打坐什麼都忘了，但面前那個亮光還在，好像兩個眼睛還沒有爛完，換句話說，你所有的境界空掉，還看到光明，還有境界在。

我只是勉強給你們做一個解釋，學禪要有第一等智慧，反應快的一聽就懂，就證入了。所以這些禪宗祖師們，從唐宋以來，個個都是知識淵博，佛經都通，然後等於用現在手機上的黃段子講個笑話，透過這個笑話背後，或者諷刺人，或者罵人。這一套看似與佛學沒有關係，其實統統有關聯，而且不能講道理，禪宗只能參究，接引上上智，有時一個動作，一句話，他就懂了。有這個道理。

禪宗到了曹洞宗，已是晚唐時期，當時的祖師們對於中國文化的陰陽八卦都很熟悉，他們畫的太極圖，黑的一半是陰，白的一半是陽，陽中有陰，陰中有陽，用這個表達兩方面，打坐禪定與智慧配合，脫開了印度佛經的那一套。在唐代，對於陰陽八卦，老百姓們都知道，所以祖師們用這個說法，等於現代人用自然科學的話來陪襯。

這樣的奇言妙語，變成唐代禪宗的土話，土話變文學，文學又變成學問。比如禪宗文集中的「阿甚見解」，就是土話屙屎，等於我們現在說放屁的話，屁話一堆，可是在禪宗語錄上，用那兩個字，好像文雅一點，變成「阿甚見解」，不懂這個土話，你永遠考證不出來。這些奇怪的話，妙語如珠，像一個珠子在盤子裡滾來滾去，沒有滯礙，怎麼說都對，要你智慧透進去，不要被話頭困住了。有的朋友跟我談話，講得很好，我們關係也很好，我會說：你這個牛吹得太好了。看起來像是在罵他，其實是恭維他。有這個意識，才能研究《指月錄》。

今天重新提出五位君臣，要知道在那個時代，有些出家人是不認識字的，但是工夫很高，也有學問很好的，各種人物都有，甚至是土匪強盜去出家，聰明絕頂和笨蛋透頂的都在一起，所以祖師們會用土話講法。

「奉」，就是專門捧一個東西，比如念南無阿彌陀佛，光念就是奉。生理與心理兩方面的影響，使你打坐不能得定，不是生理上地水火風空的障礙，就是心理上有貪嗔癡慢疑，這些統稱為妄想。你打坐想入定，妄想下不去，對不對？（眾答：對。）有時候一個感覺，一個知覺把你拉住，你清淨不了。

「共功」，心理同生理，工夫都到家了。換句話說，六祖以後，由石頭希遷、藥山到雲巖，曹洞這一派也影響了中國道家，修神仙之道長生不老，他們也用離卦代表，後來道家稱為性命雙修，反過來笑學佛的人，光唸一句佛號，一個咒子，就想明心見性，成佛得道，不可能。道家怎麼講？「只修命不修性，此是修行第一病；只修祖性不修丹，萬劫陰靈難入聖。」登琨艷才來的時候，打坐專搞身體氣脈，不懂得明心見性，你那個心在哪裡啊？氣脈工夫修得再好，誰在修啊？心在修，反應在身體上。反過來，學佛的人只念一句佛號，只念個咒子，觀空，只要明心見性，身體轉不了，痛苦轉不了，病也轉不了。

那麼，曹洞宗用離卦說法，離中虛，坎中滿，取坎填離，影響了唐代以後的道家，變成性命雙修。比如道家修神仙的丹經《性命圭旨》，包括《易經》的算命、風水，可以說都受洞山這一脈的影響，這是大學問，現在很多人只知其一不知其二。禪宗祖師把這些學問的精華收攏來集中在一處，化腐朽為神奇，這裡面包含了見地工夫，所以難懂了。

你看當時那幾個和尚，要死就死，要來就來，曹山禪師說那個紙衣道者：你就曉得這樣去，還不知道怎樣來啊。紙衣就睜開眼睛了，那你怎麼來呢？「不借借」。我們現在活著都是借來的，我們的生命是從父母那裡借來用的，你看借得很辛苦吧，自己莫名其妙，一個男的，一個女的，突然變成爸爸媽媽，借來一個身體，先住十個月旅館，只能用幾十年，結果一輩子帳都還不清，你不還帳人家說你不孝，可是不經過這個住胎，你還不能變成人。要怎麼做到不借而借，借而不借，借了債還是要還。你看釋迦牟尼，他一出生，媽媽就去世了，姨媽把他帶大，這是不借而借。我們的身體都是借來的，用了幾十年，這個債是很大的。

以前我講過笑話，因為我是獨子，沒有兄弟姐妹，出來做事很難，沒有一個親戚幫忙，孤單可憐。後來我自己有了好幾個孩子，我來生再來還願意作獨子，有兄弟姐妹太麻煩了。而且我來生再來，要找最有錢、最有地位的父母，母親懷孕了，父親先死了，母親生下我，她也走了，然後有個姑媽或者姐姐管著，剛剛帶大，她也走了，這樣所有的財產由我亂花，花光再去出家。這個不借之借，福報就太大了。

入胎不迷，住胎不迷，出胎不迷，那真是佛菩薩再來，《楞嚴經》說「自未得度，先度人者，菩薩發心；自覺已圓，能覺他者，如來應世。」就是這個道理，這都是工夫見地，所以學密宗的人說真正的秘密在中國禪宗，你看著祖師們講話亂七八糟，其實飽含深意。

佛法到了唐代，變成中國文化的禪宗，可是並沒有離開戒定慧的佛經道理。你看他們亂七八糟的問答，都是工夫，都是見地，你不知道他們在講些什麼，好像完全是鬼話，那是對著當時的時代，當時的環境，當時那個程度的人講的，不是對你們講的，你們一點影子都沒有，還摸不到。

現在一般禪學流行，茶道是禪，氣功是禪，練拳也是禪，對不對呢？都對。為什麼？〈參同契〉講「門門一切境」，都相關，「回互不回互」，都不相關。文學也好，武功也好，吹簫也好，練到最高無形無象。譬如我們練少林拳、太極拳，真到了打仗的時候，不是這樣用的啊。我是學太極的，你慢一點啊，我姿勢還沒有擺好，不是這個道理；而是上來就打，你管我怎麼打，那是沒有章法。但他練過工夫，出手就是有章法，習慣性地就出來了，這個道理你懂了吧。

僧問曹山寂，五位君臣旨訣。山曰：正位即空界，本來無物；偏位即色界，有萬象形。正中偏者，背理就事。偏中正者，捨事入理。兼帶者，冥應眾緣，不墮諸有，非染非淨，非正非偏，故曰虛元大道無著真宗。從上先德，推此一位，最妙最元。當詳審辨明。君為正位，臣為偏位。臣向君是偏中正，君視臣是正中偏，君臣道合是兼帶語。

古道師：洞山禪師作的〈五位君臣頌〉，第一個正中偏，「正」是我們的本性，所以曹山本寂禪師說正位就是空界，就是我們的本性。

南師：一念不生，你也不必用功，自己天生就有，從媽媽肚裡生下來，你那個能知，不是你做工夫修出來的，那個是本來空，隨時有，講理又多餘了，說空已經多餘了，本來大家都會的。

「偏位即色界，有萬象形」，色界拿世界來講是物理的，拿人的身體來講，地水火風隨時變化，也有感覺知覺，各種變化，飯吃多了不舒服，等一下又餓了，又覺得不舒服，都是現象。

古道師：「正中偏者，背理就事。」自己當下一念起用，這個自性就事背理。

南師：我們生下來就有嘛，等到長大成人，能夠說話，能夠做事，卻忘記了那個本來，跟著現象在跑，跟著感覺知覺跑。

「偏中正者，捨事入理。」修行要一切不執著，妄念放空，本來清淨，不是你去造出來一個空，本來空的，可是聽了本空這兩個字，偏偏要去找一個空。

「兼帶者，冥應眾緣，不墮諸有」，我們現在起用都是兼帶，緣起性空，性空緣起，用過便休嘛。「冥應眾緣」，飯來了就吃，「不墮諸有」，吃完了還是空的。

古道師：這才是非染非淨，無所謂清淨不清淨。

南師：提起即用，用過即空，有這個氣派，你可以學佛了。

古道師：「非正非偏」，本來萬法就是一體的，沒有事與理分開，所謂本性、煩惱，都是不二的，沒有什麼偏正，那些都是為了教育的方便說法。

「故曰虛元大道無著真宗。從上先德，推此一位，最妙最元。當詳審辨明。」一切都是圓融不二，所以宗門下不執著一切。「虛元大道無著真宗」，以前的祖師們都推崇這個最高的法門，最妙最玄，但是需要詳審辨明，當下認清，自肯承當。

下面又說君臣，「君為正位，臣為偏位。臣向君是偏中正，君視臣是正中偏，君臣道合是兼帶語。」

南師：古代的政治體制主要是皇帝與宰相，等於我今天對G同學講：你啊，你這個老闆很好，但我替你難過啊，你的部下要找一兩個到這裡來。有明君，沒有能臣，或是有能臣而無明君，所以要「君臣道合」。

洞山禪師怎麼悟道的啊？他看到水裡的影子，悟了，那個影子等於臣位，身體等於君位，沒有身體哪有影子？換句話說，沒有看到影子也不知道有個身體，因為你忘記了。「切忌從他覓，迢迢與我疏。」假使只練身體，以為是修道，你完了，走偏了。洞山禪師從小唸《心經》就開始起疑：無眼耳鼻舌身意？自己摸摸臉上，我明明都有，為什麼佛經說沒有呢？第二，他參無情說法，為什麼自己聽不到？參了幾十年，最後過水時看到影子悟了，一切都懂了，就知道祖師們的奇言妙語，也不妙，也不奇，什麼君臣賓主，其實一樣，世間法就是佛法。

僧問：如何是君？山曰：妙德尊寰宇，高明朗太虛。曰：如何是臣？山曰：靈機弘聖道，真智利群生。曰：如何是臣向君？山曰：不墮諸異趣，凝情望聖容。曰：如何是君視臣？山曰：妙容雖不動，光燭本無偏。曰：如何是君臣道合？山曰：混然無內外，和融上下平。

南師：功德圓滿、智慧成就的人是君，所有老百姓都佩服他，恭維他，他的智慧像太陽一樣照耀一切。如何是臣？好的宰相與皇帝同心合德，政治清明，工夫與見地都到了的意思，這時臨機能夠決斷。

你們看歷史，齊桓公本來不敢作國君，他問管仲：我可以嗎？管仲說：你絕對行，放心去幹吧。他又問：為什麼？管仲說：你反應得快，臨機決斷。一件事情很快就決定了，這個對，那個不對，他反應得快，決斷下得快，這是臨機決斷。所以管仲幫助齊桓公一匡天下，九合諸侯，幾十年中，九次召集聯合國來開會，各國侯王都要聽他的，這是君臣相合。管仲在世的時候，齊桓公非常英明，但是管仲死了以後，齊桓公還是個混蛋。

修行也是這個道理，氣脈調順了，飲食男女都調整了，打坐得定，心裡智慧也打開了。臣道調整好了，工夫還是從身上來，身體健康，容易得定，智慧就打開了，「君臣道合」，天下太平，就是這個道理。「如何是臣向君？」怎麼做個好部下呢？完全懂得皇帝的意思，自己沒有亂搞，不要被外面的環境搞亂了。

古道師：「凝情望聖容」，等於專心致志用功。

南師：凝情是專心致志，一念不生。侍奉皇帝，心意相通，不要忘記了聖容，自己亂動，那不是臣向君了。比如你本來坐得好好的，本來很空，忽然背上有一點痛，你就用氣功來治背痛了，那就不對了，君也不現，臣也搞亂了。

古道師：那就不是「不墮諸異趣」，而是墮了諸異趣了。

南師：對了，就那麼簡單，你懂了。「如何是君視臣？」

古道師：君視臣，「妙容雖不動，光燭本無偏。」皇帝很威風，智慧覺性偏照著一切，本來沒有偏向。「如何是君臣道合？」

南師：身心兩面都對了，做工夫的生理心理都平衡。「混然無內外，和融上下平。」得道了，天下太平。

你抓住這個原則，洞山用坎離兩卦比方，臨濟用賓主，兩種教育方法不同，其實是一個道理。

山又曰：以君臣偏正言者，不欲犯中，故臣稱君，不敢斥言是也，此吾法宗要。乃作偈曰：

學者先須識自宗　莫將真際雜頑空
妙明體盡知傷觸　力在逢緣不借中
出語直教燒不著　潛行須與古人同
無身有事超歧路　無事無身落始終

G同學：「不欲犯中」，這個中是不是中庸的中？

南師：對啊，是中庸的中。

古道師：「不欲犯中，故臣稱君。」有時君臣顛倒，臣反而稱君。

南師：對啊，妄想作主，就是臣稱君，一念清淨就是君作主了。

古道師：這才是曹洞宗最重要的宗旨，「學者先須識自宗」，真正學道先要明白那個，所謂自宗，也就是自性。

南師：自性本來是空的，不是你造出來一個空。「莫將真際雜頑空」，本來空的，結果你打坐拚命造一個空的境界，那不是真空了。「妙明體盡知傷觸，力在逢緣不借中。」沒有個中，一切妄念都空。

古道師：真正達到那個境界，「妙明體盡」，那個妙明的體會真正達到窮盡的時候。

南師：一切妄念都沒有了，見到本來面目。

古道師：無所謂臣，也無所謂君，一片和合，「出語直教燒不著」，等於羚羊掛角一樣，都是無處可尋。「潛行須與古人同」。

南師：念念清淨，念念不著。

古道師：自己心心念念的修行，還同古人一樣，那麼修去。「無身有事超歧路，無事無身落始終。」真正明白了那個，在日用中還是一樣應對，但自己已經解脫自在，無所掛礙了。在日常事務中，好像沒有他一樣，雖然平常，但是已經超越歧路了，已經超越生死了。看著好像也有這個事相，跟平常一樣，但是果位上已經不同了，已經超越常人了。

南師：鼓掌。（眾鼓掌）

古道師：再進一步，內心無事，沒有掛礙，剛才是無身有事，這會兒是無身無事，更超越了一步。

G同學：是不是得真空以後，無所謂始終了？

南師：父母生來就是投影一樣的，也可以說無生無滅，無去無來，沒有什麼倒過來，翻過去的。

復作五相。◓偈曰：

白衣雖拜相　此事不為奇

積代簪纓者　休言落魄時

南師：就是畫個圖作代表。白衣是沒有功名、沒有文憑的老百姓，一步登天。

古道師：當了宰相，這也沒有什麼奇怪的。

南師：「積代簪纓者」，歷代那些高幹子弟，都沒有用了。

古道師：像朱元璋當了皇帝，以前當叫化子的事就不談了。

A同學：這個圖案是正中偏，上面黑的，下面白的。

◒偈曰：

子時當正位　明正在君臣

未離兜率界　烏雞雪上行

古道師：這是偏中正。

南師：還沒有完全到家呢，但是有工夫有見地了。

古道師：「烏雞雪上行」，有點明白了，像老婆看那個古鏡一樣，好像有點明白，但不一定完全認得，還有疑惑。「子時當正位」，快要轉到天亮了，「明正在君臣」，這個時候要切入這個，要明白，或臣或君，你自己要分辨清楚。

南師：彌勒菩薩現在兜率天作天主，不是成佛，還是菩薩位。

古道師：「烏雞雪上行」，自性本來就在那個位置上，從沒有離開過。這時候有點消息了，偏中正是見道位，然後是修道位，慢慢保任，斷除習氣。然後是正中來，一個圓圈，中間一個黑點。

⊙偈曰：

毯裏寒冰結　楊花九月飛

泥牛吼水面　木馬逐風嘶

古道師：火裡結著寒冰，那是不可能的，顛倒的話。「楊花九月飛」，楊花本來是春天飛的。「泥牛吼水面」，泥牛遇水就化掉了，自身難保，哪裡還能在水面上吼？「木馬逐風嘶」，木頭做的馬還追風嘶鳴。

A同學：也是枯木龍吟。

古道師：實際上沒有這個事，了不相干，如如不動。

南師：打坐修行，如果抓住一個境界，以為是見道了，那是顛倒，凡所有相，皆是虛妄。

古道師：這也是修道位，等於我們修行用功，視一切如夢幻。臣可以換，但是皇帝不是隨便換的，來來去去的境界都是虛妄。然後是兼中至。

○偈曰：

王宮初降日　玉兔不能離

未得無功旨　人天何太遲

古道師：像釋迦牟尼降生王宮一樣，「未得無功旨」。

南師：還沒有完全到家。

古道師：「人天何太遲」，雖然佛是乘願再來，還有很多餘習未斷，所以兼中至還是修道位。我們再看一下洞山禪師那首偈語：「兼中至。兩刃交鋒不須避，好手猶如火裏蓮，宛然自有沖天志。」等於工夫已經純熟了，一切事情不需要迴避，兩刃交鋒，持刀上陣，我們日常生活中的一切妄想也好，善惡都不怕，沒有關係，就像火裡栽蓮一樣，在煩惱中修行，但是「宛然自有沖天志」，他內心見地明了，巍巍堂堂，這是悟道以後對境煉心，打磨自己習氣的過程。

南師：講得好！（眾鼓掌）

古道師：然後是兼中到，已經圓滿了。

●偈曰：

渾然藏理事　朕兆卒難明

威音王未曉　彌勒豈惺惺

古道師：按洞山前面說的，「兼中到，不落有無誰敢和，人人盡欲出常流，折合還歸炭裏坐。」功德圓滿，等於是證道位，「渾然藏理事」，雖然看著大智若愚，但一切都是如理如法，不成障礙，跟平常人一樣，但是他的行履，他的品格，已經超越凡情了。

南師：威音王是佛經中代表空劫的開始，從空變成有的時候，第一個王叫威音王。已經證到理事無礙的程度，那裡面的消息，「卒難明」，威音王本來空的嘛。

古道師：威音王都不知道，彌勒佛哪能搞得清楚呢？

又僧問：五位對賓時如何？山曰：汝即今問那個位？曰：某甲從偏位中來，請師向正位中接。山曰：不接。曰：為甚麼不接？山曰：恐落偏位中去。山卻問僧：只如不接，是對賓？是不對賓？曰：早是對賓了也。山曰：如是如是。

古道師：一個僧人問曹山禪師：「五位對賓時如何？」曹山問他：那你是從哪個位上問的？你到底是什麼境界？僧人說：我從偏位中來，請師父您接到正位上。等於說您再接我一層，讓我徹底證道。「山曰：不接。」為什麼不接引呢？「山曰：恐落偏位中去。」我是主位，接你就落到偏位去了。曹山又問他：我這樣不接，是對賓還是不對賓？這個和尚回答得很好：早就對賓了也。你已經是偏了。「山曰：如是如是。」你說得對啊。

第十七講　五位君臣　二

二〇〇九年十二月二十四日

內容提要

陸亘大夫

投子青

丹霞淳

陸亘大夫問南泉：姓甚麼？泉曰：姓王。曰：王還有眷屬也無？泉曰：四臣不昧。曰：王居何位？泉曰：玉殿苔生。後僧舉問曹山：玉殿苔生意旨何如？山曰：不居正位。曰：八方來朝時如何？山曰：他不受禮。曰：何用來朝？山曰：違則斬。曰：違是臣分上，未審君意如何？山曰：樞密不得旨。曰：恁麼則燮理之功，全歸臣相也。山曰：你還知君意麼？曰：外方不敢論量。山曰：如是如是。

古道師：陸亘大夫與南泉禪師的一段對話，有人拿來問曹山禪師。洞山禪師在嵩山受戒以後，第一次出去就是參訪南泉。陸大夫問南泉：你姓什麼？南泉說：姓王。一般見僧不問姓氏，見道不問年齡，因為道士追求長生，僧人追求脫俗，問這些就顯得外行了。

南師：不是外行，他明明知道南泉禪師姓王，故意問的。「王還有眷屬也無？」推開姓王不姓王，問君臣的問題。眷屬包括皇后、妃子、太子、大臣這些，普通人的父母、妻子都是眷屬。

古道師：等於現在白話來講還有什麼親戚沒有？南泉禪師回答：「四臣不昧。」

A同學：這些大臣都有，還是了了分明的。

南師：當然有，可是不空。

A同學：「四臣不昧」，了了分明，也可以說是我們身體的四大，雖然王居其位，四大還是在的。

南師：一念清淨，自性是王。這都是比方，地水火風四大構成身體，心肝脾肺腎，幾十億的細胞，這些都是眷屬。「師父您貴姓啊？」「我姓王。」「那王有很多眷屬，你有沒有？」「有啊，四臣不昧。」即使出家得道了，這個肉體還在嘛。

古道師：陸大夫又問：「王居何位？」南泉說：「玉殿苔生。」大王住在哪裡呢？召見大臣們的玉殿，像大雄寶殿一樣，也就是心宅，心王所居。「玉殿苔生」，大殿前面的臺階上雜草叢生，沒人來往，念念俱寂。

D同學：他問王還有眷屬也無？南泉說「四臣不昧。」四大本不妨礙，本性空王是主，四大當然是臣了，因為你認得主人了，四大沒有關係，自然會轉變。他又問「王居何位」？本性在哪裡呢？南泉說「玉殿苔生」。皇帝如果在金鑾寶殿上作威作福，到處都會打掃得乾乾淨淨，臺階不可能生了青苔。「玉殿苔生」，沒人打掃，可見這個金鑾寶殿裡沒有皇帝，就是說他聖位也不居，不住在金鑾寶殿裡，不以為成聖，也無所謂聖，無所謂凡。

南師：講得好！（眾鼓掌）

古道師：「後僧舉問曹山：玉殿苔生意旨何如？」後來有個僧人舉這段公案，問曹山玉殿苔生的含義。「山曰：不居正位。」

南師：就是D同學剛才講的聖位亦不居。

古道師：聖位亦不居，也沒有凡，也沒有聖，凡聖一如的境界。僧人又問：「八方來朝時如何？」曹山說：「他不受禮。」等於八風頓起的時候，怎麼辦呢？七情六欲也好，一切外在的煩惱忽然起來，這時君王會怎麼樣呢？曹山說：「他不受禮。」他也不受這些打擾的，根本就跟他沒有關係，自性本明，如如不動。

J同學：八方係指所有的色相，雜七雜八的工夫境界，一切展現在面前的時候，你怎麼辦？既然已經悟道了，不居聖位，也不居凡位，當然也不會執著這些境界，反正一切都不受。

南師：這是聖明天子，端居正位。

古道師：僧人又問：「何用來朝？」「山曰：違者斬。」實際上我們四大色身也好，種種觸受，一切自覺自受，以及日常生活中面對的種種事物，那是必須面對的。聖人如何不面對這些？我們的自性本體，都在日常起用，但是我們看不到他，認識不到他，一旦真正認識到的時候，實際上這些起用本來就是，本體與起用不二。為什麼起這些作用？曹山說：不起用不行啊。「違者斬。」

D同學：老師常說：你們不叫我老師是你們沒禮貌，我如果自認為是老師那是我糊塗。我覺得這句話可以作一個參照，既然不受禮，為什麼還來朝呢？你不來朝，說明我已經沒有君位了，已經迷惑了，離開了那個覺悟的本位。

南師：「違者斬。」佛來斬佛，魔來斬魔。

古道師：本來體用不二，不起用，那就是死水一潭了。

南師：你這樣懂了以後，再看《指月錄》就像看小說一樣了。

古道師：反正慢慢啃吧，先把握重心，祖師們對話不會閒扯，都是直指向上一路，往這邊領會，好像有點味道。接下來，那位僧人再問：「違是臣分上，未審君意如何？」臣分上八風起用，也都不離本體，但本體到底是個什麼東西？「未審君意如何？」到底是什麼？等於西來大意如何？外面境界是臣工作用，那背後的老闆是什麼？「山曰：樞密不得旨。」

南師：樞密就是宰相、首相。

古道師：中樞大臣沒有領到聖旨，等於沒有辦法用語言文字去表達。

南師：皇上沒有動念，宰相站在旁邊也不曉得皇上想些什麼。

古道師：亂傳聖旨也是該斬的，君王一念不生，大臣也不敢妄加猜測。

僧人又問：「恁麼則燮理之功，全歸臣相也。」

A同學：燮理，調和陰陽，治理天下。

古道師：調和天下內外大事，治理得好，都是宰相的功勞，跟君王沒有關係啊。君王沒動念頭，我們都不知道君王的意思。「山曰：你還知君意麼？曰：外方不敢論量。山曰：如是如是。」這回你知道君王的意思了吧，那個僧人回答：我們局外人談不得的啊。曹山禪師回答：「如是如是。」好啊好啊，就是這樣。

下面是投子義青禪師。洞山禪師涅槃以後，雲居與曹山齊名。因為洞山把雲巖禪師傳的〈寶鏡三昧〉傳給曹山了，我們從法統上認為曹山是得法弟子，實際上在洞山座下悟道的人很多，都可以說得到了洞山心法，所以有人說曹洞宗的法脈傳了幾代就斷了，實際並非如此。投子義青係雲居道膺門下法脈，一直延續著，根本就沒有斷。如果太執著於傳個什麼東西，那種理解是不對的。

南師：講得好。

投子青五位頌序云：夫長天一色，星月何分，大地無偏，榮枯自異。是以法無異法，何迷悟而可及。心不自心，假言象而提唱。其言也偏圓正到，兼帶叶通，其法也不落是非，豈關萬象。幽旨既融於水月，孤蹤派渾於金河，不墜虛凝，回塗復妙。

古道師：這些老祖宗們的文彩，讓人讀得高興，但是用白話解釋就頭疼了。「夫長天一色，星月何分。」大地長空，本來是渾然一體。

南師：萬里青天，一片雲都沒有。

古道師：哪裡分什麼星星月亮。「大地無偏，榮枯自異。」像大地一樣，沒有偏袒，但是萬物的命運不等，榮枯生死各有不同的際遇，這與大地沒有關係啊。「是以法無異法，何迷悟而可及。」

南師：真正的佛法並沒有一法可得，《楞伽經》說無門為法門。有一法可得，已經是妄念分別了。但妄念分別也是不錯的。

古道師：「法無異法」，實際上和大地一樣，平等對待一切萬物，沒有偏袒，偏一切處，沒有不同的法，就是不二法門，一真法界。哪有什麼迷、悟、生、死、輪迴，哪有這些分別呢？都是我們妄想分別來的。從本體來說，本來永恒如此，威音王以前就是那個樣子，彌勒佛以後還是那個樣子。

「心不自心，假言象而提唱。」

南師：所謂明心見性、證得菩提，都是空話，都是假借一個名相來表達。

古道師：所謂心也好，法也好，明心見性也好，都是種種比喻，無所謂見性不見性，本來都在性中，還來個什麼見性？但還是要修行，不修不行。

南師：講得好。

古道師：「假言象而提唱。其言也偏圓正到，兼帶叶通，其法也不落是非，豈關萬象。」本來不需要用語言文字的假象，但是沒有辦法，用語言文字作種種比喻來說明。這些種種比喻的方法，有偏圓正到，因為接引不同根器的眾生，而有不同的比喻，所以有的是圓教，有的是頓教，有的是漸教。

南師：有的是禪宗，有的是密宗，有的是淨土，都是方便。

古道師：所以就有了不同的教育方法，「其言也偏圓正到，兼帶叶通。」

A同學：叶唅協，協同的意思。

古道師：雖然有種種言語，但說的義理都是相通的，直指本性。

南師：等於《楞嚴經》講「歸元性無二，方便有多門。」

古道師：雖然說法不同，教育方式不同，都是為了達到那個目的。「其法也不落是非，豈關萬象。」真正標指明白的那個不二法門，沒有這些是是非非，世間萬象紛然，從那個君位上去看，哪有什麼分別，都是妄想而已。

南師：好啊，講得好，你到洞山開堂說法，講這些就好。

古道師：「幽旨既融於水月，孤蹤派渾於金河。」水天一色，去哪裡找個月亮的蹤跡？根本找不到，本來圓融一體，這個如如本性。你說我們日常的情緒也好，思想也好，身體也好，以及外在的一切萬象，本性就隱藏在裡面，都是他的作用，你怎麼去區分？黃河那麼渾濁，如果有人踏河而過，你在黃河裡找不到他的蹤跡，根本分不清楚的。

「不墜虛凝，回塗復妙。」修道的工夫，真正達到心一境性，不受外在一切的干擾，但是感覺自己已經無為自在，這本身就是一個很大的毛病，你不能墜在那種凝定的狀態裡，這還是不究竟的，必須要回互，你再回過來起用，才是真正的妙用。

D同學：前天講到紙衣道者，我查了一下，可能是克符。臨濟宗的兩個老前輩，一個克符，一個普化，幫臨濟在河北開山，都是高人。克符平時常穿紙做的衣服，所以人稱紙衣道者，他和臨濟、洞山都是一個時代的，所以克符的年紀大概也不小了，可以修到說走就走。他也去考驗一下曹山，曹山說：不借借。說完他就走了。當時的臨濟宗與曹洞宗，《指月錄》記載的奇言妙語比較多，因為教理方面，他們都很有基礎了，所以才講這些向上一路的話。

古道師：下面的丹霞子淳、芙蓉道楷都是洞山門下了不起的大禪師，他們對五位君臣的解釋，越往後文彩越好。丹霞子淳，不是現在的丹霞山，而是河南南陽的丹霞寺，現在那個寺院還在，等於曹洞宗慢慢北上了。

丹霞淳五位頌序云：夫黑白未分，難為彼此；玄（元）黃之後，方見自它。於是借黑權正，假白示偏。正不坐正，夜半虛明，偏不坐偏，天曉陰晦。全體即用，枯木花開，全用即真，芳叢不豔。摧殘兼帶，及盡玄微，玉鳳金鸞，分疎不下。是故威音那畔，休話如何，曲為今時，由人施設。

古道師：「黑白未分」，等於天地未開一樣，一派混沌。

南師：你先要說明，洞山五位君臣的陰陽圖案。

古道師：正中偏，底下有一點點白，大部分都是黑的，等於我們凡夫位，黑是無明，白是靈性，本來在的，人人具足。我們通過學習佛法，知道有那個，有時候打坐有點體會，自己還蠻高興的，明白了那個，自性的光明才一點點。所以說「三更初夜月明前」，剛剛露出來一點芽兒，但是「莫怪相逢不相識」，我們在日用中只是認不到而已。宇宙陰陽未分，太極未生以前，那種黑白未分的狀態，哪有什麼彼此？「玄黃之後，方見自它。」天地分開以後，才有你我的這些區別。

南師：《千字文》講「天地玄黃，宇宙洪荒。」天地分開了，物理上面有個青天，那叫玄色，大地是黃色。天地分了以後，才有彼此。念頭一動就有彼此了，父母未生以前，你什麼都不知道，父母生了以後，就有人我是非，雜念妄想。所以叫你參「父母未生以前是什麼？」

古道師：「於是借黑權正，假白示偏。」於是用黑白的圖像，正中偏是這樣，黑多白少，像月亮一樣。如果沒有這個圖，簡直沒辦法用語言去解釋。我們在凡夫位的時候，黑多代表無明，無明是正位，那個靈明自性反而落在偏位，我們日常思維都是隨著妄想習氣奔走，等於把皇帝晾在一邊，大臣們各行其事。這裡借用白色代表自性光明，但是這個時候還沒有大放光明，落在偏位上，所以稱為正中偏。「正不坐正，夜半虛明，偏不坐偏，天曉陰晦。」靈明自性沒在正位上，偏居一隅。

南師：夜半正明，你們好好體會，譬如我們睡覺也好，打坐也好，有時候會昏沉，有時候好像睡著了，什麼都不知道，有時候將睡未睡，將醒未醒，你有點知道，並不是黑漆一團，有一點知覺，那個是夜半正明的影子了。我們打坐有時沒有妄想，好像昏沉了，但是有人說話，你也聽到，那個糊塗裡有點靈光，等你真清醒了，反而這一點靈光看不到了。

所以洛浦見夾山，問：「佛魔不到處如何體會？」夾山回答：「燭明千里像，闇室老僧迷。」答得太好了，等於那個昏沉的人，半夜醒了，身體還沒有感覺，一點靈明起來了，好像還有一點消息；完全醒了，這點靈明反而沒有了。洛浦又問：「朝陽已昇，夜月不現時如何？」夾山回答：「龍銜海珠，遊魚不顧。」一念清淨下去，對於氣脈、身體一概不理，自然會起變化，就是這個道理。

古道師：「全體即用，枯木花開，全用即真，芳叢不豔。」在那種狀態裡，全體即用，像枯木花開一樣，有這個奇蹟出現。

南師：自性本來清淨光明，妄念都是他的起用。科學家的發明可以上天入地，可以使死人說話，枯木開花，可見這個力量有多大。

古道師：「摧殘兼帶，及盡玄微，玉鳳金鸞，分疎不下。」萬物的榮枯變化都是他的兼帶作用。

南師：一年春夏秋冬都是他的變化作用，太微妙了，不可思議，玉鳳金鸞，你分不清楚。

古道師：分不出哪個是鳳，哪個是鸞。「是故威音那畔，休話如何，曲為今時，由人施設。」空劫以前，威音王以前，本來空的，「休話如何」，你不要再說什麼了，一個念頭都沒有的。這種玄妙的曲子，如果今天來彈，每個人的彈法都不一樣，由人施設，所以有曹洞的君臣，臨濟的賓主。

南師：有人用棒，有人用喝，教育方法不同了，密宗唸咒，淨土唸佛，禪宗參話頭，各有一套了。

第十八講　五位君臣　三

二〇〇九年十二月二十五日

內容提要

禪宗變遷
曹洞法脈
芙蓉楷上堂
長蘆歇上堂

古道師：接下來是長蘆歇禪師。出家人法名相同的很多，所以必須在前面綴以居住地，或是山名，或是寺名。六祖門下從青原行思、石頭希遷開始，隨著〈參同契〉的問世，真正有了一套修行方法與哲學理論。當時禪宗的興旺，特別是馬祖道一禪師在南昌這個地方，古稱洪州，直指人心，即心即佛，這種直截了當的法門，如火如荼。石頭希遷禪師在南嶽的茅蓬中靜修，靜觀天下，他說祖師門下，不要擅立規矩，門門一切境，都能通達真如，不必單舉某一個派，某一個宗，某一個思想，某一個方法。他對禪宗命運的發展，就提出〈參同契〉，直接用道家的丹經鼻祖來命名，這也是非常大膽的舉動。

所以有人說，禪宗是從道家演變來的，實際上在中國文化傳承的過程中，特別是中國禪宗的發展歷程中，不無道家的因素；同時，佛法傳入中國以後，對道家的種種啟迪也是有非常密切的關聯。但是你不能下一個定義說禪是從道家來的，或者說佛教啟迪了丹道，這種說法都是不全面的，因為其中有千絲萬縷的瓜葛。中國文化的包容融滙性太強，一切外來的文化，一旦融入到中國文化裡，漸漸就融為一體了，不能明確分出一個界限。

中國禪宗的主題，只是讓人明白本來面目，明白到底什麼是我，什麼是佛法大意，或者如何是西來意？這些問法很多，實際上都是直指如如不滅的自性，靈明不昧的那個，禪宗說得最直接，就是那個。從洞山禪師到曹山禪師，確實形成了一種風格，一種教育勘驗學人的方法，提出五位君臣的功與位，有的人是從功中修來，努力修行，達到明心見性；有的是從位向功，已經言下頓悟了，回過頭來在日常生活中打磨習氣。還有功與位同時達到的境界。

現代中國佛教史並沒有詳細談到禪宗的發展歷史，只是很籠統地概述，其中往往有一兩百年的跨越，實際上禪宗的發展歷史也跟演義小說一樣，是很有意思的故事。洞山門下實際上有很多得法弟子，當時就有朝鮮、日本的僧人來洞山求學，後來青林師虔禪師接任洞山主持，也在闡揚洞山宗旨。我們從歷史角度去詳述曹洞宗的發展歷程，卻無法全面提及，只有對曹洞宗發展有重要歷史影響的人物，專門提出研究。

曹洞宗門下最有影響力的兩個人，一個是曹山本寂，一個是雲居道膺。曹山本寂得到洞山禪師傳授的〈寶鏡三昧〉，離開洞山以後，去雲遊禮拜六祖，回到江西宜黃的曹山，當時還不叫曹山，因為出於對曹溪六祖的景仰，就把自己居住的地方命名為曹山，真正把洞山禪師的思想發展起來，他有關於五位君臣的詳細論著，還有一個專門的《曹山本寂禪師語錄》，將來我們再深入研究學習。

另外一位雲居道膺禪師，他也繼承了洞山禪師綿密的禪風。相比曹山本寂禪師，雲居的傳授更為簡潔明了，所以後世的曹洞子孫多是從這一脈下來，曹洞宗的影響直到現在的少林寺，延續下來的還是雲居一脈。而曹山本寂禪師相傳五代以後，幾乎沒有什麼記載了，沒有人能繼承這種繁瑣的禪法，實際上禪宗本來直指人心見性成佛的一脈，與中國的《易經》八卦結合在一起，就變得太複雜了，很難繼承下來。要接這個棒子，不但要懂佛法，懂禪宗，還要懂中國本有的歷史文化，畢竟世間通才少，很可惜沒有傳下來。

南師：講得好。

古道師：雲居道膺以後，曹洞宗的禪法慢慢北移了，道膺傳道丕，道丕傳觀志。宋代以後，梁山緣觀禪師又傳回湖南，當時的國家並不完整，不像漢唐那樣一統天下，雖然文化貌似繁榮，非常發達，歌舞昇平，實際上充滿外患。禪宗也和國家的命運一樣，有如懸絲。緣觀以後，只有大陽警玄影響最大，這個人非常了不起，不但見地超越，修行非常刻苦，以身作則，脇不至席者五十年，長坐不臥，五十年刻苦修行，就沒倒下睡過。所以曹洞宗從青原行思、石頭希遷下來，都是坐禪的高手，真實用功，源遠流長，實際上當時的年代，已經滿天下都是狂禪。

當時的方言記錄，現在讀起來非常晦澀難懂，因為古人說話簡潔了當，而且語言隨著時代不斷變遷，這種年代隔閡給我們的研究帶來困難。老師常說學禪文彩要好，很多祖師們不是婆婆媽媽地告訴你該怎麼做，而是隨口就是瀟灑優美的詩文，對仗工整，需要自己去意會。除了文學功底，還有一個方言問題，你最好要懂閩南話或客家話，因為那是真正的唐音，比如狗子有佛性也無？無。老師經常講「莫啊」，古代記載是無。

研究禪宗發展的歷史，曹洞一系是非常坎坷的，大陽警玄以後，沒辦法傳下去了，交由浮山法遠代傳，浮山遠本是臨濟宗的禪師，讓他將來覓得一個兩個，把曹洞宗傳下去。後來浮山遠找到投子義青，才有之後的芙蓉道楷、丹霞子淳、長蘆清了，到宋代末年的天童如淨禪師，把曹洞禪法及芙蓉道楷的法衣傳給日本的永平道元。（眾鼓掌）

今天我們先來複習一下丹霞子淳的頌。

丹霞淳五位頌序云：夫黑白未分，難為彼此；玄（元）黃之後，方見自它。於是借黑權正，假白示偏。正不坐正，夜半虛明，偏不坐偏，天曉陰晦。全體即用，枯木花開，全用即真，芳叢不豔。摧殘兼帶，及盡玄微，玉鳳金鸞，分疎不下。是故威音那畔，休話如何，曲為今時，由人施設。

古道師：這裡的正中偏、偏中正，不是修行方法的次第，而是直接位上境界的定格。靈明本性，本來如此，但我們在日用中沒辦法認得，雖日用而不知，就是這個境界。比如失曉老婆逢古鏡，照鏡子一樣，對面這個就是我們自己，雖是一個影像，但直接透過這個明白真正的那個，離開這個假影，又找不到一個真的，所謂這個就是那個，當下認得那個，從凡夫位到見道位。後面兩個正中來、兼中至是修道位，到了兼中到，就是一切圓滿的證道位。所謂君就是我們的本體，臣是我們的用，本體示現的相，包括外在一切事物。

「夫黑白未分」，黑夜白天沒有分，一片混沌狀態，「玄黃之後」，分了之後，才有你我等等一切妄念，實際上這個本來渾然，卻可以起靈明的作用。老師讓我們注意在睡覺的時候，我們的主人公在哪裡？你說那個起作用了嗎？我們睡得很好，但是你睡醒了不知道睡覺的時候有沒有思維，做夢是獨影意識的作用，有時候我們沒有做夢，無夢無想，就那麼安安靜靜，主人公在哪裡呢？第六意識沒起現行，但是有人喊你的名字，或是鬧鐘響了，電話響了，你就會醒，這是什麼在起作用？所以說這個起作用以後，「玄黃之後，方見自它。」人我是非，一切妄想分別都起來了。

芙蓉楷上堂：喚作一句，已是埋沒宗風，曲為今時，通塗消耗，所以借功明位，用在體處，借位明功，體在用處。若也體用雙明，如門扇兩開，不得向兩扇上著意。不見新豐老子道：峰巒秀異，鶴不停機，靈木迢然，鳳無依倚。直得功成不處，電火難追，擬議之間，長途萬里。

古道師：本來如是，一切現成，電光石火間去領略。用語言文字及後天的思維去描述，那已經不是了，離祖意很遠了。「喚作一句，已是埋沒宗風。」

南師：有一個道可得，有個菩提可成，不是一句話嗎？有個佛可求，有個佛可成，這些都是一句話，學密宗的求個灌頂，修個加行，都是一句話。學禪的人，說個直指人心，明心見性，這兩句話就埋死人了，心是個什麼東西啊？性是什麼東西？怎麼見？怎麼悟？說這一句，就不是禪宗了。

古道師：「曲為今時，通塗消耗。」像我們今天晚上的這個課程一樣，大家一起學習探討，一切都錯了，都是在浪費精神。

D同學：釋迦牟尼及先聖們覺悟的道理，流傳到現在，已經變樣了，「通塗消耗」，每個人都有自己的解釋，亂七八糟。三藏十二部，各代有各代的解釋，我們有我們的解釋，初學佛的人，不知道聽誰的對，搞不清楚，掉到名相堆中，越聽越糊塗。心是什麼東西？性是什麼東西？本來就不是東西，所以才有那麼多的注釋，每一種注釋都是包裝。你說王老五天生下來就是王老五嗎？因為他爸姓王，追上去找最初這個王是從哪兒來的？沒有。心是什麼東西？佛是什麼東西？這個問題本身就是答案，不是東西。所以越解釋越迷惑，都沒有用，胡扯也是一種解釋。

南師：好啊，講得好。

D同學：「所以借功明位，用在體處，借位明功，體在用處。」為什麼呢？曹洞宗要講五位君臣，因為過去說的名相太多了，不是佛就是道，要麼有為，要麼無為，已經被名相困住了。要改變一種方式，用別的語言來表達這個，重新施設五位君臣，從不同的角度來教育啟發，從大家沒有經驗過的陌生角度去啟發。

「借功明位」，功就是工夫，包括打坐修禪定，乃至做功德，通過作人做事改變習氣，為什麼要做功德？為什麼要打坐修禪定？為什麼要寧靜？為什麼要讀經？所有這些都是功，為什麼要持戒、布施、忍辱、精進？到處去參學，都是功，為了「明位」，明白什麼位呢？明白你自己本身，你的根本是什麼？你的心，本位是什麼？本性是什麼？

南師：講得好。

D同學：「借功明位」，目標是在這個本性上。「借位明功，體在用處。」反過來說你真的明心見性了，再去好好用功，不要再迷惑。傅大士講稍微一念不慎，沒有善護念，又返俗歸塵，墮落迷惑掉了。雖然初步見道，還需要好好修，好好打坐，行住坐臥都在禪定中。第二，要在作人處事中練習反省，這個貪嗔癡慢疑的習氣，隨時要照見，要觀照到，然後去糾正，隨緣幫助別人，這都是見性之後的功，這是「借位明功」。明白了本位，繼續用功，高高山頂立，然後深深海底行，八萬細行，好好修過。「體在用處」，本體就顯露在功用上。

「若也體用雙明，如門扇兩開，不得向兩扇上著意。」等於文質彬彬，文武雙全，明心見性了，同時工夫也很好，作人做事都不錯，修行很好，要靜能靜，要動能動，不會迷惑，不會死守著一個寧靜，說話做事，動靜之中都不會迷惑，兩個車輪一樣，一起轉動，「如門扇兩開」，一起打開，光明大放。「不得向兩扇上著意」，不能困在任何一個方面，定、慧、體、用，不能偏向，要兩個輪子一起轉，就比較穩妥。

「不見新豐老子道」，新豐老子就是指洞山祖師了，這裡引用洞山的兩句話：「峰巒秀異，鶴不停機，靈木迢然，鳳無依倚。」一隻仙鶴在天上飛，下面山峰迭起，風景秀美，可是仙鶴不會停留在任何一個地方。工夫境界非常多，有時候神通也來了，定力也很好。剛才古道師講到大陽警玄脇不至席五十年，開始是刻苦，到後來我覺得可能是舒服，帶著禪定的喜悅。隨著工夫日進，智慧上也有不斷地開發，像甘泉一樣湧出，很多學問都觸類旁通，突然會作詩，突然說法無礙。可是這些都是境界，就像峰巒秀麗，風景很美，可是真正自在的仙鶴，一個自在無礙的智慧，不會停留在任何一個美好的境界上。因為落在一個境界上，已經被掛住了，掛住一個，一即一萬，等於被所有東西掛住。《金剛經》說「若心取相，即為著我人眾生壽者。」其實若著佛相，也是著我人眾生壽者，你著任何相都是一樣。

「靈木迢然，鳳無依倚。」鳳凰一般是落在很奇特有靈氣的梧桐樹上，有靈氣的神木長得很高很漂亮，但是鳳凰並不當作歸宿，只是偶爾落下。修行不管是壞境界、好境界都不要執著，這樣才能進步，如果停留在一個車站，那就到達不了下一站，必須一路走下去，一直到功德圓滿。

南師：講得好。

D同學：「直得功成不處，電火難追，擬議之間，長途萬里。」道家講：功成名遂身退，天之道。你或是初步見道，或是像釋迦牟尼一樣功德圓滿，依然聖位也不居，一切不執著。《金剛經》講「如來昔在燃燈佛所，於法有所得不？」須菩提，你以為燃燈佛有個法傳給我嗎？沒有。所謂如來者，「若見諸相非相，即見如來。」把佛否定了，把法也否定了，所以佛說四十九年住世，未曾說一字。這也是「功成不處」，絕對不會有一點執著貪戀。

「電火難追」，《金剛經》講「一切有為法，如夢幻泡影，如露亦如電，應作如是觀。」所有的有形有相，所有的思想文化，都是有為法，就是有所作為，當然有生有滅，像電火一樣生生滅滅，難以追尋。你追求功名富貴也好，作官也好，有生有滅都是緣起，很多因緣配在一起，有一天因緣變了，官也沒了，財也花完了，生命也有盡頭，從歷史的長河來看，不過都是一瞬間，電光石火一樣，所以千萬不要追這些，你修行工夫也是這樣。

南師：懂了這些，也懂了大政治的道理。

D同學：出世入世都一樣，作人做事都一樣，古往今來多少聖賢，多少英雄將相，電光石火一剎那就過去了。「擬議之間，長途萬里。」你分別之間，想去作一個判斷，已經不對了，還不要說下一個結論，你稍微一懷疑，稍微一想去判斷，這已經迷惑了，因為本來整個一體，永遠在這裡作用，沒有隨著一切生滅而迷失，而你所有的思惟、懷疑、判斷，這些念頭本身就是生滅法，不管你說佛也好，說狗屁也好，都沒有用。

祖師說：空中不運斤。斤在古代指刀斧，為什麼說空中不運斤呢？我們拿刀砍虛空，不能左右劈開，這就代表要分別凡夫與佛，煩惱與菩提，此岸與彼岸，都是在空中砍一刀，人為地想要分開，是東還是西，其實完全是假設。你的判斷，在唯識來講就是比量，你把它當成真的時候，就是非量，凡夫之所以是凡夫，就是把所有的假設、比量當成真實，所以困住了。（眾鼓掌）

長蘆歇上堂：轉功就位，是向去底人，玉蘊荊山貴。轉位就功，是卻來底人，紅爐片雪春。功位俱轉，通身不滯，撒手亡依，石女夜登機，密室無人掃。正恁麼時，絕氣息一句作麼生相委？良久曰：歸根風墮葉，照盡月潭空。

D同學：長蘆歇是宋代大禪師丹霞子淳的弟子，他說「轉功就位」，就是通過工夫功德，回歸本位。

南師：唸佛、打坐都是功，諸惡莫作，眾善奉行也是功，位就是本來面目。

古道師：「轉功就位」，就是慢慢漸修達到一個地位，或是一個境界。「向去底人」，這個人呢，是往那個目標奔去的人，趨向那邊的人。「玉蘊荊山貴」，就像卞和獻玉一樣，雖然幾經挫折，一旦剖開以後，就見到這個無價寶玉了。下面「轉位就功」，你真正明白心地，明心見性以後，回過來做工夫，這就好辦了，生活日用中面對一切八風境界，就像片片春雪，落在紅爐上，不用費勁就化掉了，比較得力。

南師：妄念本空，一來就沒有了。

古道師：然後是「功位俱轉」，等於真正頓悟的人，見地與修行同時達到，這種大根器人，「通身不滯」，沒有一點掛礙。「撒手亡依」，連那個通身無礙也放下，涅槃都不要，才是真正無礙自在，就像「石女夜登機，密室無人掃。」石女什麼心機都沒有，半夜點燈也跟她沒有關係，一切外在的境界、因緣，都毫無掛礙，八風不動。所謂密室，我們這個心房，本來不需要時時勤拂拭，「本來無一物，何處惹塵埃。」還打掃什麼呢？

南師：石女在醫學上講，有人生來是女人的身體，但沒有月經，不能結婚做這個事。

D同學：她夜裡還在紡織，為什麼？因為她沒有配偶，代表沒有對待，是絕待的一個狀況，無所住而生其心。是、非是對待，佛、眾生是對待，有個此岸，就有個彼岸，有個涅槃，就有個輪迴，都是對立的，而這個石女已經沒有對立了。

古道師：「正恁麼時，絕氣息一句作麼生相委？」

南師：什麼是絕氣息啊？

古道師：一念不生。

南師：死了的人沒有氣息，工夫修到氣住脈停，等於死了，屍體擺在那裡，你怎麼去轉呢？

古道師：你縱然修到氣住脈停，但是依靠什麼呢？

D同學：比如生死關頭，怎麼辦？你怎麼生來死去？看你的工夫見地怎麼樣？那是真考驗。

南師：講到這裡，「良久」，有意停一下，自己也不說，看你們有沒有答案。誰也不敢說話，他就接下去了。

古道師：一句很美的詩偈，「歸根風墮葉，照盡月潭空。」

南師：這兩句要注意啊，工夫與見地到了，等於那個石女，真的修到氣住脈停，到這裡怎麼樣？半天停留，他眼看著大家沒有回答，不是故意作詩，脫口而出「歸根風墮葉，照盡月潭空。」工夫到了氣住脈停，還有妄念沒有？

古道師：沒有了，全隕落了。

南師：那也不見得。氣住脈停是生理上四大的工夫，「歸根風墮葉，照盡月潭空。」鏡子裡迷頭認影，不認得那個靈明自性，月潭空影，月影不是真月，但沒有真月也沒有月影。

D同學：「照盡月潭空」，月亮沒了，潭中的影子也沒了，所謂的真假都空。

古道師：這個靈明覺性的照，有一個相對的影子，但是真正明白那個，統統放下，連影子都沒有了。

南師：祖師說「千江有水千江月，萬里無雲萬里天。」月亮只有一個，可是只要隨處有水，裡頭就有一個月亮，一切眾生的自性本是一個。月影不是真的，天上明亮的月亮也不是真的，月亮本來不發光，是反射太陽而發光，最後太陽也不是真的，那個能生明暗，非明暗之所生，那個你找到了，一切性空。歷代禪師的文學之高明，那不是杜甫、李白所能達到的，而且不但文學，包括哲學、邏輯、科學，隨便講一句，都是妙不可言，你們參一參。

第十九講　五位君臣 四

二〇〇九年十二月二十六日

內容提要

僧問雪竇宗

湧泉景欣

天童覺四借頌

僧問雪竇宗：如何是轉功就位？宗云：撒手無依全體現，扁舟漁父宿蘆花。云：如何是轉位就功？云：夜半嶺頭風月靜，一聲高樹猿啼。云：如何是功位齊彰？云：出門不踏來時路，滿目飛塵絕點埃。云：如何是功位齊隱？云：泥牛飲盡澄潭月，石馬加鞭不轉頭。

古道師：聽起來都挺美的，不知道說些什麼？雪竇宗是宏智正覺的法子，都是宋代了不起的大禪師，後來住持浙江雪竇山，古稱明州。有人問他：什麼是「轉功就位」？從修行達到證悟，是個什麼狀況呢？他說：「撒手無依全體現，扁舟漁父宿蘆花。」全體放下，不依靠任何法門，任何經教，妄想不斷，六根寂寂，自然明白那個。漁父可以說是主位，蘆花等於一切外相，住在萬象中，覓不到他的蹤影，那個漁父划著小扁舟進到蘆葦蕩中，找不到蹤影了。但你不能說這個漁父沒有了，他就在蘆花叢中，我們的自性也是這樣，在一切中不顯蹤跡。

又問：「如何是轉位就功？」他說：「夜半嶺頭風月靜，一聲高樹嶺猿啼。」因為祖師們住在山裡，這些詩句隨手拈來，用自然景物來描寫某種境界。他說明心見性的人，回過頭來打磨習氣，就像半夜萬籟俱寂，風清月明，正在這個時候，遠處的高樹上，一隻猿猴長嘯一聲，歷歷在耳。（眾鼓掌）

D同學：煩惱都調伏了，夜半正明，智慧明朗。

古道師：溈山禪師說：「只貴子眼正，不說子行履。」你怎麼修行的不問，只問你有沒有明白這個事。如果明白了這個，一切都好辦，只要一念回光，都在本來的境界中，而外面的境界影響不了他。

那人又問：「如何是功位齊彰？」祖師說：「出門不踏來時路，滿目飛塵絕點埃。」真正果位成就，種種習氣，包括自己曾經刻苦修過的種種法門，都放下了，不踏來時路，不會再迷惑了。「滿目飛塵絕點埃」，在一切塵境中，面對八風境界，不會再有一點動搖，不會再受染污了。滿眼都是灰塵，但是一點兒都不會沾上。

再問：「如何是功位齊隱？」這個更高一層，所謂得道也好，工夫也好，統統放下，一無所得，無菩提可證，無煩惱可除，不二法門，一切真實，生死涅槃一如。「泥牛飲盡澄潭月，石馬加鞭不轉頭。」用泥牛石馬來比喻，泥牛把湖水裡的月影都吃完了，這是很奇怪的事，石頭做的馬，用鞭子打它，可是它連頭都不回，沒有反應。一切了無掛礙，如如不動，常樂我淨。

D同學：泥牛入水就化掉了，飲盡潭月，月亮也沒有了。

古道師：也就是老師講過的〈十牛圖〉，牧牛的人睡著了，牛也睡著了，就是那種狀態。

南師：牛、猴子都代表妄念、思想、情緒，都清淨了。

D同學：我執、法執都空了。

南師：聖位亦不居。

湧泉景欣禪師云：我四十九年在這裏，尚自有時走作，汝等諸人莫開大口，見解人多，行解人萬中無一個。見解言語總要知通，若識不盡，敢道輪迴去在。為何如此？蓋為識漏未盡。汝但盡卻今時，始得成立，亦喚作立中功，轉功就他去，亦喚作就中功，親他去我，所以道，親人不得度，渠不度親人。恁麼譬喻，尚不會薦取渾崙底，但管取性亂動舌頭，不見洞山道，相續也大難。汝須知有此事，若不知有，啼哭有日在。

古道師：很有意思，等於老和尚上堂法語一樣。湧泉景欣禪師說：住山四十九年，「尚自有時走作」。有時候還有微細的妄念會起來，或被外境所干擾。他說你們這些人啊，別說大話了，「莫開大口，見解人多，行解人萬中無一個。」道理說得天花亂墜，但不能行解相應，真正的修行人，一萬個人裡找不出一個來。《坐禪三昧經》中，佛說幾百年以後如何，一千五百年以後如何，億萬人中有一個就不錯了。

南師：這是真話，不是比喻。現在學禪學密的人太多了，講道理都會，工夫一點兒都沒有到。

古道師：南泉禪師上堂：滿天下都是禪師，想找個笨人都找不到。所以佛法沒辦法再傳下去了，那些聰明人玩嘴皮子，機鋒轉語比誰都厲害，但是沒有踏踏實實做工夫。景欣禪師也說「見解言語總要知通，若識不盡，敢道輪迴去在。」那要真通達才行，通達宗下工夫，否則，「若識不盡」。

南師：還不踏實。

古道師：微細的妄想流注還斷不掉，「敢道輪迴去在」，還敢說解脫輪迴煩惱？「為何如此？蓋為識漏未盡。」為什麼這樣呢？我們意識深層微細流注的煩惱，還沒有斷，所以光影門頭靠不住，真正修到六根寂寂，一念不生，那時才有點消息。但把那個當成真的還是不行，無始以來的習氣，微細妄想還在，還要打磨，所謂悟後修行。

「汝但盡卻今時，始得成立，亦喚作立中功。」你把現在的一切知解、學問、思想統統放下，甚至用功的方法，一切佛法都拋棄掉，「始得成立」，才有一點希望，但也才是立中功，等於才開始修行，才到功位，離那個主位還早呢。再進一步，「轉功就他」，工夫進步了，想認取那個，轉向清淨的一面，「喚作就中功」。

南師：工夫轉過來了。

古道師：「親他去我」，還有一個取捨在，有我有本性等等，有能有所，還不是一如。「所以道，親人不得度，渠不度親人。」靠第六意識的分別，找不到那個本心，才想明白一點消息，還是第六意識的作用，有個我，有個渠，把這個去掉，還有一個相對的在，還不是究竟啊。你在這裡面鬧騰，沒辦法得度，意識真正打磨乾淨了，才可以證到如來藏。

D同學：「六七因上轉，五八果上圓。」你自己修行，第六、七識要轉了才得度，否則菩薩也沒法度你。

古道師：「恁麼譬喻，尚不會薦取渾崙底」，用這樣的比喻，還沒有真正找到，囫圇吞棗一樣。

D同學：「但管取性亂動舌頭」，前面又是立中功，又是就中功，又是渠又是我，現在還不是整體地講，還是有能有所，有一個能修行，有一個所修行，有一個此岸，有一個彼岸，不是囫圇整個。所以「但管取性」，你現在還在追求見性，還不能整個打成一片，不是事事圓融，說來說去，還是「亂動舌頭」，還是對立的，有能有所，兩頭相對的話，當然不能達到洞山祖師說的相續境界。

古道師：「不見洞山道，相續也大難。」真正明白了，再綿綿密密用功，這就更難了，一般人很容易得少為足，停在那裡。這一路研究下來，可以看到曹洞宗的見地，以及他們的綿密用功。

南師：很重要，這是曹洞宗的特點。

古道師：「汝須知有此事」，你必須要知道有這個，達到這個境界。「若不知有，啼哭有日在。」如果不明白這個道理，那以後等著哭去吧，後面大有苦頭在。

南師：禪宗講的知有，至少有點影子了，圓圈裡的一點白，智慧光明已經有一點了，是個事相，見性的一個境界，知道但是不徹底。

天童覺四借頌

一借功明位頌

蘋末風休夜未央　水天虛碧共秋光
月船不犯東西岸　須信篙人用意良

二借位明功頌

六戶虛通路不迷　太陽影裏不當機
縱橫妙展無私化　恰恰行從鳥道歸

三借借不借借頌

識盡甘辛百草頭　鼻無繩索得優遊
不知有去成知有　始信南泉喚作牛

四全超不借借頌

霜重風嚴景寂寥　玉關金鎖手慵敲

古道師：天童宏智正覺禪師是丹霞子淳的弟子，非常了不起。

D同學：第一，「借功明位」，從工夫、功德方面，轉變習氣，目標是指向悟道，指向大徹大悟。在這個過程中，「蘋末風休」，就是莊子講的：颶風起於飄萍。現在西方講的蝴蝶效應，也是一個道理，看到水面上的浮萍一動，風悄悄動了，與後來的颶風有很大的關聯。現在量子力學講宇宙中兩點之間，不管距離多遠，彼此是有感應的。「蘋末風休」，就是你一念動了，一點動隨萬變，當下一念迷惑了，整個天下就是江村煙雨濛濛了，差之毫釐，謬以千里。而你當下的妄想停下來了，但是「夜未央」，還沒有到子時午夜一陽生，還沒有真正悟道。

「水天虛碧共秋光」，水天一色，秋高氣爽，清清湛湛。持續加緊用功，「月船不犯東西岸」，這也是用莊子的典故，泛若不繫之舟，小船在大海上航行，沒有固定的抛錨點，就是無所住，是自由的。所以有人問古道師：你跑了那麼多地方，哪兒最好？古道師說：還是在路上最好。

「須信篙人用意良」，歷代聖賢，包括我們的老師，有了證悟，希望來度人，作篙人撐著船槳去划渡船，幫人渡過風浪，用心良苦。借功明位，就是講如何修行的加行位。

第二，「借位明功」。有所心得了，明白一點了，再去繼續努力用功，高高山頂立，深深海底行，是講這個過程。「六戶虛通路不迷」，眼耳鼻舌身意六個門戶，不會有大的迷惑了，「太陽影裏不當機」，真正的智慧，像太陽光一樣，不是平常的聰明和知識，那是蠟燭光，太陽照見一切，雖然有個影子，但是沒有障礙。「縱橫妙展無私化，恰恰行從鳥道歸。」山崖上非常險峻的小路，只有鳥能飛過，一般人走不了，也就是說修行越來越努力，「縱橫妙展」，這時行住坐臥都比較自在，像牧牛一樣，大概可以稍稍放開那個韁繩，不會犯人稼苗了。

南師：等於唐人的詩，「千山鳥飛絕，萬徑人蹤滅，孤舟蓑笠翁，獨釣寒江雪。」

D同學：「恰恰行從鳥道歸」，雖然這條鳥道很艱苦，比如忍辱，你碰到拂逆的事，很討厭，你當下怎麼處理，不起煩惱，你怎麼樣超越，這也可以說是鳥道，一般人做不到。（眾鼓掌）

古道師：古人說如履薄冰，如劍刃上行，雖然有些自在任運的味道，但是到這個地方，就像鳥道一樣，還是要小心，善自保任。

D同學：意見不同的時候怎麼辦？起煩惱的時候怎麼辦？比如說利益突然沒有了，官突然沒了，錢突然沒了，或者突然生病了，生死來了，這些都是鳥道，險道絕路，你怎麼辦？很多人都不敢走這條路，見著就跑，所謂怨憎會、愛別離，你怎麼辦？真正悟道了，這樣走下去。「恰恰行從鳥道歸」，雖然如此，卻向亂峰深處啼，這樣也要去修過，有定力去面對。

第三，「借借不借借頌：識盡甘辛百草頭，鼻無繩索得優遊。」憑藉一個法門去修證，佛說八萬四千法門，都是「飄飄黃葉止兒啼」，以楔出楔，給你一個渡河的船，也就是莊子說的得魚而忘筌，捕魚的時候要用魚網，捕完了要丟掉。借個方法，也可以說是依他起，借個有為法，須極到無為的境界。無論是四禪八定，各種功德，八萬細行，非常多的法門，但是你不修，就沒有資格講，根本沒有嘗過滋味，還說什麼呢？所以借借不借借，你真正踏踏實實用功，無論念佛、安般、準提法，任何一個法門，你相信了就一直修到底，門門一切境，一即一切，修到底都成功了，但是最後反而要捨掉，「有為須極到無為」。「識盡甘辛百草頭」，神農嘗百草，試盡各種各樣的方法，嘗盡甘苦。然後「鼻無繩索得優遊」，還是那個牧牛的道理。

南師：不要被方法困住。

D同學：牛就是習氣，這些貪嗔癡慢疑，一點一點，越來越規矩了，到最後不用牽著牠了，可以放開了，牛也不會偷吃莊稼了，這個牧童也可以去睡大覺了，兩相自在，也可以說是相忘於江湖。「不知有去成知有，始信南泉喚作牛。」

南師：弟子問南泉禪師：師父啊，百年之後你到哪裡去啊？南泉說：我到山下變一頭牛去。就是去度一切眾生了。

J同學：「不知有去成知有」，此事不屬修證，也不離修證。

南師：知有，知道這一念本來清淨。

D同學：雖然兩兩相忘，也正在修行中，有人問成佛以後還修行否？

南師：修行。南泉說到山下變一頭牛去。

D同學：為眾生當牛作馬。第四，「全超不借借頌」。整個一切全超越了，不管有為無為，踏破毗盧頂上，借也好，不借也好，一切自在。就算再來，住胎不迷，出胎不迷，不借而借，左右逢源。

古道師：不借借，等於一切不著，一切都不藉助。

南師：觀自在菩薩，自由自在。

古道師：「霜重風嚴景寂寥」，祖師們善於用山水比喻，眼前的自然境界，就像經歷了寒霜苦雨，樹木凋零盡了，非常寂寥，虛明寧靜，本地風光。

南師：所以說證得寂滅。

古道師：「玉關金鎖手慵敲」，到這個境界，不必再去另找一個西方淨土，還有什麼菩提可證，現在都懶得去理了，都無所求了，再妙的法門，都不動於心。

南師：不是不動心，是本來空。

D同學：「石馬加鞭不回頭。」

古道師：是一個境界。「寒松靜夜無虛籟」，雖然霜重風嚴，松柏還是青青如故，依然不變。

南師：一念清淨。

古道師：青松歷盡寒冬，整個夜晚在高山頂上有一種聲音，或是風聲，或是天體轉動的聲音，了然清淨。

南師：觀世音菩薩講：動靜二相，了然不生。

古道師：「老鶴移棲空月巢」，夜裡白鶴歸來，棲息在空的境界中。

南師：原來的巢，身體空掉了。所以古人不講佛法，只講詩詞歌賦，卻不是文人妄語。你們把文學學好，就接近禪了。玉關金鎖，在道家指頭頸部的氣脈，打通以後沒有妄念，喉嚨是生死關，頂門打開，生死來去自由。而禪宗到這一步，無所謂玉關金鎖，都空了。曹洞宗與道家修仙有關聯，在密宗而言，玉關等於是頂輪，金鎖是喉輪。

第二十講　五位君臣 五

二〇〇九年十二月二十七日

內容提要

古德分

圜悟禪師提唱

浮山遠錄公

古道師：前段時間，我們一直在學習五位君臣的注解。

南師：不是注解，是歷代祖師們的評唱，心得的表達。瞿汝稷編輯《指月錄》，集中了曹洞以後這些祖師們的心得報告，看看歷代祖師們的禪定與般若，禪定就是工夫行履，般若就是開悟知見，兩者配合。要研究這些心得，離不開中國文化文學史，這個問題的題目太大了，詩詞不是一件小事，代表了唐代文學的轉變，因為祖師們的推崇，從晚唐到宋代，出現了詩詞的轉變。期間有所謂的九僧，都是詩僧而已，詩作得好，工夫見地幾乎沒有。從中唐晚唐到宋代，宋詞的轉變與出現，都受這些禪宗祖師們的影響，可是人們研究中國文藝史，因為不懂禪宗，就搞不清楚了。

等於現在研究清朝的歷史，對於雍正一代，有各種各樣的說法，其實都不知道雍正是禪宗專家。這個都不清楚，對於他的政治和一切出世的教育，更不懂了，講的都是外行話。

對於唐代文藝史的轉變，禪宗祖師們的影響很大，而所謂的九僧，只會作詩，風花雪月而已，大家看著好看；可是碰到禪宗祖師們的這些詩句，就不同了，真有內涵。而明代詩僧栯堂禪師，那是真了不起，他的詩，他的精神規格，有唐代杜甫、李白的風格，可以看到他的修養境界，他的禪定與般若見地。

古德分三種功勳頌

一　正位一色頌

無影林中鳥不棲　空階密密向邊遲
寒巖荒草何曾綠　正坐當堂失路迷

二　大功一色頌

白牛雪裏覓無蹤　功盡超然體浩融
月影蘆花天未曉　靈苗任運剪春風

三　今時一色頌

髑髏識盡勿多般　狗口纔開落二三
日用光中須急薦　青山只在白雲間

古道師：這是結合五位君臣，後人闡述修行的心得，但是用這種非常文學化的詩句來描述，通過體會那個意境，然後明白修行達到的真實境界。

南師：所以唐詩宋詞多是風花雪月，描寫人世間表面的風景與情感，達不到禪詩的深度。可是一般研究文學的人不懂，輕視了禪詩，不是輕視，是不敢去碰。

古道師：是，太難了。因為這與自己的工夫、見地、行履直接關聯，修行沒有到家，只能停留在文字概念的理解上，像唐代世間的詩人一樣。禪本來不可說，但是祖師們又說了那麼多，沒有辦法把禪意直接傳遞給別人，也只能用中國文字與文學，因為幾千年來這個方塊字蘊意很多，功能強大，祖師們也只能藉助這個去描述，留給後人自己去參究。無論禪也好，寂靜也好，對於努力追尋過的人，讀到這樣的禪詩，回過頭來把自己種種的知見、概念統統放下，融入禪詩的境界，反而正好相應。

這裡說到「無影林中鳥不棲，空階密密向邊遲，寒巖荒草何曾綠，正坐當堂失路迷。」非常有趣，寒巖荒草，到了春天自然就綠了。正位就是主位，就是君位，描述我們的本性，原本具足一色，這個一色並不是所謂的色相，而是一個歸類的範疇。

南師：證到《心經》所講的「色不異空，空不異色，色即是空，空即是色。」真證到了，不是空話，當體的境界稱為一色。

古道師：「無影林中鳥不棲」，我們本自具足的靈明覺性，不需要依靠別的什麼，本身就在萬物之中，又孕育萬物，無形無象，又把持不得。但是只要工夫到家，機緣成熟，可在一念之間，揚眉瞬目間，電光石火中證得那個。如果離開日常生活，覓一個靈明覺知，那是不可能的。他是不獨立於這些存在，而在普徧一切事物當中，要認得那個。「無影林中鳥不棲」，用這個景色來描述，連一個樹枝的影子都沒有，那個鳥棲息到哪裡呢？

「空階密密向邊遲」，想要認得這個，實際上不需要建立什麼階梯，不需要什麼次第，當下認得。但是凡夫沒有辦法，多生累劫以來的習氣所致，產生主觀意識的錯誤認知，所以必須藉助一個法門，要有一個臺階，慢慢刻苦修持，時時勤拂拭，四禪八定，三十七菩提道品，念佛持咒等等，雖然本性不是修來的，也不需去修，但是通過各種手段去認識他，那個歷程是辛苦的。所以說「空階密密向邊遲，寒巖荒草何曾綠」，妄念隕落，萬籟俱寂，就像老師唸的「千山鳥飛絕，萬徑人蹤滅，孤舟蓑笠翁，獨釣寒江雪。」

南師：身心俱寂。

古道師：「正坐當堂失路迷」，這個靈明覺知，原來在那裡如如不動，雖然本來就在那裡，我們想去追尋，還是會迷路，比如有些禪師們雖然一時認得，還有遲疑，到處參學印證，都沒有完全搞清楚，自肯承當。正位一色頌，正位就是君位了，也是本地風光的境界。

南師：工夫與見地一齊到。

古道師：下面是大功一色頌。「白牛雪裏覓無蹤」，這就和鐵牛禪師的悟道偈一樣，「鐵牛無力懶耕田，帶索和犁就雪眠，大地白銀都蓋覆，德山無處下金鞭。」

南師：大徹大悟。

古道師：所以叫大功，平常我們說大功告成，工夫打成一片。

南師：工夫見地都到了，「大地白銀都蓋覆，德山無處下金鞭。」師父一看就不敢動手了，睡覺也不敢叫他了。

古道師：「白牛雪裏覓無蹤」，就是這個境界，善念惡念都提不起來了，非常清淨。「大地白銀都蓋覆，德山無處下金鞭。」牛在哪兒不知道，你怎麼下鞭啊？這個工夫了不起，是真正的大功。「功盡超然體浩融」，我們的工夫，從開始收心，到這個時候已經功盡了，無功可用。

南師：第八不動地，無功用地。

古道師：「無功用行我恒摧」，到這個地步，只要守住自己的靈明覺性。

南師：守就不對了，沒有守了。

古道師：在那個境界，不需要再擬意去破除習氣，而我執漸漸被摧破。「月影蘆花天未曉，靈苗任運剪春風。」

南師：陰陽混合，混然一體了，月亮是白的，蘆花也是白的，白茫茫的一片。像太湖的堤外，早上天還沒亮，一片月影蘆花。

古道師：「靈苗任運剪春風」，一派春風。

南師：非常自在。

古道師：就像「二月春風似剪刀」，看不見，摸不著，該開花的開花，該長綠葉的長綠葉，一切任運自然，不需要造作。

南師：不動地無功用行，八地菩薩以上的境界。

古道師：這是大功告成了。

南師：可是大家還坐在那裡腿疼呢，腿疼就是帶索和犁，身上都被金關玉鎖困住了。

古道師：今時一色頌：「髑髏識盡勿多般，狗口才開落二三，日用光中須急薦，青山只在白雲間。」今時就是當下，真正到了沒有妄想分別，就像禪堂裡放的那個髑髏架子一樣。

南師：身體的障礙痠疼麻癢等等，這些都沒有了，身體空了，身空不是我空。

古道師：真實的工夫境界，身體已不成障礙了，煩惱隕落，一派寧然，本地風光，原來如此。

南師：到這個時候無所謂悟不悟。

古道師：「狗口纔開落二三」，為什麼叫狗口？

南師：還沒證道就亂開口，就是平常罵人的話：狗日的。

古道師：挺有意思，古人罵人也這麼文學化，比現在是高雅多了。

D同學：A同學解釋得好，狗嘴裡吐不出象牙來。

南師：不落在空上，就落在有上，都是胡說。「日用光中須急薦」，日用中處處皆是，隨時都可悟道，一切處皆成正等正覺，一切現成，也就是莊子說的道在屎溺中。

G同學：老師，這也是《法華經》講的「是法住法位，世間相常住。」

南師：對了。

古道師：「青山只在白雲間」，白雲本來圍繞著青山轉，就是這個現成境界。

南師：錯了，青山本來圍著白雲轉，主賓換下就妙了。

圜悟禪師提唱五位示眾，舉僧問洞山：寒暑到來時如何迴避？山云：何不向無寒暑處去？僧云：如何是無寒暑處？曰：寒時寒殺闍黎，熱時熱殺闍黎。黃龍新拈云：洞山袖頭打領，腋下剜襟，爭奈這僧不甘。如今有個出來問黃龍，且道如何支遣？良久云：安禪不必須山水，滅卻心頭火自涼。諸人且道，洞山圈繢落在甚麼處？若明辨得，始知洞山下五位回互正偏接人，不妨奇特。到這向上境界，方能如此，不消安排，自然恰好。

D同學：圜悟禪師帶學生的時候，講到五位君臣，舉出一個公案：在洞山禪師的時代，有個和尚問洞山：寒暑到來時如何迴避？像今天晚上零下四度，這麼冷怎麼辦？三伏天熱得要死怎麼辦？也可以說在修行境界中，一切身心煩惱的逼迫，包括生活中遇到的各種逼迫怎麼辦？

南師：打坐時也有寒暑，有時發冷，有時發熱。

D同學：洞山說：「何不向無寒暑處去？」為什麼不向沒有寒暑的地方去呢？和尚又問：「如何是無寒暑處？」哪裡沒有寒暑？洞山說：「寒時寒殺闍黎，熱時熱殺闍黎。」

南師：冷的時候冷死你，熱的時候熱死你。

D同學：也就是同學剛才提到的「是法住法位，世間相常住。」不管怎麼逃避，只論當下進入自他不二的一體自性。有逃避就有所向背，有迎有拒，有增有減，有是有非，那已經是墜在寒暑中了。在這些不舒服、討厭、噁心、痛苦的逼迫中，當下你怎麼面對、接受、體會？

南師：你面對痛苦的時候，最難受的時候，知道有個痛苦難受，而那個「知道」不在痛苦難受上，那是沒有寒暑的地方。

D同學：知性上沒有寒暑，但也不要抓住這個知，雖然「知之一字，眾妙之門。」但反過來講，「知見立知，即無明本。」抓住這個知性，反而變成無明了。

南師：講得好。

古道師：「黃龍新拈云：洞山袖頭打領，腋下剜襟，爭奈這僧不甘。」洞山禪師的袖頭打到領上，把衣袖卷到腋下，還是很無奈，那個和尚不能當下承當，有什麼辦法呢？

J同學：「洞山袖頭打領，腋下剜襟」，打領就是牽著對方的衣領，腋下剜襟就是從腋下拽著對方的衣襟，如此提攜，但還是拿他沒辦法，就是不上鉤。「如今有個出來問黃龍，且道如何支遣？」那你們說說該怎麼辦呢？換成是你該怎麼辦呢？「良久」，黃龍禪師等了很久，最後說出一句詩：「安禪不必須山水，滅卻心頭火自涼。」

D同學：「如今有個出來問黃龍，且道如何支遣？」不是真有人出來問黃龍禪師，而是禪師自問自答，等了良久，沒人回應，他就自己回答了。

南師：他的意思就是心靜自然涼。

J同學：這事說到底也靠不得外境，還是得靠自己，所以說「滅卻心頭火自涼」。

D同學：到處雲水，遊方參學，最後還是不離此心，走來走去，還是自己這個心在鬧。

南師：冷也好，熱也好，一概不理，一下就過了。

D同學：黃龍禪師又問大眾，「諸人且道，洞山圈繢落在甚麼處？」圈繢就是圈套，洞山祖師的這個話頭到底怎麼解？「若明辨得，始知洞山下五位回互正偏接人，不妨奇特。」大家如果真懂，就了解洞山五位偏正回互的接引方法，也沒啥特別的。「到這向上境界，方能如此，不消安排，自然恰好。」真的懂了，自然明白，不需要顛來倒去，自然恰好。

J同學：「正偏接人，不妨奇特。」以正中之偏的方法去接引人，用各種奇言怪語也無所謂。「到這向上境界，方能如此，不消安排，自然恰好。」頭頭是道，怎樣都可以，這是正中偏的起用。

浮山遠錄公，以此公案，為五位之格，若會得一則，餘者自然易會。巖頭道：如水上葫蘆子相似，捺著便轉，殊不消絲毫氣力。曾有僧問洞山：文殊普賢來參時如何？山云：趕向水牯牛群裏去。僧云：和尚入地獄如箭。山云：全得他力。洞山道：何不向無寒暑處去？此是偏中正。僧云：如何是無寒暑處？山云：寒時寒殺闍黎，熱時熱殺闍黎。此是正中偏。雖正卻偏，雖偏卻圓。若是臨濟下，無許多事，這般公案，直下便會。

古道師：浮山法遠禪師是宋末曹洞宗的子孫，他本是臨濟宗的和尚，因為梁山緣觀禪師沒有找到法子，就找到投子義青代傳，後來通過浮山法遠把曹洞宗傳下來。

「以此公案，為五位之格。」洞山禪師的這個公案，等於是五位君臣的一個框。「若會得一則，餘者自然易會。」如果明白了一個，五位君臣就都容易明白了。「巖頭道：如水上葫蘆子相似，捺著便轉，殊不消絲毫氣力。」就像巖頭禪師講的，一個葫蘆放在水中，不必用力，輕輕一按自然就轉，觸類旁通，很容易明白。「曾有僧問洞山：文殊普賢來參時如何？」曾有一個和尚問洞山禪師：假如有一天，文殊菩薩、普賢菩薩來向你參學請教，你該如何？洞山說：「趕向水牯牛群裏去。」讓他們別在這兒搗亂了，趕緊去做個水牯牛算了。「僧云：和尚入地獄如箭。」那個和尚說：你對菩薩這樣不恭敬，進地獄就像射箭那麼快。「山云：全得他力。」洞山禪師說：好啊，那得感謝文殊、普賢二位菩薩的加持。到地獄度眾生也是挺好，根本沒有障礙。

「洞山道：何不向無寒暑處去？此是偏中正。」為什麼不向沒有寒暑的地方去呢？這是偏中正。也就是大家念佛也好，讀經也好，都是從偏位往正位上走。「僧云：如何是無寒暑處？山云：寒時寒殺闍黎，熱時熱殺闍黎。此是正中偏。」本來無所謂寒暑，本來無所謂生老病死，六道輪迴，根本沒有這些東西，但是人們偏偏要跟著家奴一起流浪生死，那沒有辦法，免不了受這些家奴的侵擾。主人自己沒明白，受家奴的欺負，那很可憐，所以叫正中偏。本來沒有冷熱，可是外面的六根六識有冷有熱，等於還做不了主，雖正卻偏，但是雖偏卻圓，本來圓滿，不增不減。「若是臨濟下，無許多事。」因為浮山法遠本是臨濟出身，他說臨濟宗沒有這些葛藤，一刀見血，直接截斷妄想，去認得那個。不像曹洞宗這樣諄諄誘導，又是提你衣領，又是拽你袖子。「這般公案，直下便會。」臨濟宗沒有那麼多囉嗦，直下便會。

第二十一講　五位君臣　六

二〇〇九年十二月二十八日

內容提要

有者道

曹山慧霞

吉祥元實

有者道：大好無寒暑，有什麼巴鼻？古人道：若向劍刃上走則快，若向情識上見則遲。不見僧問翠微：如何是祖師西來意？微云：待無人來向你道。遂入園中行，僧云：此間無人，請和尚道。微指竹云：這竿竹得與麼長，那竿竹得與麼短。其僧忽然大悟。

古道師：接著昨天的內容。「有者道：大好無寒暑，有什麼巴鼻？」有人說冬天很冷啊，那怎麼辦呢？到不冷不熱的地方去，冷了熱了都不行，最後他說冷了凍死，熱了熱死算了。實際上所謂熱與冷也無非就是感受，如何擺脫種種感受的問題。

南師：心的感受，受陰境界，中國的老話：心靜自然涼。

D同學：「寒時寒殺闍黎，熱時熱殺闍黎。」現量境，當下寒也好，熱也好，不管你喜歡不喜歡，境界來了，你往哪兒逃呢？逃到定境上去呢？還是逃到哪個法門上去呢？我覺得洞山講這個冷就冷死算了，熱就熱死算了，完全是現量境，不迎不避，不增不減，完全是觀自在的境界。拋開了向背，拋開了躲避、增減、是非，一切當下都是現量，熱來就熱，冷來就冷，當下你看清楚了，也不著任何東西，當下也就過去了，也沒什麼。而且這個現量境與〈寶鏡三昧〉非常吻合，你說寶鏡三昧是什麼？我看不過是大圓鏡智的一種修養，本來現成，本來就有大圓鏡智，何必非得等到功德圓滿，當下就在，現量境，當下照見，就是大圓鏡智。

古道師：所以這裡也講到「直下便會」，遇到臨濟門下，當下就明白，哪有那麼多囉嗦。「有者道」，有者就是明白這個道理的人，他跟洞山禪師說：「大好無寒暑。」還好這裡沒有寒暑，我沒有這些麻煩事。「有什麼巴鼻。」也就是哪有那麼多葛藤、掛礙。「古人道：若向劍刃上走則快，若向情識上見則遲。」心地法門直接切入，當下認得那個，一切現成，就不需要那些葛藤次第。如果說向情識上見則遲，情是感情，識是意識，想從人的情感意識上去分析這個，想見到這個，那慢得很，需要工夫次第一步步修四禪八定，慢慢來吧，所以說從情識上見則遲。

「不見僧問翠微」，翠微也是很了不起的大禪師，曾駐錫終南山翠微峰，參馬祖悟道。一個和尚問：「如何是祖師西來意？」也是宗門常問的一個話頭，也就是說如何是佛法大意？佛到底明白了什麼？讓我們明白什麼？

翠微說：等會兒沒人的時候，悄悄告訴你。那個和尚就跟著翠微走到後面的竹園裡，僧云：「此間無人。」這裡沒有人，你給我講吧。翠微指著竹林說：你看這個竹子長得那麼高，那個竹子長得那麼低。其僧忽然大悟。青青翠竹，高低各有不同，一切萬物，各有不同的功用，天地萬物都是如此，他為什麼大悟呢？

南師：現量境就是這個道理。

J同學：我覺得口氣上是問話，那個竹竿怎麼那麼長呢？這個怎麼那麼短呢？

南師：問話，沒有錯。

C同學：廣東話說你這個人那麼巴鼻，就是那麼自以為是，那麼了不得，巴鼻就是了不得。這些都是方言。

南師：唐代的國語。

D同學：也是來由、根據的意思。臨濟說直下便會，大好無寒暑，寒暑有什麼關係，沒有什麼來由、根據。

又曹山慧霞問僧：恁麼熱向什麼處迴避？僧云：鑊湯爐炭裏迴避。山云：鑊湯爐炭裏如何迴避？僧云：眾苦不能到。看他家裏人，自然會他家裏說話，雪竇用他家裏事頌云：

垂手還同萬仞崖　正偏何必在安排

琉璃古殿照明月　忍俊韓盧空上階

悟師舉了云：只如諸人，還識洞山為人處麼？良久。復云：討甚兔子。

古道師：曹山慧霞禪師問一個和尚：天這麼熱，到哪裡去躲避才好？那個和尚說：去湯鍋爐炭裡躲避。那當然可以，如果有那個本事，畢竟那裡面比這裡熱多了，就不覺得現在熱了，因為都是感受的比量。「山云：鑊湯爐炭裏如何迴避？」如果我們到北極去，就發覺這裡還是挺暖和的，你如果身在火爐中，就會發覺現在咱們這裡清涼多了，實際上都是意識分別的感受。如何去迴避呢？怎麼樣把這種感受拋棄掉呢？

那個僧人說：「眾苦不能到。」所謂眾苦也是種種感受，我們認為是苦，對於別的眾生，可能不覺得是苦，所謂「眾苦不能到」，也就是如果離開我們的習氣分別，哪有什麼苦與不苦？「看他家裏人，自然會他家裏說話。」到了某種境界，像到了某個人家，就理解他們家人說的話。像外人談論我們大學堂，我在外面洗車，人家一看太湖大學堂的停車牌，就問「你怎麼可以進到那裡面去啊？」他們在這裡生活多年，從沒有進去過，把這裡說得很玄。我笑一笑，沒辦法，只有我們知道這裡是怎麼回事。真正內行的人知道內行到底怎麼回事，到了那個地步自然明白那個地步的道理，能說那個地步的話。

「垂手還同萬仞崖，正偏何必在安排。琉璃古殿照明月，忍俊韓盧空上階。」等於古人說懸崖撒手，捨去最後一個依靠，也就是我們執著的某種法門，或者見地，都拋棄掉，懸崖撒手，絕後再甦。談到五位君臣，偏正回互，實際上這些都是後人施設，五位可用一位概括，如果詳細對照修行的境界次第，也可以分為見道位、修道位、證道位，所以這些哪需再去安排，明白人直下承當，就像大石沉海一樣，一沉到底，沒有消息了，就是這樣，本來現成。古人也是用心良苦，造出五位君臣、寶鏡三昧，因為各人根器不同，歷代祖師各個門庭施設的教育方法不同。從石頭希遷禪師到洞山禪師，一直傳承「門門一切境，回互不回互」的思想，不是說明心見性就一了百了，我們無量劫以來的習氣如何打磨，如何刻苦修行，如何坐禪，你不回互到自己的本地風光，那沒有用，所以兼帶回互，不能偏離，定與慧，教與宗等等，你真正通宗了，那還得用教來印證，回互圓融。

一種思想的產生與當時的時代有關係，各個山頭的開宗立派，熱火朝天，有的呵佛罵祖，有的即心即佛。曹洞宗的先哲非常冷靜，認為不能擅自立規，勿自立規矩，還是依著祖師們的教化，去刻苦修證。所以曹洞宗的家風，注重刻苦研究經典，刻苦用功打坐，學修並重。「琉璃古殿照明月，忍俊韓盧空上階。」

南師：韓盧指狗。

C同學：這裡韓盧上當了，所以忍俊不住，偷笑。

古道師：「琉璃古殿照明月，忍俊韓盧空上階。」非常寂靜，本來沒有事情，本來如是，本來現成，但是你提起一個話頭，或是修一個法，狗就跟著來了。

C同學：曹山慧霞問這個和尚：我們去哪裡避暑？和尚說：去熱湯火炭裡避暑。不是很奇怪嗎？實際上就是講一個道理，你不到熱的地方怎麼知道避暑，一個從未去過熱帶的北極人，不可能有避暑的想法。你如果沒有好好修行，光聽那麼多教理都沒有用，你必須一步一步去修，修到一定的境界就知道那個境界的教理教法。這也是禪宗對只講教理的人的批判，所以說只有進了這個家，才知道這家的事。

南師：我給你們補充一點。一個人如果被火燒了，疼不疼啊？（眾答：

疼。）怎麼處理呢？

古道師：趕快拿冰敷一下。

南師：完了，那就完了。被火燙了，你趕快再放到火旁邊烤一下，馬上不疼了，還會好得快，這是一個經驗。另外，如大阿羅漢辭世，自身出三昧真火，把自己全身都燒化了，是燙還是涼？你們如果身體不好，打坐時發燒發冷，受陰越來越痛苦，你忘了《心經》怎麼講的：受不異空，空不異受，受即是空，空即是受。受陰的界限在哪裡？《楞嚴經》怎麼講的？（眾答：觸與離。）對，唯觸與離，脹疼麻癢這些感受，都是物與心兩個接觸發生，你真有智慧看透了，一忍脫開解脫，就化掉了，所以稱為坐化。真正三昧真火生起火化的時候，自己本身的變化，那不是世間的火。

《華嚴經》講善財童子五十三參，有一個國王非常暴戾，有人犯法，不是殺頭，而是丟進火坑裡燒。善財童子說這樣的人還是修行人？還是菩薩？不去了。空中有個聲音告訴他：你不要退轉啊，求菩提道，你見了自然會明白。善財童子去見到這個國王，外表非常威武，再仔細一看，這個人內在非常慈悲。

善財就問：聽說您國家治理得很好，但是您很暴戾，嚴刑重罰，把罪犯都丟進火坑裡。國王說：對啊，有這個事啊。善財問：你怎麼那麼殘忍？國王說：我在超度他們啊。善財童子聽不懂了，國王領著善財來到那個火坑邊上，一把就把善財童子推進去了，結果裡面非常清涼，像是蓮花世界。這下善財相信國王真是一位大菩薩的化身。

換句話說，真修行到了，業報身的孽火可以化作清涼。譬如出家修行，男女之間的那個淫慾之念一動，慾火燒身，你怎麼能化成清涼，那才知道冷處不冷，熱處不熱，那是真工夫，光在文字上翻來覆去討論，難辦。

九峰通玄（元）謂門弟子曰：佛意祖意如手展握，先師安立五位，發明雲巖宗旨，譬如神醫治病，其藥只是尋常用者。語忌十成，不欲斷絕，機忌觸犯，不欲染污。但學者機思不妙，惟尋九轉靈丹云能起死，是大不然。《法華經》有化城一品，佛祖密說，熟讀分明。大通智勝佛，壽五百四十萬億那由他劫，其坐道場破魔軍已，垂得阿耨多羅三藐三菩提，而諸佛法不現在前。如是一小劫乃至十小劫結跏趺坐，身心不動，而諸佛法猶不在前。言垂成者，言一小劫，言十小劫者，是染污是斷絕。

又曰：爾時忉利諸天，先為彼佛，於菩提樹下敷師子座，高一由旬，佛於此座當得阿耨多羅三藐三菩提，適坐此座時，諸梵天王雨眾天花，面百由旬，香風時來，吹去萎花，更雨新者，如是不絕，滿十小劫，供養於佛，常擊天鼓，其餘諸天作天伎樂，常雨此花，四王諸天為供養佛，常擊天鼓，其餘諸天作天伎樂，滿十小劫。至於滅度，亦復如是。諸比丘，大通智勝佛，過十小劫，諸佛之法乃現在前，成阿耨多羅三藐三菩提，言過十小劫者，偏正回互之旨也。祖師曰：藉教悟宗者，夫豈不然哉？

道吾真曰：古人道，主賓元不異，問答理俱全。同安又曰：賓主睦時全是妄，君臣合處正中邪。一等是出世尊宿，接物利生，言教有異，為復見處偏枯，為復利生不普，明眼底人，通個消息。

（這兩段跳過去）

南師：你們看瞿汝稷編這一套書，把這些散落各代的資料集中在一起，影響了明清以來三四百年，學佛人手一套。可是從來沒有人像我們這樣研究《指月錄》，謙虛一點講，一百多年來佛教界沒有人這樣研究過。實際上看得出來瞿汝稷的頭腦本事，真是過來人，他自己不加評論，而集中了祖師們的重要資料。《指月錄》全卷只有五位君臣內容最多，可是曹洞宗流傳到現在，還保留一些禪宗的風貌，一直到日本還是靠曹洞宗，這個原因何在？

吉祥元實禪師，依天衣法聰禪師，早夜精勤，脅不至席。一日偶失笑喧眾，衣擯之。中夜宿田里，睹星月璨然有省。曉歸趨方丈，衣見乃問：洞山五位君臣，如何話會？師曰：我這裏一位也無。衣令參堂，謂侍者曰：這漢卻有個見處，奈不識宗旨何。入室次，衣預令行者五人，分敘而立。師至，俱召實上座。師於是密契奧旨，述偈曰：

一位纔彰五位分　君臣叶處紫雲屯

夜明簾捲無私照　金殿重重顯至尊

衣稱善。

D同學：吉祥元實禪師，他的師父是天衣法聰禪師。「早夜精勤，脅不至席。」打坐非常用功，夜不倒褡，二六時中都在用功。「一日偶失笑喧眾，衣擯之。中夜宿田里，睹星月璨然有省。」有一天突然大笑，大家聽到喧嘩，師父就把他趕出去了。他夜晚睡在田裡，看著天上的星星月亮，忽然心有所悟。早晨跑回去，師父看見就問他了。「洞山五位君臣，如何話會？」你怎麼體會的？他說：什麼五位，我這裡一位也沒有。師父就說：好啊，去參堂吧，一起參究討論。「謂侍者曰：這漢卻有個見處，奈不識宗旨何。」師父跟旁邊的侍者說：這個傢伙有點入處，但是還不透脫。師父提前讓五個徒弟分別站在五個位置上，等吉祥元實一進來，這五人一齊招呼他，「實上座」，這個時候元實一下透過來了，大徹大悟。然後就說了一個偈子：「一位纔彰五位分，君臣叶處紫雲屯，夜明簾捲無私照，金殿重重顯至尊。」一位和五位彼此相關，五陰色受想行識，一念動了，五個同時來了。「君臣叶處紫雲屯」，這裡的叶不是樹葉，同協，協調和諧的意思，「君臣叶處」，就是君臣和同，彼此夫唱婦隨一樣。「紫雲屯」就是一片祥和，一切團結，和諧一體。「夜明簾捲無私照」，夜裡月亮很亮，打開窗簾說亮話，沒有什麼私密。「金殿重重顯至尊」，皇帝是九五之尊。

南師：登位了。

D同學：皇帝登位，大徹大悟了。「衣稱善」，師父說你對了，悟了。

第二十二講　寶鏡三昧一

《指月錄》卷十六

二〇〇九年十二月二十九日

內容提要

大密宗

歷史學術轉變

禪宗影響道家

師因曹山辭

夜半正明

南師：研究曹洞宗的禪法快兩個月了，禪宗從達摩祖師到六祖，一代一代單傳的，秘密的傳授，傳授什麼？佛法的心地法門，即心即佛，心就是佛。單刀直入就講心佛眾生，三無差別，即心即佛。以佛學來講，所謂教外別傳，並不是有個特別的法門，而是離開了一切經典，言語文字以外，直指人心見性成佛的法門，單傳直指心就是佛，如何明心見性，言下頓悟。

為什麼變成秘密？因為佛教界的人士從東漢、魏晉以後，翻譯經典的有各宗各派，還有講經教的。開始有鳩摩羅什翻譯的《法華經》《維摩經》《金剛經》，三部影響中國文化最大的經，再加上龍樹菩薩的《中論》，影響了中國文化。佛教法師們講經說法，講學理的特別多，影響朝野。從魏晉以後到宋齊梁陳，梁武帝這個階段最鬧熱了，普及到全國上下，都在講經論。第一個建立起中國的淨土宗，專修念佛法門。後來又出現天台宗、三論宗、成實宗，講學問，講教理的根本不承認言下頓悟，釋迦牟尼佛說的成佛要修三大阿僧祇劫，哪有言下頓悟，直指人心見性成佛？根本就是邪門左道，不承認的。所以禪宗這一系，走的直證般若法門，變成非常秘密了，變成單傳直指。你看這四個字的內涵如此，在那個時代，佛教文化融會中國的道家儒家，轉變過程有這樣大的壓力。到五祖以後，隨著唐代文化的展開，禪宗的單傳直指變成秘密中的秘密法門，大眾普偏知道，都在追尋這個秘密，所以五祖在湖北黃梅開東山法門，不用《楞伽經》，用《金剛經》，這已經到初唐時代了。

研究禪宗要懂得中國的歷史與學術思想的轉變，南北朝兩三百年在歷史上是最混亂，最悲慘的時代，五胡亂華，朝代變換，民不聊生。你看那幾百年的老百姓是怎麼活下來，上流社會的政治是這樣混亂，人在最痛苦的時候最需要的是追求精神解脫，因此佛法特別興盛起來，尤其是即生成佛，了生脫死，解脫活著的痛苦煩惱，更是成為時代的需要。

到六祖弘法的階段，是武則天同唐明皇（唐明皇登基那一年六祖圓寂）這個階段，這個階段的歷史政治是初唐鼎盛的時代，唐朝了不起的文治武功，國家實力非常強大。同時期，西方是天主教統治下的黑暗歐洲，還談不上文化，而唐代文化那真是太陽普照，像現在的開放發展一樣鬧熱，一切都放開的。武則天，這樣一個女皇帝，政治非常高明，她的老師是誰？就是唐太宗，武則天的文化政治完全是跟唐太宗學的，她的政治非常清明，而且崇信佛法。雖然到唐明皇這幾十年當中，宮廷政治有些變亂，可是整個社會的文治武功，仍是全世界第一的強盛。

這個時期禪宗也達到鼎盛，《六祖壇經》繼承了《大般若經》的思想，學禪的精英人物，都集中在江西、湖南，所謂「跑江湖」，當時第一流的知識份子，都在追求禪宗，等於現在拚命追求科學一樣。天下太平，而且文化開放，文學突起。但是禪宗的興起，離開了這些經教言語文字，直指人心見性成佛，打坐修定，這一套新興的方法，由秘密變成公開，誰在接受呢？中下社會，不是上流社會，上流社會還是講學問，講經教，所以為什麼禪宗在南方興起？南方可是中下社會，講經說教的文化比較落後，中下社會不需要太多的經教文字，只管自己打坐。你看六祖用土話一講，大家可以開悟成佛的，這個風氣就從長江以南打開了，所以稱為南宗，但是北方還在抗拒。黃河長江以北，那個時候的政治中心在西安哦，不是現在的北京，北京到東北這一帶還屬於文化落後的地區，同廣東這一帶都是落後的地區，這些要清楚，那就懂得中國文化演變的趨勢。六祖的講話語錄，是中國本土的第一部經，而不只是語錄，因為唐代《六祖壇經》出來一百多年以後，有人翻譯成梵文回傳到印度，當時印度佛教還存在，都承認這是東方佛的教化。

六祖的徒孫，三十年作一代，七八十年當中，到馬祖以後南宗才大弘開來。六祖的徒弟中，有幾個了不起的大人物，第一個是永嘉大師，他的《永嘉禪宗集》，獨走一路，儒釋道三家都受他的影響。第二個，他的小徒弟神會，有人罵他改變了師父的文句，《六祖壇經》有一半是他改的，是改了一點，不過把白話土話變成國語了。另外，南嶽懷讓、青原行思，這幾位大弟子漸漸展開了中國禪宗的文化。

禪宗文化展開以後影響了什麼？最重要影響了中國的道家。中國文化傳統幾千年就講道，不是道教哦，道教是從唐朝李世民手裡才開始的，以前只有道家。這裡可以看到國家民族對於文化的抗拒，李世民雖然統一了中國，建立了唐朝，他到底還是俗人啊，要找一個聖人來給自己的臉上貼金：

我的老祖宗是姓李的老子。實際上他家是混血的民族，可是受中國宗法社會的影響，他必須要找一個老祖宗，就推崇老子，因此變成道教，老子一變就成太上老君了。所以唐朝政府的政治體制，皇帝上朝，三教併行，第一個是道士，第一位走在前面，第二個是和尚，儒家不需要，滿朝文武都是儒家弟子，是這麼一個政治體制。

道教的宗教形式，完全是跟佛教學的，他本來不是個教嘛，變成宗教的形式後，就有道教唱誦，早晚功課，都是學佛教的。道家修持的神仙之道，現在都還存在，這是中國文化獨有的內容，世界上的文化，埃及也好，希臘也好，印度也好，都是關於死的哲學，只有中國道家講生的哲學，認為這個生命可以長生不死，有一個不死的東西，永遠存在。

那麼道家真正修持的方法呢？講究修煉生命的精氣神，精氣神是什麼？嚴格地講，如果推開傳統道家，就是心意識，可是上古沒有一個具體的修持方法，只有東漢的魏伯陽著了一部《參同契》，所謂「參同」，與《易經》《老子》《莊子》、道家神仙丹法相互參合，同一個理由，同一個原則，可以使生命修到長生不死。因此石頭希遷禪師著〈參同契〉是套用了這個名字，他並不是沒有看過魏伯陽的《參同契》，這個要注意。

石頭希遷的〈參同契〉，「竺土大仙心」，在印度叫作佛，在中國叫作仙。印度的佛，石頭禪師稱為大仙，中國道家稱為大羅金仙。「東西密相付」，印度古稱西天，中國稱為東土，這個真理只是一個，沒有地域界限。第二句，「人根有利鈍，道無南北祖」，他否定了南北宗派，反對自立宗派。〈參同契〉採用了《易經》的道理，參考老莊，〈寶鏡三昧〉也是走這個路線來的，研究中國哲學宗教，這些都不懂的話，你研究不下去了。研究〈寶鏡三昧〉，要把握這個原則，必須要懂《易經》，要懂道家。曹洞宗分成君臣五位，是從希遷、雲巖來的，你們注意雲巖，他是先在百丈那裡二十年沒有開悟，二十年打坐參禪，修禪定的身心關係同道家密切相關，他是這麼一個路線來的，你要搞清楚。臨濟不同了，臨濟是先修唯識法相，丟開了唯識法相證到如如，進入般若境界，也是修工夫一步一步上來。〈寶鏡三昧〉就採用唯識學的大圓鏡智，工夫還是身心兩方面參合的漸修法門。這些話給大家作個參考，我們繼續研究。

師因曹山辭，遂囑曰：吾在雲巖先師處，親印寶鏡三昧，事窮的要，今付於汝。詞曰：

如是之法　佛祖密付　汝今得之　宜善保護
銀盌盛雪　明月藏鷺　類之弗齊　混則知處
意在不言　來機亦赴　動成窠臼　差落顧佇
背觸俱非　如大火聚　但形文彩　即屬染污
夜半正明　天曉不露　為物作則　用拔諸苦
雖非有為　不是無語　如臨寶鏡　形影相覩
汝不是渠　渠正是汝　如世嬰兒　五相完具
不去不來　不起不住　婆婆和和　有句無句
終不得物　語未正故　重離六爻　偏正回互
疊而為三　變盡成五　如荎草味　如金剛杵

正中妙挾　敲唱雙舉　通宗通塗　挾帶挾路
錯然則吉　不可犯忤　天真而妙　不屬迷悟
因緣時節　寂然昭著　細入無間　大絕方所
毫忽之差　不應律呂　今有頓漸　緣立宗趣
宗趣分矣　即是規矩　宗通趣極　真常流注
外寂中搖　係駒伏鼠　先聖悲之　為法檀度
隨其顛倒　以緇為素　顛倒想滅　肯心自許
要合古轍　請觀前古　佛道垂成　十劫觀樹
如虎之缺　如馬之馵　以有下劣　寶几珍御
以有驚異　貍奴白牯　羿以巧力　射中百步
箭鋒相直　巧力何預　木人方歌　石女起舞
非情識到　甯容思慮　臣奉於君　子順於父
不順非孝　不奉非輔　潛行密用　如愚若魯
但能相續　名主中主

古道師：因為曹山禪師告辭要離開洞山，洞山禪師特別囑咐曹山〈寶鏡三昧〉。

南師：洞山看出來這個徒弟將來有出息，能大弘其道。

古道師：洞山說：我在雲巖師父那裡，親自印證到這個〈寶鏡三昧〉。等於說是雲巖禪師傳給他的，但他自己也親自證到了，他是在強調這個事情，不是說光把這個文字傳給他。

南師：我補充一句，雲巖在百丈那裡二十年修行沒有開悟，不能說沒有工夫，禪定工夫很深了，但還是沒有發明心地，沒有見性成佛，對不對？同時你注意，洞山也是這樣哦，洞山自幼起疑，就參話頭，他念《心經》，大家都有眼耳鼻舌身意，為什麼觀自在菩薩講「無眼耳鼻舌身意」，對不對？這是他第一個話頭。第二個話頭是什麼？

古道師：參無情說法的公案。

南師：對。他一步一步，隨時都在參究，他們師徒兩個作風非常相像。剛才古道講得對，洞山親印寶鏡三昧，靠自己修證來的。

古道師：洞山禪師與雲巖禪師悟道的時候，大概已經五十歲了，等於自幼出家，二十歲受戒，參訪很多善知識，幾十年參究。如果雲巖禪師沒有前面二十年跟隨百丈禪師的勤苦修行，後來見到藥山禪師也不可能言下有省，這是漸修頓悟的過程，所以曹洞宗非常注重實修。

南師：對，非常正確。但是曹洞宗的禪定工夫，不是四禪八定，等於走儒家的路線，「知止而后有定，定而后能靜，靜而后能安，安而后能慮，慮而后能得」，是這個路線來的。

古道師：所以後來曹洞宗演變成默照禪，也不無道理，他的脈絡也是一路相承的。像石頭希遷禪師，舉天下開宗立派，他警告大家：「承言須會宗，勿自立規矩」，不要擅自立規矩，擅自立門庭等等，實際上也是對後來佛法發展趨勢的一種擔憂。後人對曹洞宗祖師們的評價是有哲學思想的宗派，非常擅於沉思，沉默修行。

洞山說：我在雲巖先師處，親印〈寶鏡三昧〉。「事窮的要」，對於〈寶鏡三昧〉這一件事，「的要」就是透底，透到底了。「今付於汝」，等於說今天把這個付囑給你。「詞曰：如是之法，佛祖密付，汝今得之，宜善保護。」「如是之法」，就是這樣，是諸佛諸祖密付下來的，直指人心見性成佛的法門，歷代祖師們一代一代傳下來，今天我囑咐給你。「汝今得之」，你今天已經得到了，要善自保護啊。不但善自保護，還要把這個法脈，把這個思想，這個法門傳承下去。並且你自己證悟的境界，也要好好善自護持，也就是一種語重心長的囑咐。

銀盌盛雪，明月藏鷺，類之弗齊，混則知處。意在不言，來機亦赴，動成窠臼，差落顧佇，背觸俱非，如大火聚，但形文彩，即屬染污。

古道師：開章明宗，中國人對於道也好，心也好，本體也好，空也好，有很多代名辭，也就是說明心見性，所謂見到那個性，是個什麼樣子？什麼狀態？等於給一個很高的，終極的闡述。但是那個又不能明白告訴你，那個本來又不是個東西，所以形成文字的時候，只能用現成的事物來比方，來形容，所以講銀碗啊，雪啊，明月啊，鷺啊等等，實際上都是一種比喻。

從文字上來理解，一個銀色的碗，這個銀碗本來就是白色的，裡面裝上雪，兩個看起來好像渾然一體，但是實際上雪是雪，銀碗是銀碗，還是有區別的，雖然看上去一樣。就像什麼呢？明月裡面藏一個白鷺一樣，月光是白的，白鷺也是白的，看上去也分辨不清楚，但是它還是有區別的。後面再廣泛引申這個道理，「類之弗齊，混則知處」，所以它隱藏於萬類當中，但是萬物繽紛，天下的事情這麼多，都不一樣。但是那個就隱藏在萬類裡面。

南師：你這樣講也對，文學方面，千句萬句不離宗旨，這是求證的工夫，明心見性，心即是佛。「銀盌盛雪，明月藏鷺」，看起來都是白的，看起來是一個東西，世法佛法一樣，念頭與證道，即心即佛。譬如我們現在講話，大家用感覺，執著這個心，這個心好像是空的，本來是空的，兩個東西看成是一個東西。「類之弗齊」，銀盤子裝滿了雪，一樣的白，是一樣嗎？不一樣，有差別的。明月跟蘆花一樣的白，但有差別，所以叫作「類之弗齊」，這兩個比類，唯識叫作比量。「類之」，好像一樣，「弗齊」，可是不一樣，不同的。「混則知處」，如果說這兩個不一樣的白，混合放遠一看，有個碗在這裡，有白雪在這裡。

「意不在言，來機亦赴」，所有佛經中佛講的話，都是用意識講的。你說佛得了道，大家學佛都想達到沒有妄想，我常常問你們，釋迦牟尼佛說法是不是妄想說的？他沒有妄想會說法？成佛的人無我相，無人相，無眾生相，為什麼所有的佛經第一句話「如是我聞」？第一個就有我相，所以「意不在言」，真正的意思不在言語文字上，你不要給它困住。「來機亦赴」，這樣你起心動念，等於機關一動，這個東西就在，你說空的嗎？只要一動念，就在這裡。你說「意不在言」，言語就是意的表達，人為什麼有言語？言語以後變成文字，文字是第三重的表達，言語是意思第二重的表達，言語又變成文字，所以意與言語文字都不是道。但是都不是道嗎？妄念跟文字也都是道，因為是機動的，心動了，心動了念動，念動了才有語言，有語言才有文字。「來機亦赴」，這個機一動，言語文字念頭就是明月下面的白鷺，就是銀盤裡的白雪。

「動成窠臼，差落顧佇」，萬念放下，一念不生是自體，一動就變成窠臼了，就有個框框了。念頭一動，起心動念就有框框，就有線路了，變成一個框框，講一個佛字，就落在佛的窠臼裡頭，要認清楚。所以曹山祖師說，出來弘法有三種墮，就墮在窠臼裡，開口便錯，動念即乖。所以「動成窠臼，差落顧佇」，一動念，一變成言語文字，你就去找這個，差之毫釐，失之千里，我們在這裡，一條直線一樣，偏一點，到千里以外就偏一萬里了。「差落顧佇」，你到處找，找不到本體了。

「背觸俱非，如大火聚」，背是違背，觸是接觸，譬如我跟古道兩個坐在這裡有距離，我手如果碰到他的臉，他就有感覺了，這是觸。手拿開了，他沒有感覺就是背。所以修行的工夫，佛學講修白骨觀，修禪定，八背捨，背捨就是解脫，解脫離開，空了。觸是合攏來，所以背代表空，觸代表有，空有都不對，「背觸俱非，如大火聚」，形容辭了，這個般若境界像大火一樣，大火是什麼丟進來都給你化掉，可是化掉了就是沒有嗎？般若如火光，照亮一切。

這種寫法，四個字一句，還是漢朝的文體，還沒有到韓愈出來改變文學體裁，變成古文體，也是當時的白話。這是祖師們的文學境界，但你們不要被文字騙了。漢文是四字一句，到了南北朝是四六體，六個字加四個字一句，兩句結合成很美麗的文字對仗，也稱駢文，如〈滕王閣序〉「落霞與孤鶩齊飛，秋水共長天一色」。

「但形文彩，即屬染污」，推翻了一切文字言語，明心見性，不是言語文字所能表達的。變成佛經，變成文字言語，你看《金剛經》讀起來好漂亮，《心經》《法華經》多漂亮？一落言語文字，自性就被文字言語污染了。

好，下面來了，最重要的。「夜半正明，天曉不露，為物作則，用拔諸苦。」你們講吧。

F同學：「夜半正明」，我先講一般的境界再講涵義。古人夜半睡覺之前，那個時候知性往往最清楚了，我們六根跟外境都休息了之後，那個知性是明明了了的。但是天曉為什麼不露呢？天一亮，那個知性反而被外境迷蓋住了，反而就看不清楚了，所以說是「天曉不露」。「為物作則，用拔諸苦」，這個知性本體是可以作為萬事萬物的法則，而且可以除一切苦厄，就像《心經》講的：「觀自在菩薩，行深般若波羅蜜多時，照見五蘊皆空，度一切苦厄」，用拔諸苦。

南師：你講完了？

F同學：講完了。

南師：你們諸位，這個時候不要放過哦。

古道師：我覺得這是真實的工夫，也是比喻我們的心。比如說我們在看似昏昧的時候，就像剛才F同學講的，夜半睡覺的時候，六根不起作用了，實際上那個是靈明不昧的。到天亮時，我們醒了，六根忙個不停，那個東西反而不分明了。但是從本體上來講，實際上也跟這個差不多，夜半是明白清楚的，但是天亮就不顯現分明了。「為物作則」，但是一切萬物都是依他起，就是依他而存在，並且都成立各自的規則，你掌握了那個，真正明白了那個，也就是明心見性了，可以去掉諸多煩惱，「用拔諸苦」，我是這麼理解的。

F同學：我再補充一點，「天曉不露」還有另外一層意思，就是我們在修行的時候，知性明明了了，事實上那個時候往往是最迷的時候，就是《楞嚴經》講的：「元明照生所，所立照性亡」，「知見立知，即無明本」，在那個時候往往是倒過來，是昏迷的時候，因為我們自己看不清楚。我補充完了。

D同學：我從兩個角度來看，一個是不從修行來講，佛法與世法有差別，與道也是有差別的。「夜半正明，天曉不露，為物作則，用拔諸苦」，懂進去之後，譬如說夜裡我們昏睡過去了，不管你做夢也好，不做夢也好，有人叫你就會醒過來，為什麼會聽到這個聲音？這正是本身覺性的作用，雖然是夜半，雖然是昏睡了，雖然是大昏沉，還是能叫醒來，也是這個覺性的作用，它沒有睡著。我們雖然睡著了，但是覺性沒有睡著，明明白白一直都在。為什麼天曉不露呢？醒過來之後，大家日用而不知，執著於自己的比量，隨時隨地的各種念頭啊，覺性不是不明，還是正明，天曉也正明，但是不露，為什麼不露？被自己蓋住了。「為物作則，用拔諸苦」，道的整個作用，無數作用都是唯心所現，三界唯心，萬法唯識，什麼物也好，念頭也好，心啊物啊，所有作用都是道的作用，法則也是這裡面的作用。「用拔諸苦」，懂了這個之後，不管你當下知也好，不知也好，當下觀自在嘛，說了半天還是這個，當下一切明了，所有作用都是心的作用，修行也好，不修也好，都是心的作用，你懂進去的話，就明白了。補充完了。

南師：還有呢？

H同學：這個心是不是可以從另外一個方面來理解，「夜半正明」，大家都是糊里糊塗的，但它是清楚的。「天曉不露」，一般社會群眾的運用，大家都覺得很聰明，很有學問，但是表現得像個普通人。

K同學：我覺得夜半與天曉只是形容定中的境界，老師剛才已經提醒了，說要用〈參同契〉對應來看，當明中有暗，暗中有明的時候，「勿以明相覩，明暗各相對，比如前後步」，我們所起的作用，都是用了以後必須要丟的，這樣才可能明心見性。

M同學：老師您就直接講吧。

南師：我講是我的啊，問題是你們要進步啊，要有超師之見。

L同學：一念不生就是「夜半正明」，在日用中，體就在用中。

南師：嗯！都有道理。你們注意，洛甫問過夾山一個問題，洛甫問：「佛魔不到處如何體會？」夾山回答：「燭明千里像，闇室老僧迷。」夜半你睡著了，沒有點燈嘛，闇室老僧迷，但是如果夜裡點了燈呢？看清一切了，洛甫當時就懂了。然後又問：「朝陽已昇，夜月不現時如何？」早晨太陽出來了，夜月不現，完全白天了，就是天曉不露如何，夾山答覆：「龍銜海珠，遊魚不顧。」這需要參啊，我已經提醒你們注意，可見你們都沒有注意，白聽了，那不是在參學啊，聽鬧熱而已。

剛才K同學提得蠻好，石頭禪師的〈參同契〉：「當明中有暗，勿以暗相遇；當暗中有明，勿以明相覩」，是不是這樣？這個又講什麼呢？「明暗各相對」，明暗毫無關係，明暗是前後步，等於說明暗是兩個現象。

《楞嚴經》怎麼講明暗呢？佛講過沒有？明來見明，暗來見暗。明暗是有代謝的，等於石頭禪師〈參同契〉講的「比如前後步」，前步後步，明來暗去，暗來明去，是不是啊？那是現象，知明知暗的那個不在明暗上，是不是這樣？佛是不是這樣說？你們聽過為什麼沒有講出來？都該打板子吧！佛說過了吧！

《楞嚴經》裡佛說了一半，還有一半呢？我也給你們講了，「夜半正明，天曉不露」，這一半不同於〈參同契〉講的明暗問題，「當明中有暗」，光明裡頭有暗，「勿以暗相遇」，你看不到暗相，黑暗裡頭有光明，你看不到光明，是不是這樣？這個就比《楞嚴經》講的更深一層了，有中國文化《易經》的道理，陰中有陽，陽中有陰，空中有，有中空。釋迦牟尼佛告訴我們明暗是兩個現象，你不要理它，不要被白天騙了，也不要被黑夜騙了，知明知暗的那個，不在明暗上。等於我注解《易經》的陰陽兩個字，你們看我的書，叫我老師，看了嗎？

F同學：看了，能陰能陽者不在陰陽之中。

南師：錯了，但是也對，你改了我的句子。「能陰能陽者，非陰陽之所能」，我的原句是這樣，比你那個厲害。你改了也對，可是變成白話就差了。陰陽是兩個現象，「能陰能陽者，非陰陽之所能」，陰陽，一個空，一個有，相對的，天地有陰陽。到了曹洞宗非常注重陰陽，換句話你們也聽了我講課，生命的道理是「夜半正明，天曉不露」，中國人講陰陽五行，與生命有關聯。今天陰曆是幾月啊？前幾天是什麼節氣啊？

眾答：冬至。

南師：冬至一陽生，夏至一陰生。一年到頭分十二個節、十二個氣，生命就是這樣。我們大家現在被科學文明蓋住了，中國古人天一黑就睡覺，捨不得點燈，睡到半夜是三更，天亮是五更。

你們看過京戲沒有？五更三點王登殿，古代的政治體制，皇帝很辛苦啊，作大臣更苦，五六點上朝了。當年我跟一個親王談話，他是宣統的兄弟，他說：當皇帝不好過，太苦了，太苦了。我說：為什麼啊？他小時候親眼看到，皇帝晚上愛玩，睡不了幾個鐘頭，最多到凌晨四點半，那個太監就來跪安：「請聖上起駕！」叫得很大聲。皇上根本沒有聽見，等一下第二個太監又上來：「請聖上起駕！」還是沒有動靜。第三個太監來了，「請聖上起駕！」端了一盆洗臉水，帕子一扭，皇帝睡得迷迷糊糊，太監往他臉上一搗一擦，另一個太監在背後一推，「請聖上起駕！」就那麼迷迷糊糊坐在床上，太監們給他把衣服穿上，一推出去，兩個眼睛還是閉著，糊里糊塗。這是中國幾千年的體制，這些大臣呢？官階越低，住得越遠，四點鐘就要起來，騎馬上朝。尤其是冷天，有坐轎有騎馬的，跑了個把鐘頭才到皇宮門口，然後下轎下馬，一路走過去，風雪連天還要排隊啊，還要守規矩，個個都灰頭土臉。所以唐詩說：「無端嫁得金龜婿，辜負香衾事早朝。」被子剛剛捂熱了，就要起來趕去開會。

為什麼講這個故事呢？半夜子時一陽生，你看那些落後的農村，人們都是早早睡覺，半夜三更會醒來，子時一陽初生，生命的氣機一定來的。那麼現在的人呢？像我們這裡的習慣，你們有時候喝酒談天，到兩三點才睡覺，才能真正睡好。我們這裡給你自由，差不多早餐都很少來吃的，對不對？因為夜裡睡得很遲，到早上八九點鐘，陽氣剛剛舉起來，有時候漏丹。古時漏丹多半是半夜裡，其實你們現在八九點鐘還在睡，有時候陽舉一來，快要醒了，這個叫活子時，生命的氣起來，每天在周流，這股陽氣每個時辰都在轉。

「夜半正明，天曉不露」，你白天看不見了，生命的氣變化無形，所以打坐修行，坐到最好的時候為什麼坐不住了？因為陽氣來了，你反而坐不住，起心動念，「夜半正明，天曉不露」，你白天還找不到。

「為物作則」，萬物生滅的法則都是因為這個陽氣，陽氣是呼吸之氣嗎？不是的，是念頭動。所以《達摩禪經》告訴你三種氣，我們的呼吸之氣，這個是長養氣，還有個報身氣，報身氣就是這個陽氣。「夜半正明，天曉不露」，它與萬物作生命的法則，萬物都是從這裡來的，一陽初動處。

所以邵康節講《易經》的學理，千古以來數他講得最好，他懂這個，「一陽初動處，萬物未生時」，這是正念，一念不生的時候這個生命起了變化。可是凡夫把握不了，男女夫妻在床上睡覺，到了這個境界，尤其年輕人一陽初動，幹什麼去啊？幹那個事情去了，又漏了，把這個生命的元氣漏了。所以邵康節的詩：「冬至子之半，天心無改移」，這個天心就是代表道心，念頭空的，可是醒了。「一陽初動處，萬物未生時」，他懂，但是我批評他理上懂，工夫不到。所以邵康節蠻可憐的，五六十歲就死了，他夏天出來穿棉衣，頭還要包起來，坐在車裡四面都不准透風，可見一身風寒，陽氣都沒有生起，道理懂了可是工夫沒有到家，不行。

「夜半正明」，你們四五個人講得都對，但沒有講到生命的道理。這裡明明告訴你「為物作則，用拔諸苦」，這個陽氣一來，身體五蘊的病也都好了，禪定修持，要把握這個一陽初動處。

「雖非有為，不是無語」，這個裡頭你說有沒有東西呢？沒有個東西，這個陽氣來了，「夜半正明，天曉不露」，不是沒有作用。

「如臨寶鏡，形影相覩」，一陰一陽，生命本身有個作用，在佛法修禪定歸為風大，一動念包含了這個作用，地水火風空，心物一元。曹洞宗對這一點有體會，所以〈寶鏡三昧〉同〈參同契〉一出來，影響了整個唐代，神仙的修法都變了，一直到後代的呂純陽，他懂了。所以我常常說，要研究呂純陽的〈百字銘〉，你們背得來嗎？

大眾唸：「養氣忘言守，降心為不為，動靜知宗祖……」

南師：「動靜知宗祖」，他就知道這個陰中之陽，陽中之陰，「夜半正明，天曉不露」，再背下去。

大眾唸：「無事更尋誰。真常須應物，應物要不迷，不迷性自住，性住氣自回。氣回丹自結，壺中配坎離，陰陽生反覆，普化一聲雷。白雲朝頂上，甘露灑須彌，自飲長生酒，逍遙誰得知。坐聽無絃曲，明通造化機，都來二十句，端的上天梯。」

南師：他把性命雙修的法則，身心雙修法則，都告訴你了。這是呂純陽在黃龍禪師那裡悟道以後的話，所以我在《如何修證佛法》特別提到。人家說南老師提倡道家，不是，呂純陽已經懂了這個。這是「雖非有為，不是無語，如臨寶鏡，形影相覩」。同洞山過河悟道，看到影子一樣，其實一陽初動處，那個陽氣一來，是影子，我們知性是鏡子，《達摩禪經》講第三種氣根本氣，唯識叫根本習氣，兩個形影相隨。曹洞子孫前代都懂，後世不一定，這些文字很美，越到後來，越是在作文章，不一定懂，工夫沒有到，是這個道理。所以你看洪覺範他們講的，都是向心地法門這一面摸進去，是不是？

F同學：「如臨寶鏡，形影相覩」，還是不懂。

南師：「如臨寶鏡」，就是很明白的樣子，你自己照鏡就看到影子嘛！真懂了的人，東西一來就曉得這是一陽動，你看鏡子一下就看到自己了嘛！這個生命的根本很清楚，形跟影離不開的哦。但是這個影呢，有時候沒有的啊。「燭明千里像」，燈影一來都有，沒有光還沒有這個影子；「闇室老僧迷」，暗了就昏沉了，一暗你就墮落了。當你禪定工夫好的時候，一念不生全體現的時候，那是「燭明千里像」。如果打坐昏沉，為什麼昏沉啊？那個陽氣沒有了，陽氣走到陰境界去了。還有你的心念，有時生病了，你的情緒高興不高興啊？陰氣來了，「闇室老僧迷」，所以這是雙關的，心物一元的，這方面是一點都不能差錯。

古道師：古人太繁瑣了，後人都去研究文字了。

南師：所以船子誠說：「一句合頭語，千古繫驢橛。」講一句名句，大家都迷在名句上了，佛說一個空，大家就追個空。今天大家都挨了六十棒，誰去打呢？

F同學：老師，「如臨寶鏡，形影相覩」，我的體會，就是身心都放下。

南師：對啊，你能夠放下嗎？

F同學：這個時候的身心好像影像一樣。

南師：講修持禪定的真工夫，牽涉到道家密宗，所以要先修氣脈。身體四大證到空了，那個自性本來空的，不要你去修它，修了它不增，不修它也不減。只要你把這一面氣脈轉了，那一面本來就有。

古道師：自己更相應了。

南師：對，因此有道家，因此有西藏原始的密宗，現在的密宗談不上。

L同學：請問老師，昏沉的時候有沒有感受？

南師：小昏沉裡頭有一點亮光。等於曹洞宗畫一個圓圈，四分之三都是黑的，有一點點亮光，這是昏沉，不是完全睡著。有人打坐是這樣，你罵他：你這個和尚沒有用功。他不服氣的，講話他都聽到，可是他昏沉了，只有一點亮光。可是如果他認得昏沉中的這一點亮光，再來投胎轉生，在六道輪迴中，還有一點靈光在，這叫一靈不昧。那個紙衣道者來見曹山的時候怎麼說啊？

M同學：老師，我請教一個六妙門的問題，六妙門講數息、隨息、止息，隨息的時間長一點不是很能把握，從隨息到止息，要怎麼修才能進得去？

南師：隨息你有一點體會了，隨息跟到就有止息，慢慢這個息很長，快到止息了。

M同學：看不清楚。

南師：很長的中間就有止的狀態在了，不要去求它，不要想非做到這個境界不可，聽其自然就會來了。這樣懂了嗎？很輕鬆就來了。

L同學：老師，那個止息以後，尤其昏沉迷糊的時候，一念會轉過來，轉過來以後帶著一股動力，腦袋都會變得清醒了，這個現象是？

南師：「夜半正明」，懂了吧？昏沉就入夜了嘛，不管你白天或者夜裡嘛，是不是啊？

L同學：是，那就是說隨時都會有這個情形。

南師：那當然，活的嘛，「夜半正明」，也不光夜裡，道家後來叫作活子時。懂了沒有？

L同學：懂了。

南師：真的啊？那你了不起啊，不要假懂哦。

第二十三講　寶鏡三昧　二

二〇〇九年十二月三十日

內容提要

再論夜半正明

傳統曆法

雖非有為

重離六爻

南師：剛才F同學講，昨天夜裡用功，對這一段他有所體悟，還是他先說吧。

F同學：昨天下午上完課之後，回去翻老師講的《我說參同契》，第二十二講〈日月含符章第三〉，我是倒過來體會，昨天講「夜半正明，天曉不露」，老師提到「冬至子之半，天心無改移，一陽初動處，萬物未生時」，用比較通俗的話講，夜半可以說是一念不生的境界，或者就是達摩祖師講的「外息諸緣，內心無喘，心如牆壁」，這樣的一個境界。「正明」，那是一靈不昧，也可以說就是百丈禪師講的「靈光獨耀，迥脫根塵」，就是一陽來復。時時在這樣的境界之中，就是「晦至朔旦，震來受符，當斯之際，天地媾其精，日月相撢持，雄陽播元施，雌陰化黃包，混沌相交接，權輿樹根基。」這個時候真正修行的根基就會紮穩了，就紮實了。這樣逐步再進步，就自然會做到「天曉不露」，就是達到純陽境界，這是昨天上完課之後，倒回去參，倒回來再看的一個報告。

南師：這是理念上修持工夫的道理。你提出來東漢魏伯陽的《參同契》，道教火龍真人的千古丹經，修仙道的鼻祖，從上古到漢朝，關於身心修行的學問，《參同契》是中國文化諸子百家中的第一部，這個時候佛法還沒有來，完全是《易經》的道理，啟發了魏晉以後道家的思想學術，包括醫學。

剛才F同學發揮「夜半正明，天曉不露」，古人有沒有這樣說明，不知道，這很難考證。這些不能考證的學問，要自己用身心去求證，修養生命功能。「夜半正明，天曉不露」，下面注意是「為物作則，用拔諸苦」，注意這個「為物」，講物理世界的變化，這個宇宙的變化，他明寫是「為物作則」。「雖非有為」，那麼把這個法則用到自己生命修持，身心都是自然變化，本體起用的功能，你說它是有為法嗎？是有為，不是有為，一切現象無言語。

昨天講「夜半正明」，這是中國的生命科學，引用宇宙自然的現象。《易經》有八個現象掛在宇宙中給大家看到，其中包括太陽月亮，中國傳統是生命科學與自然科學合一，中國過去幾千年已經知道月亮本身不會發光，它同地球一樣，有沒有光？有光，但不像太陽一樣。我們地球也一樣，人自己在地球裡頭不知道，如果在太空中看地球，地球也在放光，放哪一種光？拿物理科學來理解，萬物本身都在放射光明，都有影像，有些不是肉眼所能夠看見。

所以還要懂得陰陽五行，中國人用了幾千年的曆法，你們很少研究的。中國人幾千年農村社會的中心，在河南安徽這一帶，尤其是河南的洛陽鄭州，中原河洛文化。一年三百六十五又四分之一天，濃縮成三百六十天，一個月三十天，一天十二個時辰，都是根據太陽月亮同地球的法則來的。譬如現在是冬天，今天陰曆是十一月十五，這屬於子月，每天夜裡十一點零分開始到十二點五十九分，這個階段屬於子時。一年，一月，一天，這個法則沒有變過。

月亮不會發光，根據太陽的行度，一年三百六十天。地球也在轉，古人說天道左旋，地道右轉，這是宇宙物理的法則，整個宇宙虛空中有很多星球，都在轉動。月亮繞著地球，也可以說是右轉，平面在轉，所以三個球在太空中轉來轉去，等於要把戲的玩三個球拋來拋去，對不對？三個球不會碰頭。

過去的曆法，譬如今天是十一月十五日，子月，一年從現在開始，新的氣象開始。注意哦！這個農曆正統叫夏曆，大禹治水以後的夏朝，形成農村社會，夏朝以後的殷商，政權年號有變動，但還是用夏曆。中國人算命，用陰陽家的法則。現在西方的陽曆呢？用太陽，陰曆跟陽曆，像今年差個把月，轉來轉去合不攏，陰陽曆用了幾千年。

什麼是氣候？這個氣是代號，不要當成呼吸的氣，也不要當成空氣的氣，宇宙間一個動力，運動的能量，叫作氣。這個能量是無形無相，但有作用，等於〈寶鏡三昧〉講的「為物作則，用拔諸苦」，一切物理離不開這個法則。

我們看這個月亮，大家現在幾十年很少有人研究天文，研究陰陽五行，為什麼用陰曆呢？不但包括中國哦，包括朝鮮、韓國、日本、東南亞，一直到新疆、中東那裡，都是陰曆的天下，這個法則沒有變，現在也沒有跳出這個範圍。陰曆十五，圓月從東邊上來，天亮時從西方落下，只有每個月的十五十六月亮正圓。過去在農村，夜裡起來觀察，一個月三十天，最多二十八天有月亮，不是每一天晚上從東方出現，從西方落下去，不是這樣。這個法則很有意思，一個月三十天，每一個月陰曆的二十九，三十，初一，初二，完全黑的，那是真正黑，每個月真正的黑夜。

我們以前從軍帶兵，沒有氣象報告，沒有方向，都要懂得天文地理。夜裡行軍，要吩咐大家：黑夜莫踏白，白夜莫踏黑。黑夜走路，看到亮的地方腳不要踏下去，那一定是水坑。有月亮的夜裡，看到陰暗的是水，是黑色的，這是物理自然的現象。

每一個月陰曆初三，月亮從西南方，不是東方出現。像我們大家坐在圓桌邊，這個時候假設把地球變成平面，我這裡是北方，對面是南方，這一邊是東方，那一邊是西方。每月陰曆初三，晚上天黑了，眉毛月才從西南方出現，這個眉毛月，不像我們的眉毛是朝下彎，它是倒過來，就是曹洞宗祖師畫的黑白圖，上面是黑的，下面有一點亮。我現在先把後面講了，你們要腦子冷靜聽。每個月二十八，最後的月亮，快要天亮的時候才出現，等一下就看不見了。這樣理解了吧！兩個圖案是相反的。

中國人講氣候，初三月亮本來是從西南出現，到初八變成南方了，不是平面看過來，是仰頭看哦，一半亮，一半黑暗。五天一候，三候到十五，圓月從東方出來，整個圓的。如果你住在喜馬拉雅山頂，像我在峨嵋山頂閉關三年，我每個月都看到圓月，在平地上看不到，「人生幾見月當頭」，一年只有十二個月，十二次十五有圓月出來，你活了一百歲，算算有幾回看到。可是有的十五，有雲霧你也看不到了，或者有圓月的時候，你正抱著太太睡覺，或者卡拉OK，也看不到。所以一輩子看到月亮正圓，東方起來西方落下去，「人生幾見月當頭」，是不是？所以我們生命活得很無聊啊。

以一天來講，「夜半正明」，等於是心月孤懸，光吞萬象。等你睡到半夜，精神夠了，忽然醒了，一念不生，自性的光明呈現，等於是這一半，十五的月亮是這樣。再過五天，二十了，月亮不是從西南出現，晚上很遲才在東北方看到，月亮已經缺了一半。再過五天呢？二十五了，快天亮時出來，三分之二多一點是黑的。到二十八，快天亮時在東北方看到一點眉毛月，到二十九，看不見了。陽陰的變化，聽懂了嗎？每個月二十九，三十，初一，初二，月亮是黑的。

這個月亮的光明，半夜為什麼會這樣起來？古人講「三五合符」，曹洞宗常提到正偏回互，上下顛倒，這是物理的作用。生命的精神，每一天，每一分鐘都逃不開這個法則，因此我也提到，洛浦問夾山那兩句話什麼意思？你們自己用功體會。道家有句話：「月虧盈，應精神之衰旺；日出沒，合榮衛之寒溫。」盈就是十五圓滿嘛，虧呢？有偏了，比精神之衰旺。「日出沒」，太陽每一天都從東方出來西方落下去，是不是啊？（眾答：是。）胡扯，一年四季每一天不同的哦，有時候偏西南一點，中國的這個科學以前是老百姓都知道的，現在的老百姓都不知道了。

這些是後世的話，已經把禪宗佛法與道家拉在一起了。所以「夜半正明，天曉不露」，這個天象的原則，你要注意了，這是生命的道理，生理的法則，也是物理的法則，天地的法則。我們真正的命呢？那個使月亮太陽發光的功能，唯心的，也稱菩提自性。這個日月的比方，陰陽兩個相對，等於我們的身心，能陰能陽的那個是無形無相的，非陰陽之所能。但是它起來的現象，陰陽氣候，每一分每一秒，清清楚楚。這樣你也懂了中醫的原理，懂了十二經脈，也懂了印度講氣脈的修煉方法。安那般那不是呼吸之氣，是拿呼吸之氣初步作一個釣魚鈎，你真到身心寧定了，一念不生，一切妄念清淨了，不是壓下去，一念不生全體現，不過是心月孤懸，氣吞萬象，能使心月孤明的那個自性，不在光明，不在黑暗上面，「當明中有暗，勿以暗相遇；當暗中有明，勿以明相覩。」明暗只是現象而已，你心中一念清淨，悟道了。

譬如有位師父，在禪堂裡拿一個茶杯打破了，開悟了，那是什麼？心裡一個雜念都沒有，哦！就是這個。是不是啊？你們有沒有？也有偶然碰到，瞎貓碰到死老鼠，有沒有呀？這不過是第六意識的分別不起，還不是究竟。如果認為這個是大徹大悟了，還差得遠呢。這不過是十五那一天的月亮，剛好碰到月當頭而已，不要以為到家了。如果用功到這個程度，碰到茶杯打破了，唷！就是這個，那是有問題的，因為那不過是第六意識的清明而已。等於窮人吃的稀飯，沒有幾顆米，拿上來一吹，把那個渾水一吹開來，看到了碗底，吹湯見米而已嘛。可是你這個境界還沒有達到哦，假使達到了，可以說有省，或者有所悟。啊！原來念頭本來空的，以此再一步一步推進。

所以「夜半正明，天曉不露，為物作則，用拔諸苦」，把心理現象，生理現象都告訴你們，這樣大概知道了吧？古人怎麼樣注解，我知道，我看的書太多了，有些懂了佛家不懂道家，有些懂了佛家道家，不懂陰陽家。祖師們是全體通啊，「夜半正明，天曉不露，為物作則，用拔諸苦」。

然後呢？「雖非有為，不是無語」，有個道理講得出來。「如臨寶鏡，形影相覩」，那麼這個時候，一念不生，你們碰到過吧！有時候偶然念頭清淨了，這個清淨維持不了多久吧？為什麼變去了？生理上的變化，整個地水火風，生理物理的影響，這個工夫也掉了，是不是？如形如影，任何東西都一樣，有時候你身體精神健康了，一上座就碰到一念清淨，對不對？

不是你證悟到了，是你那個身心正常健康的關係，你不要認為這個就是，這只是生理關係的影響。

「汝不是渠，渠正是汝」，它正是你。這個時候「如世嬰兒」，一念不生，混混沌沌，你們用功那麼久，偶然碰到這個機會沒有？總該有吧？要認識，「如世嬰兒，五相完具」，這個時候的生命叫作正命，教理上的八正道所謂正命。再進一步翻過去呢？你得定了，一念不生，以為了不起了，以為到家了，那還差遠了，後面還有個「不來不去，不起不住」，這個生命不在起住的現象上。「婆婆和和，有句無句」，那是不可思議，言語道斷，心行處滅。

「終不得物，語未正故」，這不是物理的作用了，剛才講物理作用和現象，這些禪定工夫，祖師們都走過，因為中國文化偏重於天體物理，《易經》、道家比較唯物。印度婆羅門教、瑜珈，也比較唯物，跟道家接近。佛出來，純粹唯心，走形而上的路線，所以說「終不得物，語未正故」，萬物之所以演變，這裡頭沒有個東西。

下面用到《易經》，以你們的程度，這下有麻煩了。「重離六爻，偏正回互，疊而為三，變盡成五。如荎草味，如金剛杵，正中妙挾，敲唱雙舉。通宗通塗，挾帶挾路，錯然則吉，不可犯忤。天真而妙，不屬迷悟」。要跟你們講兩個月《易經》，我看算了，以你們的程度聽也白聽。平常我也講過，從臺灣一路講到這裡，幾十年常常提起，你們不懂。先天八卦圖你們看過吧？為什麼先天八卦是這樣畫？後天八卦是另外一個畫法，那是另外一課了。

先告訴你們一點，離卦在《易經》裡代表什麼？火，太陽。離卦相對的是什麼？坎卦，代表水，月亮。離卦方位代表南，身體上代表眼睛，坎卦代表北方、耳朵。為什麼叫「重離」呢？先天八卦只有三爻，後天卦六爻，離卦怎麼畫？☲離中虛，外面二爻是陽的，中間這一爻是陰的，代表太陽，太陽裡頭有個黑點，整個是陽，純陽裡頭有個陰。所以當你一念不生的時候，你以為是清淨，是陽面嗎？還有至陰之象在中間，所以「當明中有暗」，這是先天八卦三爻，畫的現象是這樣。那麼真正的卦爻不一定用這樣橫畫，如果畫一個白圈中間一個黑點，或者畫一個黑圈中間一個白點，代表陰中陽，陽中陰。到後世用的是「重離」，這個離卦三爻是這樣畫，把兩個離卦疊起來叫作六爻，所以叫「重離六爻」。爻者交也，中國交通這個交，就是從爻字變來的，萬事都有陰陽相對，互相交叉。

「偏正回互」，離卦代表太陽，代表火，也代表光明。火大的現象有八種，一個離卦本身有八個變化，天火叫什麼？地火叫什麼？每一個卦名都不同。每一點身心的變化互相影響，有時候變偏了，有時候變正了，這就是生命科學。這個裡頭怎麼有錯綜複雜的變化，一點一點看清楚，同你的生命功能，起心動念，身心變化綿綿相關。回互是由內影響外，外影響內，由物影響心，心影響物。

「疊而為三，變盡成五」，重要在三五變化。三五剛才講了沒有？譬如拿月亮來比喻，五天一候，三候一氣，六候一節，一年就是七十二候，二十四個節氣。所謂清明，穀雨，現在剛過了冬至一陽生，三五十五天，再過幾天是小寒了，再過十五天大寒，節氣在變化。所以「疊而為三，變盡成五」，三五之變，離卦的第三爻，第五爻的變化，變來變去，身心內外的變化影響十二經脈，學中醫先要懂這個，修行道家先要懂生理的變化，才影響心理。

「如莖草味，如金剛杵，正中妙挾，敲唱雙舉」，心物一元，真空妙有。「通宗通塗，挾帶挾路」，禪宗教理都通了，《易經》道家都通了以後，「挾帶挾路」，就找出一條修行的道路。

「錯然則吉，不可犯忤」，這個錯不是錯誤，《易經》叫錯卦，譬如離卦☲，離卦跟坎卦☵相錯，道家叫取坎填離，離中虛，坎中滿，坎是陰，陰中有陽，把陰中這一陽錯到離中虛裏頭，一錯過來變純陽了嘛，就是乾卦☰了。這個錯是這樣錯，不是錯誤的錯。《易經》叫錯綜複雜，四個卦偏正回互。

這些祖師們都通了，影響了唐宋的易學，所以邵康節的易學在宋代突起，這個學問哪裡來的？從陳摶老祖來。陳摶從哪裡來？從唐代來。至於禪宗祖師的這門學問從哪裡來？找不到根了。所以有《燒餅歌》《推背圖》，千古以來的事，用這個法則都可以斷出來，包括時代的變化，身心的變化，這個學問大了。

「錯然則吉」，錯了還大吉嗎？他是講取坎填離，兩個卦相反的，坎離相錯。「不可犯忤」，這個中間的法則，一點都不能錯了。

「天真而妙，不屬迷悟」，宇宙萬物天然行陰的道理，妙不可言，這個不屬迷悟啊。悟了道一定懂嗎？這一套學問你不懂，懂了這一套以後，工夫一用，身心變化，自然曉得古今中外這個大宇宙的法則，修行了生脫死，來去自由，你也懂了。並不是說你迷了不懂，悟道了就懂，而是透過四禪八定的工夫修持，但《楞嚴經》講「縱滅一切見聞覺知，內守幽閒，猶為法塵分別影事。」你還沒有證得，自以為參禪悟道了，那是誤了。

「因緣時節，寂然昭著」，一年四季氣候的變化，一個時節因緣，「寂然」，什麼都不動，一步一步按規矩來，「昭著」，很明白的，卦者掛也，擺在那裡給你看。

讀〈寶鏡三昧〉，必須要懂石頭希遷禪師的〈參同契〉，這一套法則，這個道路的創始者，是石頭希遷；青原行思是不是那麼教他，不知道，文章是從他開始。我說他一定看過魏伯陽的《參同契》，把《老子》《莊子》《列子》《易經》的道理，已經融會貫通了。當時魏伯陽著《參同契》的時候，可是一本佛經都沒有，可見東方聖人，西方聖人，此心同，此理同。

第二十四講　寶鏡三昧　三

二〇〇九年十二月三十一日

內容提要

後天卦變

錯綜複雜

南師：千古以來，尤其佛門禪宗的著作，我個人當年看完了，一眼看過，都不重視，因為一般人不懂《易經》，不懂老莊，不懂陰陽五行。但是懂了《易經》陰陽五行以後，同佛法的修持，禪定工夫，身心的變化都有關聯。「回互」這兩字的意思，是有關聯，心跟物有關聯，外境跟內境有關聯，動跟靜有關聯，一切都是相對的關聯。但是本來圓明清淨自性的佛法，單刀直入的禪宗，被破壞了，我覺得沒有理由，但是也不去駁他。尤其曹洞宗走《易經》五行八卦的路線，就變更了神仙之道同易學的道理，宋代邵康節以後倒是做出了重大的改變，是有好處。如果真研究修行打坐，明心見性，即生成就之道，學菩薩道的應該學；學聲聞證阿羅漢果位的，會越搞越糊塗。如果這樣耽誤下去，也許使大家修行都走偏路去了。曹洞宗演變的問題在這裡，並不是打坐默照的問題，這個很嚴重。我認為現代要真修行，連禪宗這些都沒有用，還是要靠《楞伽經》《楞嚴經》《解深密經》《勝鬘夫人經》《華嚴經》《中論》，再配合修禪定的十六特勝，甚至六妙門，走佛法復古的路線。

我這麼講，可是你們不要輕視哦，不要狂妄，你們也不懂易學，不懂陰陽五行，輕視就不對了。昨天講到「如荎草味」，荎草是什麼？

古道師：五味子，一種果子，可以做藥。

南師：先天八卦由下面畫起，這一畫叫作一爻，爻者交也。這一筆完整的代表陽，陽裡有陰，把這一筆切斷了，中間空的，這代表陰，實際上陰中有陽，切斷那個空，空是真陽，至陽。離卦☲三爻，第一爻是陽的，第二爻是陰的，第三爻又是陽的，這叫先天八卦。離為火，為日，是個代號，八卦是個代理的符號，講天地萬物都用得到，可以說人類上古的文化到了極點，什麼學問只要這八個邏輯符號，就講完了。科學，哲學，宗教，到了最高處是最簡單，八個圖就代表完了。

周文王開始，後天八卦不同了，把離卦重疊起來，成為六筆的卦，還是代表離卦，代表光明，可以拿來代表自性一念不生的光明。外面兩筆，中間是空的，換句話說，外面連起來是個圓圈，中間是空的，不需要有一點。那麼變成太極圖，兩個魚一樣，一個黑，一個白，就是陰跟陽，圓圈裡頭分陰陽，可是黑魚眼睛一點是白的，白魚眼睛是黑的。陰中有陽，陽中又有陰，分不開的。宇宙間有兩股力量相對，動跟靜，是跟非，明跟暗等等。

卦怎麼變？爻者變也。離卦跟乾卦來配，這個現象變了，火天大有䷍，卦名不同了，變化不同，就是偏正回互。離卦跟坤卦配，坤是地，火地就是晉卦䷢，火跟水呢？火水未濟䷿。《易經》八八六十四卦，由乾坤開始，最後第六十四卦是未濟，未濟就是永遠不能作結論的，永遠不定時的演變下去，每一個卦有八種變化，每種變化代表不同的現象。

等於我們的思想念頭，念頭一動跟眼睛配上分別色相，跟耳朵配起來分別聲音，跟鼻子配起來是觀呼吸，跟嘴巴舌頭配起來是知道口味，跟身體配起來是感覺，那再仔細的配又不同了，卦象就不同。這個太複雜了，也太美妙了，現在只講現象，還沒有講數，每一動有幾個數，可是我們上古的老祖宗都知道，現在發明電腦，我們的老祖宗幾千萬年前，把數理只歸到十個數字就完了，不管幾千萬億，歸納了不過還是個數。

「偏正回互」，變偏了，變正了，要回過來互相關聯。這個離卦擺在這裡，像太陽一片光明，像《楞嚴經》講圓明清淨，圓明清淨的境界也以離卦作代表。《楞嚴經》文殊菩薩講自性：「覺海性澄圓，圓澄覺元妙。」假定這兩句話以離卦作代表，一念動了怎麼變？離卦第一爻開始變，天地萬有，每一分，每一秒必變，非變不可，沒有不變的道理，這個變在佛學叫什麼呢？（眾答：無常。）

對了。變就是無常，沒有什麼固定永恆，而是非變不可。離卦第一爻變了，這個六爻分兩重，上面三爻叫外卦，下面三爻叫內卦，從內卦開始變，八卦的變都是從內變到外，也可以說由下變到上。所以打坐工夫從內心先變，變到外面去，最後是外面的環境影響變回來，你內心跟著變了，這是回互。我們做工夫都是心想打坐，對不對？心想打坐，內卦動了嘛，內心第一爻變了，你盤起腿來打坐，就變了外卦，可是兩個腳兩個手放好，身體的關係又影響了你的心理，就是回互過來。這樣懂了吧？

離卦內卦第一爻一動變成艮卦☶，艮為山。上面外卦還是離卦，還是火，內卦變了，內心的現象變了，念頭一動就變了，整體變成火山旅䷷，如果用漫畫就是山上起了大火。你們住在東北森林裡，起了大火怎麼辦？趕快跑，所以火山就旅，旅者向外跑了。第一爻變，變成火山旅，畫成圖案非常漂亮，山上起火了，趕快來救火。那麼我們打坐本來一念清淨，念頭一動，火山旅，第一爻變了以後，現象變了。

第二步，永遠不斷變化，再變上來，換句話說，內在那個小圓圈變了，中心變了，這個變大了，下卦變成巽卦，巽代表風，整體變成火風鼎䷱，火在上面，風在下面。以前土灶做飯，木柴在下面，還要吹風，吹了以後上面的鍋就煮起來。火風鼎，可是空鼎哦，還沒有內容。第三變變成什麼？火水未濟䷿，火在上面，水在下面，沒有用的，做飯時水在上面，下面有火才做得成，水火既濟。我講一個事實給你們聽，拿一把茶壺，一個爐子來燒開水，上面燙死了，可是你把茶壺提起來摸一下底，下面不太燙的，火向上面去。所以你打坐時氣滿頂上，睡不著了，這是火風鼎，你下面元氣空了，向上走了。

這個離卦內卦變完了，等於我們坐在這裡起心動念，內心變了一定下座。如果講事業，我想做個生意，內心一變，去借錢是第一爻變。到D同學那裡借到錢了，有了本錢，第二爻變。然後開個店面是第三爻變。店面開了要有市場，要到外面去，外卦第一爻變了。這個離卦外卦是火哦，第一爻變了，變成艮卦。上面是艮卦，下面已經變過了，三爻不動，外卦艮為山，下面內卦還是水，山水蒙卦䷃，上面是山，下面是水，霧濛濛就起來了，這個是第四變了。

第五變，外卦的第二爻變，拿六爻來講是第五爻的變，變成巽卦，巽為風，整體變成風水渙䷺。那外卦還剩一個沒有變吧？第六變朝內變，外卦變成乾卦，乾為天，內卦還是水，天水訟䷅。天在上，地下有水，訟，要吵架的。你注意哦！現在我常常講，未來二十一世紀的全球，印度中東與中國，會爭這個水哦，要吵架的。

宇宙以內萬有只有六變，到第七變不同了，第七變叫作遊魂之卦，變成影子了。洞山祖師不是過水看到影子悟道嗎？人有個影子，我們的思想意識有沒有個影子？有。唯識學叫獨影境，意的境界有影像，一樣的道理。第七變是內卦變了，內卦整個變了，坎卦變離卦，所以變成天火同人䷌。那麼再不能變了，再變會還原，還是離卦䷝，第八變是還原，所以叫作回互過來了。

你看到回互兩個卦，就是內卦跟外卦勾起來叫作互卦，所以每卦有七變，其實是八變，最後一變是還原。八八六十四卦，每卦這樣變，這個裡頭有數字，還要配合金木火水土，配合天干地支，所以能夠算命，能夠看相，能夠知天文。因為我最近眼睛也花，力氣也不夠，不想站起來，所以叫他們寫寫。研究《易經》八卦要單獨做一套，最好是買一副麻將牌，東放西放，要玩弄，東一擺，西一擺，每個角度不同，現象變了，念頭也像是這樣，所以叫「重離六爻，偏正回互」。

中國人講錯綜複雜，怎麼叫錯卦呢？用離卦不好解說，用乾卦來說吧！簡單一點，畫六陽爻的乾卦䷀，乾代表天，代表陽。旁邊並排是坤卦䷁，乾卦純陽，坤卦純陰，乾代表天，坤就代表地，陰陽兩排是相對的，陰陽交錯。

什麼是綜卦呢？以乾卦來講，乾卦第一爻變了，外卦是乾，內卦變成巽卦，巽為風，天風姤䷫。你看，這個黑板不動，這個圖案是天風姤，如果把黑板倒過來給你看呢？變成澤天夬䷪，這個叫綜卦。錯綜懂了吧？

複雜呢？就是回互卦了，萬物的變化互相都有關聯，所以「重離六爻，偏正回互」，這兩句話我很吃力地說一下，懂了沒有？禪宗祖師拿這個來講修行工夫，你說誤人不誤人？

古道師：所以曹山下面沒幾代就斷了。

南師：石頭希遷說切莫立規矩，所以越摸越不對了。對文化的變化有沒有貢獻？有。可是本來簡單明瞭，卻給他搞複雜了。你注意哦！現在世界科學很發達，越提倡科學，世界越複雜了，同樣的道理。

古道師：應該簡單一點，安那般那老實修。

南師：對。好好修行，其實只要唸一句佛號，南無阿彌陀佛，或者嗡……，一個音聲都可以成佛。

「重離六爻，偏正回互，疊而為三，變盡成五」，這四句大概都懂了嗎？拿這些參禪，不是騙死天下人嗎？「如荎草味，如金剛杵，正中妙挾」，這個正中，翻過來，翻過去，不離開中心哦。我當年看《指月錄》，一看這一套我全懂，不在乎，不懂的覺得很稀奇，變成密宗了一樣。密宗也是這個東西，其實毫無秘密。等我年紀再大，如果還沒有死，還有力氣給你們講密宗，講穿了，一點秘密都沒有。

「通宗通塗，挾帶挾路」，你要懂了禪宗，還要懂得諸子百家，就是石頭希遷禪師講：「門門一切境，回互不回互」，就是通塗之學。「錯然則吉，不可犯忤」，後來影響道家神仙修法，變成取坎填離。

古道師：「臨天下，曹一角」，臨濟宗偏天下，曹洞宗孤立於一個地方，單脈相傳，從雲居道膺禪師那邊，就不用這些了。今天聽老師這麼一講，用中國傳統文化注解禪宗修法，感覺非常複雜。後人想學禪宗，現在變成學八卦，這不是很麻煩嗎？

南師：對啊！學了八卦還不行，還要學文學。

古道師：「門門一切境」，一門通了不是可以觸類旁通嘛，為什麼這麼複雜？

南師：那你就講一點別的給大家，你喜歡的講一段。

古道師：牛頭法融禪師，《指月錄》卷六，我們大家先唸一下。

夫百千法門，同歸方寸。河沙妙德，總在心源。一切戒門定門慧門，神通變化，悉自具足，不離汝心。一切煩惱業障，本來空寂。一切因果，皆如夢幻。無三界可出，無菩提可求。人與非人，性相平等。大道虛曠，絕思絕慮。如是之法，汝今已得，更無闕少，與佛何殊，更無別法。汝但任心自在，莫作觀行，亦莫澄心，莫起貪瞋，莫懷愁慮，蕩蕩無礙，任意縱橫，不作諸善，不作諸惡，行住坐臥，觸目遇緣，總是佛之妙用，快樂無憂，故名為佛。師曰：心既具足，何者是佛？何者是心？祖曰：非心不問佛，問佛非不心。師曰：既不許作觀行，於境起時，心如何對治？祖曰：境緣無好醜，好醜起於心，心若不強名，妄情從何起？妄情既不起，真心任徧知。汝但隨心自在，無復對治，即名常住法身，無有變異。

南師：這一篇大家要會背，學佛的道理都在內了。這個選得好，這是禪宗四祖，直下承當的一條路，最重要了。這一篇能夠背來，只要每天背一遍，比你唸《金剛經》，唸什麼咒，還要管用。你們自己也同牛頭融一樣，返照一下，都已經得道了。這一篇太好了，等於一部《大般若經》。

第二十五講　寶鏡三昧　四

二〇一〇年一月一日

內容提要

乾卦變化

常愍法師

南師：昨天講到曹洞宗的〈寶鏡三昧〉，引用《易經》的卦象來說明禪宗的證悟法則，我想不止現在，自唐宋以後，大家都覺得非常複雜。從六祖以後，青原行思到石頭希遷，這一支的法統，參合了中國文化，把釋迦牟尼佛的教外別傳，不立文字，直指人心，見性成佛的修法，變成非常複雜，文字言語非常古怪。用了《易經》道家的方法，再加上中唐與晚唐的文藝詩詞，可以說，引用紀曉嵐批文的兩句古詩：「兩個黃鸝鳴翠柳，一行白鷺上青天。」兩個鳥在柳樹上吱吱叫，你曉得牠說些什麼？「一行白鷺上青天」，越飛越遠了。佛告訴你不立文字，明心見性，這是禪宗的正統一脈，到六祖這個階段，由南嶽懷讓、青原行思，再演變到曹洞，不是不對，而是越想說明修證的方法，反而越來越遠了。你們坐在一堂，聽了曹洞宗的修法，有一點搞明白了沒有？

古道師：有一點明白了。

南師：有啊，那你真了不起，大家越聽越糊塗。臨濟宗也好，曹洞宗也好，五宗宗派必然會衰落，由迦葉尊者到阿難以後，二十八代相傳，才到中國來，達摩祖師以後，越說越遠了。可是曹洞宗注重坐禪，從禪定入手。這個坐禪走的路線，用的工夫不是四禪八定，等於採用了中國傳統文化《大學》的「知止而后有定，定而后能靜，靜而后能安，安而后能慮，慮而后能得」這個路線，不是四禪八定，是由戒定慧，智慧開悟，漸修與頓悟結合的方法。「重離六爻，偏正回互」，這個變化大了，後來產生五位君臣。為什麼不用四禪八定來表達，多清楚啊！

今天古道師要去復興洞山了，又是登琨艷的六十大壽，了不起，人活到六十歲，不算夭壽了，六十以後就是賺的，普通一般人還不容易活到六十歲。你看古人的詩，「酒債尋常行處有」，還有一句，「人生七十古來稀」，你看這些禪師們，活到六十幾，五十幾走了的人太多了。也許古人生活的環境，醫藥沒有那麼發達。所以韓愈的文章：「齒搖搖，髮蒼蒼」，當時也不過五十多歲，我還笑他要加一句「視茫茫」，眼睛看不清楚，老花了。諸葛亮死的時候五十四歲，邵康節，多了不起，也不過六十幾歲走了。「酒債尋常行處有，人生七十古來稀」，可見杜甫常喝窮酒，到處欠了酒錢。這是杜甫律詩中的兩句，要對仗啊，「尋常」怎麼對「七十」？對不起來了吧？這叫作對不起。你錯了，古人以八尺為尋，倍尋為常，這樣你就懂了，每句詩的對仗都很工整。

我今天作個貢獻，如果用《易經》卦理代表，講工夫修證，有個很好的路。今天晚上講的很嚴重，孔子告訴我們，學《易經》要先懂乾坤兩卦。孔子說：「乾坤者，易之門戶也。」你先把乾坤兩卦研究清楚了，其他很容易懂。

這個乾卦大家知道了吧？乾卦代表天，代表很多東西，是個代表符號。比如古道就是乾卦，要開始學佛打坐，六爻不動，盤坐在那裡，不管你修什麼法門，或者照《達摩禪經》修安那般那。古道年輕時對天台宗下了工夫，修六妙門。前天M同學也問，數隨止觀還淨，怎麼修到止息？隨息以後，呼吸寧靜了，你認為這樣叫止息嗎？這是有為的工夫，有幾個做到了？都不敢說啊？都在數息還數不清啊？

C同學：打坐的時候有，日常生活就沒有。

南師：你講得很誠懇。

D同學：我以前也報告過兩次，這五六年一直在隨息，除了吃飯睡覺。

南師：好，什麼叫隨息？

D同學：知息長短，知息冷煖。

古道師：清楚的知道呼吸來往，並且心不散亂，專注於呼吸上。

南師：對，你這樣就講清楚了，這是隨息。有沒有偶然碰到，自己打坐時，呼吸忽然停了？

D同學：有，經常有，走路的時候也有。

南師：自己修到隨息以後，為什麼達不到止息境界？念頭忘不了息。這一句話聽懂了吧？念頭困在呼吸上。如果這個時候真正放下，念頭空了，止息境界馬上來了。這個止息不是永遠止息哦，至少認得一呼一吸之間有個停頓狀態。這樣講聽懂了沒有？（眾答：聽懂了。）

如果第一步修禪定，不是「本來無一物，何處惹塵埃」，而是有為法，假定修到這樣一念清淨，用乾卦☰代表這個境界。心頭有時候空不了，有時候偶然沒有念頭，有沒有碰到啊？有時候身上，好像一股氣來了，坐不住了，有沒有？這是第一爻變了，天風姤䷫，懂了吧？風是什麼呢？身體內部的能量發動了，所以你也坐不住了，氣就動了，這就是天風姤，坐得很寧定的時候，忽然動了。還有工夫真到了以後，坐到很好的時候，忽然下面，或者是海底，或者是肚臍，或者兩腿，碰！一跳，有沒有？你們不認得，這是天風姤䷫。風就是氣，身體開始轉變了。如果這樣你懂了以後，當你正在修禪定的時候，身上氣一動，你知道了，十六特勝不是有個知啊，這個叫作知息動了。知道了，一知便休，不要理它。這樣聽懂了吧？（眾答：聽懂了。）

聽懂了以後，靜下去以後身心會變，第二爻變了，變成什麼卦啊？天山遯䷠。下卦是艮卦，艮是代表身體哪一部分？我跟你們講過的。

D同學：腰背。

南師：對了。這樣氣一動了以後，念頭不理它，知道它了，念頭是乾卦本身，乾卦是天，寂然不動了。可是已經知道身上氣動了，慢慢腰不行了，對不對？你們都有經驗吧？慢慢腰這裡不舒服了，脹脹的是吧？你們不懂得做工夫，不懂得氣脈，如果懂了，你道家也懂了，密宗也懂了。這是天山遯䷠，到了背上了。你看這個乾卦，像一個背吧？到了腰這裡，氣動了，有形有象跟你講，氣動到這裡天山遯，遯是什麼意思啊？遯者退也，退是什麼？氣動了嘛，你那個清淨的念頭就亂了嘛，會不會啊？你們統統死在這裡，都在這裡倒楣了，都在這裡放腿下座，去他媽的，修不好了，是不是啊？你們沒有什麼了不起，一萬個人有五千對都是這樣，當然包括你在內了。這個時候念頭還是清淨的，知嘛，十六特勝也是兩個八呀，八卦來的，知息出，知息入，知息長短，知息偏身，除諸身行，受喜，受樂，受諸心行，八個吧？後面還有八個，你用八卦對照。

現在我告訴你，第三步呢？氣到這裡了，這個時候乾卦還是乾卦，乾代表知性，本來清明的，氣動了就動了，不理嘛，這個才叫心氣合一的修法，修密宗大圓滿之氣脈也是走這個路線。現在在我手裡，所謂道家，密宗，這一切秘密，我通通破掉了，不然害死人，千古以來一萬個人修行，五千對都沒有修好。

第三爻變了是什麼？天地否䷋，下面是坤卦，是地，上卦是天，天代表念頭，本來清淨的嘛。天地否，否字，中國字普通話讀什麼？讀「痞」。都不對了，坐不下去了，精神特別好，散亂起來了，是不是啊？散亂起來就是天地否了嘛。

E同學：老師，我的理解，下面坤卦是陰氣。

南師：你不管陰陽，現在還沒有講。氣動了，我剛才只給你講氣動，沒有講陰陽，對不對？你又聰明了。道理是對，現在沒有講到那裡，你岔過來陰陽。天地否就散亂了，聽懂了嗎？到天地否了，內卦動到這裡，只好下座了，是不是？甚至不想再打坐了，到這一步就過不了關，是不是啊？大概一千個人有五百對都是這樣。

如果道理懂了，理就是事，你再寧定下去，又變了，第四步這個卦叫什麼？風地觀䷓，氣到頭上了嘛，上面六根都開了，地就是下面的身體，這個時候喜歡東看西看，念頭都動了嘛。如果繼續坐在那裡，第五步山地剝䷖

☷，更坐不住了，山在上面，地在下面，地就是身體，高山壓地，剝削了地氣的陰陽，氣都散亂了。如果認清了這個，繼續念頭一空，放開了嘛，這個外形變了，變成火地晉䷢，上卦變成離了。曹洞宗就用重離，你懂了這個曹洞宗的秘密了吧？離為目，為火，這個時候你眼睛都張開了。再來就是火天大有䷍，上面頭腦還是清楚的，下面氣脈就通了嘛，舒服多了。

C同學：請老師把火天大有再講一遍。

南師：火在上面，下面乾卦代表身體氣脈變了，火天大有䷍，下面還是代表身體。你們初學打坐兩腿脹麻，那些都是陰氣，剛才E同學問的，你認清楚是陰氣，一概不理，這個時候只有一個忍字，所以十六特勝也叫十六忍，大乘菩薩證無生法忍。這個時候熬一熬就過去了。

你們現在打坐啊，剛開始蠻舒服的，其實是陰境界，完全心也陰，氣也陰，都是陰的。剛剛有一點陽氣發動，精神來了，下座了，一輩子白修的。普通人剛剛身心好一點，陽舉了，就找男女關係去了。藥山禪師吩咐李翱：「閨閤中物捨不得，便為滲漏。」一走到那一步就完了，不管密宗道家禪宗，一萬個修行，五千對都是這樣，曹山祖師說披毛戴角去吧。是不是這樣？如果你懂了這個，盤腿上座，七天緊密用功，沒有不成就的，會言下頓悟。

乾卦變完了，現在變成火天大有䷍。火天大有再變，從第一爻開始，變成火風鼎䷱，現象變了，你丹田煖了，氣上來了，上面是火，就是太陽照到，下面氣充滿了。這個時候，像登琨艷啊，E同學啊，偶然少吃點飲食，腸胃也清了嘛，身體發煖了。你要曉得小乘大乘，離不開四加行，煖，頂，忍，世第一法。

再變呢？火山旅䷷，氣向上走，通夾脊了，背這裡有感覺了。再變就是火地晉䷢，進一步到頂了，從頸椎這裡上來，後腦最難通過。然後變成山地剝䷖，這個時候沒有妄念了，人好像會進入昏沉狀態，其實不是昏沉，「當明中有暗，勿以暗相遇。」就在這個時候了，一步一步工夫都告訴你了，到了哪裡一撞上，忽然大悟。簡單明瞭，配合心地工夫，配合身體工夫，心氣合一，沒有修持不成的。所以六祖不是叫你們發願嗎？「法門無量誓願學」。

A同學：我來補充一下，剛剛老師從乾卦䷀來講解，這個乾卦䷀就是比喻我們在精神狀態很好的狀況，精神慢慢的在變化。比如說我們早上醒過來，這是一個精神很好的狀態。那麼一天當中，二十四個小時，我們的精神慢慢在消耗，陽氣往外消耗了，這個卦下面就變成陰爻，變成天風姤卦䷫。以我們一期的生命，譬如說我活六十歲，那麼十六七歲的精神最好，體力腦力，各方面都是最好的狀況，用乾卦來表示。那麼再過七八年的時間，走到天風姤卦，陽氣已經在消耗了。這樣理解的話，就漸漸變成陰卦，到了坤卦䷁的境界，就是純陰的境界。也表示我們從早上起來陽氣很旺，到了晚上很累，要躺下來睡覺，是一個陰的狀態，坤卦的狀態。在這個坤卦的當中，睡到半夜，一陽來復，這就是復卦䷗。老師的《易經雜說》，還有《道家密宗與東方神秘學》裡面講到，老師今天另外配合禪定的修持，我們自己再去參究，還有很多的道理。

南師：對。

A同學：其實我們現在的每一個狀態，都是一個卦象，我們自己再研究六十四卦。

南師：卦象就是境界，每一步都有境界。

A同學：再微細一點就是說，其實在禪修當中，自己的陽氣，色身的變化，都是卦象，都可以對照。我是這樣來理解修持。

南師：有這樣的見地去修持，很快。

A同學：因為學佛就是覺嘛，要覺悟，要覺醒，清楚自己身心隨時的狀態。在我們陽氣最好的時候，或者當我們事業最好，最有成就的時候，是一個陽極的狀態。要注意，這時陰就轉變過來了，也就是天風姤卦，又在消耗了。當我們事業最困難的時候，或者是有時候身體有病，最不舒服的時候，是一個坤卦，陰極的狀態。那麼也不必灰心，陰極陽生，在事業最不好的時候，又是一個新的轉機，一個新的生命的開始，地雷復卦又來了。所以人生就是這樣不斷地陰陽反復。

南師：這個也就是回互，也就是輪迴。

A同學：今天我想請一位從澳大利亞來的朋友，叫常愍法師。她專程從澳大利亞飛到上海，來到這邊。因為將近二十年前跟老師結緣，我想請她來報告一下，她怎麼認識老師，她目前對於佛法的見解。剛剛我跟她談了一下，我覺得很慚愧，所以請她來報告一下，對我們修行應該有很大的幫助。

南師：好，妳不要客氣，坐下來講。她是廣東人，聽不懂廣東腔問一下，沒有關係。

常愍師：我很冒昧地就來了，我想簡單講一下我怎麼認識老師的，大概有二十年了。

平常我是念觀世音菩薩，看經的時候就不念，把經書蓋起來，一站起來走路，心中就念觀世音菩薩，我是典座，一邊做事一邊念。有一天突然念念，觀世音的聖號沒有了，只有一個老師的名字，三個字。我很奇怪，這三個字怎麼突然出來的，是怎麼來的？是一本書還是一個人名？我都不知道。吃過飯我就到樓上，從書櫃中一本一本的去找，看看是不是一本書的名字，還是一個人的名字，我也不知道，後來也沒找到。

到下午四點多鐘，有一位居士從郵局送了一個包裹來，這個包裹一打開，居然看到老師的書。那個時候我驚訝地站起來，今天早上我就是一直念這個名字，結果就是這本書的作者名字。我覺得這個緣很奇妙。那個時候我馬上做完常住的事，第一本書讀的就是《習禪錄影》，我一口氣連著兩個晚上才看完，看完以後把書蓋起來，眼淚就不斷地流下來，真是善知識。第二個念頭：他是古人還是今人呢？現在還在不在呢？就這樣問自己。

然後我就沉思，按照書後面的出版社去找，看到是臺灣的電話，我馬上就打電話到臺灣這個出版社。我說這個人在不在呢？對方答覆我：他現在在香港。我就知道了，他是現在的人，還在這個世界上，不是古人。我高興得不得了，但是怎麼去找他呢？這是很費周章。我就一直想辦法，怎麼去見這個老師。

後來去澳門演講完回來坐船，從港澳碼頭，經中環到新界，有老師的一個辦事處，有很多書。我經過那個地方，我就跟自己講，老師這個地方就在這裡，要不要去？去的話很冒昧，很唐突；不去我不甘心，因為這是唯一的線，唯一去找老師的線索。還有我在船上打坐，在一個眼蓋裡面看到一個人的頭像，但是我不理他。後來，我就上這個地方問，有人告訴我老師不在。我就去找了幾本書準備走了，要出門的時候A同學進來，她問我找什麼？我說：我想找南老師。她說：我是老師的學生。我心裡就好高興，雖然見不到老師，見到他的學生也是好嘛。後來，A同學去我那個小廟，帶了兩本書給我，一本是老師教的準提法，A同學就教我怎麼施食，我把這本書一打開，裡面有老師的相片，就是以前我在船上打坐時看到的影像。後來老師講課，A同學就介紹我去，就這樣認識老師，一直看老師的書。我去澳大利亞以後，要跟老師這個心念沒有斷過。

對禪修我一直沒有放棄，不管怎麼辛苦，每天一座。我在澳大利亞辦一個道場，因為沒有錢，要鋪地磚，我都是自己動手。說來人家都不相信，怎麼妳一個女的，以前也不是做這個的，但是我只能自己來做，好多事都是我自己來。做的時候我也是觀心，一邊做一邊觀，手在動，心沒有動，我是這樣用功。因為沒有好多時間給我打坐，還要領眾，還要跟他們講講佛法，因為我自己的知識不多，就拿老師的東西去賣，把老師的書推銷出去，因為我自己沒有料。

經過十幾年的反觀，念觀世音菩薩，還有淨土的念佛，還有《楞嚴經》二十五個法門，我都嘗試去修，但是最後我還是聽觀世音菩薩，修耳根圓通法門。然後認得自己，好像認得是有，但是我不放心，不停去考證，不停去反問，去找一個境界來考自己，看自己的心有沒有動，有沒有跟著妄想去跑，就這樣考驗自己。經過那一次我的心沒有煩惱，煩惱本空，原來就是這樣，真的沒有煩惱，不管怎麼辛苦，經過多少逆境，我看都沒有事，就這樣一步一步來考自己的心，就是這樣，慢慢覺得很自在。但是我還是有矛盾，就是人家都很有智慧，但是我沒有，所以我要來找老師，就是這樣。好像自在，好像是認得，但是沒有信心。

南師：了不起，很佩服妳。

第二十六講　寶鏡三昧　五

二〇一〇年一月二日

內容提要

依經不依論

易之門戶

南師：我把〈寶鏡三昧〉這樣批了一下，你們大概懂了吧？曹洞宗以〈參同契〉結合《易經》來講修持、工夫與見地，抽出離卦來講，我認為沒有必要，而且把佛法的修持反而搞亂了。所以曹洞這一系，在因明上，如同諸葛亮批評阿斗的那句話，「引喻失義」，這個比喻已經用錯了，在邏輯上不通。所以曹洞的問題出在這裡，五宗宗派都有問題，把佛法搞亂了，也搞亂了修定。

所以要修持佛法我主張回到最古的路，依經不依論，照佛經說的，經是佛說的，論是後代祖師們的講法，《楞伽經》《楞嚴經》《心經》《華嚴經》《金剛經》，一切佛都說得很明白，被後世一用，搞錯誤了，這叫「引喻失義」。所以照佛的話，依經不依論，依法不依人，依佛說的正法，三藏十二部，三十七菩提道品，十二因緣，乃至般若，唯識等等，修持與見地都講過了，尤其是《楞伽經》《楞嚴經》，更清楚了。依法不依人，依經不依論，依智不依識，依了義不依不了義，就是這個道理。

譬如〈參同契〉講：「當明中有暗，勿以暗相遇；當暗中有明，勿以明相覩，明暗各相對，比如前後步。萬物自有功，當言及用處，事存函蓋合，理應箭鋒拄。」明暗兩個，沒有真正跟你講清楚。《楞嚴經》在唐代還沒有普徧流行，只是在宮廷裡，也許他們沒有看到過，也許看到。佛在《楞嚴經》講「七處徵心，八還辨見」，講得很清楚，明與暗是個現象，開眼見明，閉眼見暗，明暗是有代謝的，等於前後步，前步後步，正面反面。能見明見暗的那個不在明暗上，佛經講得清清楚楚，「見見之時，見非是見，見猶離見，見不能及。」交待得很清楚。大家看佛經，自己沒有用功，不去體會，反而看一些奇言妙語，再加上文學的掩蓋，什麼「銀盌盛雪，明月藏鷺」，這個同那個都是白，不一樣呀！他們在講什麼？沒有交待，都是引喻失義了。是哪一種明同哪一種明，沒有交待。你以為說我們打坐，自性起來的光明同太陽的明亮不一樣，有差別，還是講哪一個，都沒有交待。這種情況很多，我們不一一點評，你們用功要注意。

如果用八卦六爻來代表偏正回互，改用乾坤兩卦更清楚。作醫生也更需要明白，尤其學中醫的。所以孔子研究《易經》，稱「乾坤者，易之門戶」，你把乾坤兩卦研究通了，易學最高有個什麼？心易，明心見性的心，易學代表身心兩方面。《易經》的法則是兩句話，「近取諸身，遠取諸物。」身心同宇宙萬有的法則都相通的，八八六十四卦是這個道理。

乾代表陽，也代表自性本體。坤代表陰，代表有，代表大地，代表我們這個身體。卦沒有什麼稀奇，不要輕視它，也不要迷信它，它是個邏輯符號，你迷信卦，你就掛住了，都是依他起。打坐修定，儘管說不要著相，但非著相不可，相就是現象。我們學佛做工夫，口口聲聲不要著相，對不對？你做到了嗎？半分都做不到，因為身體就是相，就是個物理現象。所以無相是講體，有相是講用，大家自己不要學迷糊了。

坤卦代表後天的生命，就是一個現象。坤卦六爻，如果拿佛學來比喻，六爻都是陰的，就是六根六塵了。是不是？很像吧？六根六塵，兩邊對立，中間是空的，是不是？自性本體先不談。你現在打坐，是六根在打坐，對不對？身體是身根嘛，裡面有意根，就是坤卦的現象，純陰的。純陰也是虛的，空的。

所以M同學不是問修六妙門嗎？佛法的修持先不講白骨觀、念佛，先修安那般那，叫你聽呼吸，這是一個最初入門的方法。數息、隨息、止息，這前三個階段是一條繩子，把你的心拴回來，一念清淨，心念比較不散亂了，呼吸比較不散亂，清淨了，你就可以用觀了，觀察自己，就是心法的觀，看這個心念，看這個息。真正呼吸寧靜了，心念比較空靈，呼吸還沒有完全停止，止了以後你就觀心嘛。觀，不要去尋找。觀，要注意無尋，無伺，你心裡還在找，念頭有啊，空啊，這個是尋找心的作用。等於黑夜當中，拿手電筒找東西一樣，這是尋。伺呢？等於說天濛濛亮了，看得見了，不要一點一點去找，整個看到心念比較清淨，這是伺。佛學有的翻譯，不叫尋伺，叫作有覺有觀。有感覺，有理解，其實也就是覺觀。你們打坐都有一點體會吧？

（眾答：有。）

對了。像這樣，你不要再追求，不要懷疑自己了，寧靜下去，那就靠禪定了。把身心調整好，自然能到什麼？這個坤卦䷁等到一陽來復，莫名其妙的一下，忽然有個力量來了。這個坤卦下面第一爻變了，變成地雷復䷗

☳，外卦是體，還是坤，下面的卦變了，變成震，震為雷，這是講宇宙的大法則，用到身體上來。所以後天的八卦呢，「帝出乎震」，帝是什麼？第一人，國家民族的第一人。曹洞用了五位君臣，都沒有給你說明，把人搞糊塗了。

如果是普通人，像嬰兒睡覺，沒有男女淫慾之念，他下面會舉起來，氣動了，你看嬰兒有股氣嗎？陽氣動了，所以變成地雷復卦。這個復是有數字的，七日來復，七分來復，七秒來復，七個月來復，都是復卦。女性假使月經來過以後，以七天為標準，七日來復。現在一般醫生不講究這個，因為男人身上不明顯，你懂了婦女，也會懂得男性用功了。譬如今天月經第一天來，幾天一候啊？（眾答：五天一候。）

五天一候，差不多到第五天，生理健康，或者三天就少了，五天已經沒有了，月經這個血水沒有了。完全沒有月經了嗎？不是，第七天身體才恢復。中醫看病的話，他曉得子午卯酉，每個月記得很清楚哦，會問你這個病是從哪一天開始的，好，他指頭一掐，現在幾天了，他算你的來回變化，這個病情已經進入內臟了。譬如傷風，第三天了，唉唷！你怎麼不早一點來看我，三天了啊，風寒已經透入裡面了，他治法不一樣。

我現在說明復卦的道理。當你打坐心念清淨了，氣動了，那個是地雷復卦，生命重新恢復。所以你學會打坐，只要坐好一堂，生命的衰老、消耗，就多恢復一分，就是這個功能。有人真正坐得好的時候，會震動的哦，你們有過嗎？身體裡頭的震動，不一定在下面，正統的是在下面沒有錯，身上其他地方的反應跳動也是。因為身體內部的阻塞，都是拴起來的，綁起來的，在空靈的時候發動了，這是地雷復。甚至有些跳動，坐起來，哦……，現在假使你到禪堂打坐，那個香板過來就打，完了，因為他不懂，這個時候不能打的啊，他不是故意叫的，而是內部一股氣，無形的力量發動了。有些打嗝，有些或者放屁，這些並不是壞現象，假使你腸胃不好，那個時候會放屁。當然你在禪堂打坐，又不好意思，憋得臉紅，下面憋住，有時候故意看看別人，屁股一歪，噓……放得不乾淨，很可憐。所以在禪堂共修，有些師父們也不懂，香板就打過來，說你擾亂人家了。

如果靜坐碰到這個境界，你慢慢念頭放空，氣的變化，不理它，不害怕，也不歡喜，知道了，就放空了，身體的變化就快。

第二爻再變，變成地澤臨䷒，臨就是來了，中國說臨時用這個臨。你讀歷史，打仗叫兵臨城下，敵人的兵已經打到你門口了，臨就是逼過來了。打坐就是氣上來，慢慢逼進了，那個時候，往往你的身體隨著氣脈晃動，因為下面的氣充實了，腿就熬不住了。如果你懂了這個道理，你要修持，就不管腿，腿是另外一回事，你放鬆一點，讓下面的氣動，也不要引導它，這是地澤臨卦。

再慢慢氣沖到喉輪這裡，差不多整個身體舒服了，精神飽滿了。所以真用功，是精神好的時候去打坐，不是疲勞了去打坐，那沒有用啊，睡覺以前打坐，你不如去睡覺。下面三爻變了，地澤臨變成地天泰䷊，身體舒服了，不過頭部還沒有變，六根都在頭部，還沒有變。這個時候氣充滿了，你會想下座，六根習氣動了，你如果認清楚了，不理不動。

再上來外卦變了，第四爻變了，變成雷天大壯䷡。外卦變成震，內卦是乾，雷代表陽氣在上面，頭部以上精神特別好。打坐到這一步，你早就下座，辦事去了，因為有精神嘛，又散亂了，所以修持永遠不上路。如果你懂了，這個時候更放寧靜，更放空了，它還要變。陽氣一爻在上，下面還是天，雷天大壯䷡。

慢慢氣通到腦部來了，第五爻變了，外卦變成澤，澤天夬䷪，有問題了。這個時候呢，注意，我們這個本卦是什麼？坤卦，坤卦是陰氣，這個時候只有頭頂還有陰氣，悶悶的蓋住了，沒有全通，好像昏沉了，好像睡眠一樣，澤天夬，陰氣還在頂上，似睡非睡。

這個時候道家叫作混沌，坐起來好像要睡著了，他自己昏掉了，搞不清楚。有時候頭會低下去，為什麼頭低下去？上面還有一點陰氣嘛，澤天夬卦，混混沌沌。你說有雜念妄想嗎？沒有，好像要昏沉。你說昏沉嗎？你講話我都聽到了。是不是啊？如果這個時候，認識清楚了，無所謂，昏沉也空，住在這個空靈境界上讓它過一陣，等一下翻過來，外卦變了。

外卦變了，外卦第一爻變，第六變變成水天需䷄，外卦由外向內變了，頂上陽氣充滿了。呂純陽的〈百字銘〉講：「陰陽生反復，普化一聲雷，白雲朝頂上，甘露灑須彌。」口水下來，清醒了嘛，定住了，慢慢不是昏沉境界了，慢慢內在的清醒就來了。你看整個坤卦變了，上面變成坎卦，坎為水，下面是乾卦，整個清淨了。

再一變，變遊魂了，內卦又變成坤卦，外卦不動，水地比䷇。在這個時候，禪定的樂感，精充滿了，會漏丹，有時候不漏，你認識清楚了，下面脹起來，好！或者要小便大便，方便了再上座，又是一個一陽來復了。這樣打七，七天用功，沒有不成就的，就那麼簡單，就那麼快。

古道師：老師，這個陰陽的種種變化，是自然規律嗎？

南師：是自然規律。

古道師：只要繫心一緣，雷打不動地去修，會自然反復了？

南師：打你三百板，繫心一緣用錯了。只要一念空靈，「觀自在菩薩照見五蘊皆空」，一觀一照，不要繫心一緣。繫心一緣也是比喻的話，觀照在那裡，你本來會觀照的嘛。

古道師：知道了。

南師：你們記住《楞嚴經》中文殊菩薩的偈子，背給我聽。

眾答：「覺海性澄圓，圓澄覺元妙。元明照生所，所立照性亡。」

南師：你繫心一緣就是立所了嘛，對不對？你聽懂了吧？你現在照不照啊？再唸，從頭開始唸。

眾答：「覺海性澄圓，圓澄覺元妙。」

南師：你本來現成的嘛，元明照生所嘛，你偏要什麼生啊，所立就照性亡，是不是？這樣體會就對了。這樣懂了嗎？

古道師：明白了。

南懷瑾文化出版相關著作

2014年出版

南師所講呼吸法門精要
劉雨虹／彙編

孟子與盡心篇
南懷瑾／講述

東拉西扯——說老人，說老師，說老話
劉雨虹／著

雲深不知處：南懷瑾先生辭世週年紀念
劉雨虹／編

禪海蠡測
南懷瑾／著

禪海蠡測語譯
南懷瑾／原著，劉雨虹／語譯

孟子與滕文公、告子
南懷瑾／講述

太極拳與靜坐
南懷瑾／講述

2015年出版

點燈的人：南懷瑾先生紀念集
東方出版社編輯群／編

金粟軒紀年詩
南懷瑾／原著，林曦／注釋

話說中庸
南懷瑾／著

孟子與萬章
南懷瑾／講述

2017年出版

瑜伽師地論 聲聞地講錄（上下）
南懷瑾／講述

靜坐修道與長生不老
南懷瑾／著

圓覺經略說
南懷瑾／講述

答問青壯年參禪者
南懷瑾／講述

說不盡的南懷瑾
查旭東／著

說南道北：說老人 說老師 說老話
劉雨虹／著

南懷瑾與楊管北
劉雨虹／編

禪、風水及其他
劉雨虹／著

如何修證佛法（上下）
南懷瑾／講述

藥師經的濟世觀
南懷瑾／講述

懷師之師：袁公煥仙先生誕辰百卅週年紀念
劉雨虹／編輯

我的故事我的詩
南懷瑾／講述

www.nhjce.com

2016年出版

孟子與離婁
南懷瑾／講述

孟子與公孫丑
南懷瑾／講述

對日抗戰的點點滴滴
南懷瑾／口述

孟子旁通
南懷瑾／講述

大圓滿禪定休息簡說
南懷瑾／講述

我說參同契（上中下）
南懷瑾／講述

人生的起點和終站
南懷瑾／講述

孔子和他的弟子們
南懷瑾／講述

漫談中國文化：企管、國學、金融
南懷瑾／講述

跟著南師打禪七：一九七二年打七報告
劉雨虹／編

2018年出版

洞山指月
南懷瑾／講述

百年南師——紀念南懷瑾先生百年誕辰
劉雨虹／編

新舊教育的變與惑
南懷瑾／著

禪與生命的認知初講
南懷瑾／講述

易經繫傳別講（上下）
南懷瑾／講述

道家密宗與東方神祕學
南懷瑾／著

中醫醫理與道家易經
南懷瑾／講述

編印中

金剛經說甚麼（上下）
原本大學微言（上下）
花語滿天維摩說法（上下）
列子臆說（上中下）
易經雜說
皇極經世書

洞山指月

建議售價・500元

講　　述・南懷瑾

出版發行・南懷瑾文化事業有限公司

網址：www.nhjce.com

代理經銷・白象文化事業有限公司

412台中市大里區科技路1號8樓之2（台中軟體園區）

出版專線：（04）2496-5995　　傳真：（04）2496-9901

401台中市東區和平街228巷44號（經銷部）

購書專線：（04）2220-8589　　傳真：（04）2220-8505

印　　刷・基盛印刷工場

版　　次・2018年3月初版一刷

2018年5月二版一刷

2019年1月三版一刷

2021年1月三版二刷

2023年6月三版三刷

設計編印　白象文化

www.ElephantWhite.com.tw

press.store@msa.hinet.net

總監：張輝潭　專案主編：吳適意

國家圖書館出版品預行編目資料

洞山指月／南懷瑾 講述．--初版．—臺北市：南懷瑾文化，2018.03

面：　公分.

ISBN 978-986-96137-0-5（平裝）

1.曹洞宗 2.佛教傳記

226.6659　　107001076